U0031545

GETS OUT ALIVE

NO ONE HERE

離開 沒有人活著

傑瑞·霍普金斯

丹尼·蘇格曼

Jerry Hopkins & Danny Sugerman

雷讓萌 譯

給艾琳、尼基還有蕾貝卡
——傑瑞
給雷和吉姆
——丹尼

不如說我是在測試真實的邊際。我很好奇，
想知道會發生什麼事。很簡單，不過就是好奇心罷了。

吉姆・莫里森
一九六九年於洛杉磯

「才華」才是真正獻祭的貢品

白紀齡（資深音樂人）

" There are things known and things unknown and in between are the doors. " ─────────────── by Jim Morrison

　　好奇嗎？開了門，你也不知道會遇到甚麼？那就先翻開這本書吧。

　　從小就聽過一個迷人的「傳說」，如果你是個搖滾客，在你二十八歲之前，將你的靈魂供奉在搖滾樂的祭壇上，你將得到「不朽」。於是「3 J」與「二七俱樂部」的諸多傳奇事蹟，一直是流傳於搖滾樂迷之間既神聖又神祕的信仰。相較於那如巫一般的左撇吉他手吉米・罕醉克斯、嗓音撕心裂肺的首位唱藍調的白人女歌手珍妮斯・賈普林，在吉姆・莫里森迷幻、迷離、迷濛、迷惑的創作氛圍裡，著實透穿了幾分哲人的底蘊與詩人的氣息。我絕對相信這與系出名門UCLA有關，所以搖滾客們，搖滾的祭壇上不是只有酒精、性、藥物，才華才是真正獻祭的貢品。

　　在這本融入側寫的原始傳記在台灣問世之前，第一次較真切的認識吉姆・莫里森是透過名導演奧利佛・史東在一九九一年的傳記片《The Doors》，特別值得一提的是，該片的基底出自

於本書——Rolling Stone《滾石》雜誌的資深撰稿人傑瑞・霍普金斯 (Jerry Hopkins, November 9, 1935 – June 3, 2018) 於一九八○年所出版的傳記著作《No One Here Gets Out Alive》。電影中除了以導演自身慣用的手法、角度鋪陳刻劃吉姆・莫里森乖張、脫序、自戀、自溺又自卑的人格特質，看似悲憫實則武斷地呼應吉姆・莫里森註定以悲劇英雄收場的人生。但，這一切卻也順理成章的讓 The Doors 成為慘綠六○年代的尾聲，屬於嬉皮世代中最具顛覆性、反叛性的代表樂團。尤其在搖滾樂迷的視野裡，讓我們見識到當每位團員的「心靈神智」在已一切「就緒」，逐漸進入到刻意醞釀好的「狀態」下，One Take 的 Studio Live 錄音室現場作品，彷彿就像一場完美順暢的「祭儀」，成就了傳世經典大碟。而片中穿插的演唱會現場橋段，Jim Morrison 則又化身為一位稱職的「祭司」，引領群眾進入一趟迷幻旅程與出神體驗，其中的刺激迷人之處，在於你「有可能回不來」。

　　本書的另一位共同作者丹尼・蘇格曼 (Daniel Stephen Sugerman, October 11, 1954 – January 5, 2005)，則以身為 The Doors 樂團成員的視角，提供了近距離、時間軸線、脈絡連貫的細膩觀察，這全然有別於慣用的多人訪談、歸納、整理。因此，當行諸於文字時，細細咀嚼，鮮活立體的躍動在字裡行間，值得玩味處總會出現在每一次的呼吸段落，等同跨越時空再度凝望那個慘綠的垮掉的一代，完全超越了電影裡所表現的那些個理所當然。如果你是 The Doors 的樂迷，閱讀本書時，Jim Morrison 那張帥到渣掉卻也狂妄不羈的臉、詩意晦澀的詞句，以及令人心蕩神馳的舞台魅惑力，就活脫脫的浮現在你眼前。然後，那些

4

你所熟知如數家珍的經典事蹟——歌被禁播、演唱會後被拘捕、巡迴演唱取消，連 Woodstock 這場五十萬人的嬉皮盛會都不敢邀請他們……等等這些讓政府都感到頭疼的穿透力與破壞力，不正是搖滾樂最迷人的地方！不也正是搖滾客們所欲攀登的最高境界！

我相信搖滾樂迷之所以喜歡 The Doors、喜歡 Jim Morrison，不只是因為他們的音樂才華洋溢，識別性強與前衛性的藝術成就，更應該是專屬於他們的時代標誌與獨特性。當然，以上這些，你必須在看完這本書之後才能夠全然的體會。若，你不認識 Jim Morrison，現在還來的及，他在前方等著你。

推薦短語

多年前的初夏與愛人逍遙到了巴黎東邊，這是我生平第二次去弔唁一個非親非故的人。記得當天陽光和煦，天氣好到適合跟每個路人相互擁抱。我們就在莫里森先生的墳邊鬧著笑著喝著一瓶十塊歐元的紅酒，隨身聽耳機裡的音樂不敢放的太大聲，深怕眼前這位歌手、詩人、思想家聽自己的歌聽到煩膩了，於是想要朗讀一段尼采的詩，給他表達自己是有深度的腦粉，卻又大致因為不勝酒力或是英文欠佳而在嬉鬧中草草了事。我們在詩意無比的巴黎墳場與偶像邂逅與告別。

對了上一次在墓地跟自己無關的人鞠躬，是小學時在陰翳蕭殺的桃園慈湖。

而現在還喜歡莫里森的朋友們大概都上了一些年紀，如果你不諳現代串流這回事、又或你已根本找不到CD播放器來回味他的音樂，不妨藉由此書來重新進入莫里森的世界，他的迷幻感知大概不是什麼沉浸式體驗或元宇宙可模擬的，唯有重燃心中那把寶貝火才得以進入他的眾妙之門。年輕朋友們不能體會的話，就繼續聽著你們的林俊傑或紅髮艾德也沒關係，莫里森先生是不會托夢出現去責怪你們的，因為他這輩子也就沒打算走出夢境過……

──────Legacy Taipei「阿舌」 陳彥豪 2021/12/25

在那英美典型搖滾充斥的年代，會愛上 The Doors 樂團除了迷幻曲風、濃郁的 *Organ* 音色和 *Fuzz* 吉他彈奏吸引著我之外，有很大一部分在於主唱 Jim Morrison 那近乎佈道家的精采演出方式。後來，也漸漸從這個角度去認識這位極具爭議的詩人、藝術家、音樂家、搖滾歌手，無論是富有爭議的情慾扭曲，訴求舞台上的脫序破壞、酒精、藥品（所謂享受那感官易位……）。

我想能在那不長的八年樂團歷程，創造出經典的音樂並且讓各方持續討論，搖滾藝術家 Jim Morrison 的傳奇，仍持續讓後人追求下去。

——————————————四分衛「虎神」　鄭峰昇

目錄

前言

雖說天之驕子總英年早逝，
他們長存於神祇的行列不死。
—— 尼采《悲劇的誕生》

在搖滾樂的萬神殿之中，門樂團（The Doors）可說是一個異類。樂團全盛期的曲風既非民謠也非爵士，樂評給這樣的音樂貼上「酸性搖滾」（Acid Rock）的標籤，不過他們與發祥於舊金山的酸性搖滾聲景無關，不屬於鼓吹愛與和平的傑佛遜飛船（Jefferson Airplane）、死之華（Grateful Dead）、還有水銀信史（Quicksilver Messenger Service）那夥音樂人。雖然他們擁有三首冠軍單曲，門樂團與英倫入侵（British Invasion）甚或是咸認的流行音樂沒有半點相似。當紐約仍對他們友好接納，甚至差點視如己出時，他們與地下絲絨（Velvet Underground）的共通點，大概也只有對於黑暗、陰沉題材的喜好而已。他們也不屬於一統洛杉磯江山的民謠搖滾圈，不是飛鳥樂團（The Byrds）、水牛春田（Buffalo Springfield）那樣的音樂。他們與貓王、珍妮絲·賈普林（Janis Joplin）、吉米·罕醉克斯（Jimi Hendrix）並列，卻在搖滾樂的系譜裡自成一個世界。套句吉姆·莫里森自己說過的話來詮釋：「那個不可思議、著了魔的世界，讓你想到陌生而蠻荒的西部」。

要真正地了解吉姆·莫里森，就必須要透澈地了解門樂團。最重要的是，就像鑽石有不同的切面那樣，你必須記得以樂團的角度，來了解構成這個團隊的每一份子。曾經有位DJ，在某晚他們的巡演正要開始前，上台向觀眾介紹道：「讓我們歡迎吉姆·莫里森和門樂團！」，掌聲照例響起。正當這位DJ走下舞台之際，吉姆將他拉到一旁，說：「欸，你回去台上，重新正確地介紹我們一次。」

那名DJ慌了，問道：「我說錯了，還是做錯了什麼嗎？」

「是門樂團。」吉姆說：「樂團的名字叫作門。」

這個樂團從未如此自況，但音樂鍊金術肯定是他們的目標。他們讓搖滾樂與詩前所未有地如膠似漆，還結合了戲劇與劇場體驗元素。他們嘗試直達宇宙意識（Universal Mind）的天聽，讓表演者與觀眾融為一體。他們絕不善罷甘休，這對他們來說意味著風險，不搞花招、無可隱瞞，也沒有華麗的舞台擺設還有特效，只赤裸裸地呈現最危險的真實，用音樂的力量刺穿幻境的神祕面紗，激起人類內在沉睡而永恆的力量。

門樂團不斷地追求著靈感泉源，吉姆召喚自己的謬思，樂團則跟隨他的腳步。吉姆相信靈感不會從天而降，任何作家或藝術家的力量，都來自他們的感受力和創造力，而他的使命就是要竭盡所能地提升自己接收的力量。十九世紀法國詩人韓波（Arthur Rimbaud）曾主張要澈底地「打亂一切感官」，所為何來？是「為了抵達未知」。如何實踐呢？必須窮盡所有可能。

吉姆對於未知的喜愛及追尋，都翔實記載於本書中。「已知的事物，還有未知的事物，在他們之間，相隔著一道門。」許多人以為這句話典出威廉·布雷克（William Blake），但其實是吉姆

本人原創。不過布雷克的確在第一首〈地獄箴言〉中寫道：「超脫之路通往智慧之境」，下句則說「節儉是無能所追求的一位富有而醜陋的老處女」。毋須贅言，吉姆一向追求才能，而非毫無吸引力的那位剩女。他飲酒、他嚎叫、他辯解、他哄誘，又因靈感起舞，只為了凝聚整個樂團，為了引爆聽眾的情緒，讓表演的夜晚火花四射，絕無僅有，永遠留存在心中。

令人惋惜的是，也正因為吉姆一路上始終如一的投入以及高標準，讓樂團還有他自己引火自焚。吉姆是個絕不會、也沒辦法向自我和藝術妥協的人。從中可看出他的天真與純粹，也是他一生福禍的根柢。是一鼓作氣或至死不輟，是孤注一擲，是那目眩神迷的冒險，因為他絕不接受粗製濫造、自降格調的創作，絕無法無病呻吟或佯裝出神。他絕不只為了討喜娛樂，自然也不做表面功夫；他如此高明、卻又如此絕望，驅使他的，是股堅定想「探索真實邊際」的需要，既窺探莊嚴，也探索褻瀆，這讓他發了瘋似地創作，想活得極致。這些特質讓他飄忽不定、危險、又自相衝突，因此他藉由生涯一開始便啟發、幫助他創作的物質中尋求慰藉——那就是酒與藥。

法國超現實主義作家亞陶（Antonin Artaud）在《戲劇及其複象》（*The Theatre and Its Double*）裡闡述對抗的理論，對於吉姆還有樂團有很大的影響。在書中最有力的一篇論述中，亞陶把瘟疫以及戲劇情節放在一起類比。他主張戲劇活動必須要能夠像瘟疫淨化人類一般，來反映觀眾內在的「淨化作用」。目標是什麼呢？「人們能因此被震懾而覺醒，我希望能夠喚醒他們，因為他們不知道自己已死」。

無數個夜晚中的末尾，吉姆會大吼「醒來吧！」上千次，

13

為的就是要將聽眾從無意識中震醒。還記得第一場參加的門樂團演唱會，將我那時才十三歲的靈魂嚇壞了，我心想：「這個傢伙很危險，有人將會因此受傷，可能是他自己，可能是我，也可能會是我們所有人。」他在〈五比一〉(Five to One)中唱：「沒有人活著離開」，當你面對這種恐懼——或是〈盡頭〉(The End)之類的歌曲引發的邪瀆驚駭時，你內在的某一部分也隨之轉變了。與盡頭的終點相遇，永恆也閃爍了起來，那場演唱會改變了我的人生，我明白不會再有什麼更美妙或更真切的感受了，直到二十年後的今天我仍然這麼覺得。雖然我還不是很明白一九六七年的那晚究竟發生了什麼事，但我知道那是一次偉大的經驗。吉姆‧莫里森改變了我的人生，也改變了樂評人傑瑞‧霍普金斯的一生。他擁有的能量，像是一種魔法，吉姆就是他口中的「昇魔先生」(Mr. Mojo Risin')。

亞里斯多德認為：「神祕活動應該是難忘的事件，在一個人往後的人生投以重大影響，並創造出使存在鉅變的經驗」。門樂團的演唱會上，只要吉姆的表演成功，就會達到這種轉變的效果。

普魯塔克也曾嘗試解讀相似啟發之下死去的過程：「漫無目的地徘徊，在黑暗中自駭人的道路上向虛無行去，而在所有可怖事物的終點前，倏地感受到恐慌及驚奇」，魔幻的聲響與舞蹈、以及神聖的話語擦身而過，而「全新加入的人從桎梏澈底解放，自由行走，與其他成聖、純潔的人們歡度節慶，鄙夷著未受啟發的人們……」

這些話語都精準解釋了門樂團在巔峰時期的那股能量：乘著毒蛇巨蟒，古老而原始，陌生卻又令人不安的熟悉，強力地

喚醒記憶，挑逗感官又邪惡，強烈而令人生畏。當吉姆吟詠著「破曉前殺手甦醒套上靴子／從古老的藝廊裡取走一副面容／而他繼續走向門廊盡頭」時，我們也畏懼地和他同行，不由自主地無力停止，而音樂此時織起一張歇斯底里的網包圍我們，將我們束縛地更緊。吉姆在我們眼前搬演一齣弒父的悲劇，可怖之餘，是難以言喻的折磨。作為聽眾的我們目擊一切、感受一切，彷彿被催眠一般身歷其境。現實開啟一道深淵，而被吞噬的我們跌入了另一個次元，莫里森就是我們唯一的指引：「我就在此，與你們同行，從束縛中解放，我們就要衝破一切……」就這樣我們來到了新世界。

「在古羅馬的痛苦蠻荒中迷失」不僅僅是段落裡的一句歌詞，也是那一剎那的銘文，是集體無意識的群像。符號是永恆的，文字裡則蘊含了許多畫面，外加擁有千年歷史的遠古之力，現在被賦予了新生。

在樂團初出茅廬時，吉姆曾經想向一名記者解釋這種感覺：「我們樂團的演出是一場公眾集會，目的是想要進行一種特殊的戲劇討論。當我們表演時，我們參與創造一個世界，並和聽眾們一起慶祝這個過程。」

吉姆飛去巴黎前幾天，也就是他死前不久，曾對我說過一段話，可能是他對媒體最後一次的聲明，他說：「對我來說，所謂的表演不只是裝腔作勢而已。這一切攸關生死，是想要溝通的企圖，讓盡可能多一點人來參與這個私密的思想世界」。

一九六〇年代中後期，樂團大多歌頌愛與和平，迷幻藥氾濫，但門樂團與時代大流很不一樣。掌管音樂及恐慌的牧神潘那漾起翠綠光芒的夜世界，也絕不比門樂團的音樂燦爛奪目：

〈別觸地〉（Not to Touch the Earth）裡令人屏息的疾奏、〈蜥蜴的慶典〉（Celebration of the Lizard）開頭的毛骨悚然、〈盡頭〉（The End）中伊底帕斯弑母的噩夢、〈馬緯度無風帶〉（Horse Latitudes）刺耳的不和諧音、〈心底看不見你的臉〉（I Can't See Your Face in My Mind）令人不安的深意、〈風信子之屋〉（Hyacinth House）那即將到來而萎靡的厄運、那誘惑你失去意識的〈水晶船〉（Crystal Ship）。

音樂結束，有一種靜止、有一種平和，生命與存在的認可搭起了彼此的橋梁。透過展示地獄，門樂團把我們帶往天堂；透過喚起死亡的印象，他們讓我們體會到活著的感受。門樂團讓我們直視恐懼，而解放的我們才能與他們歡欣慶祝。在認可我們的無助與傷痛後，我們因為他們的音樂獲得自由。至少他們是如此嘗試。

現今僅存一份文本，講述女神伊西斯進入神祕幽冥的過程，這份古老、以第一人稱現身說法的文本是這麼敘述的：「我接近死亡的邊界、看到通往冥后普西芬妮的門口，我周遊體驗過各界後歸來，看見了子夜的太陽閃爍著白光，我貼近天上地下的神祇，在咫尺之遙間膜拜他們」。

這全部都發生在夜裡，伴隨著音樂、舞蹈還有表演，演唱會就像一場啟蒙的儀式，施下了咒語。蒼穹之下，特別的原力已經飄盪了千年之久，在你我身上蟄伏，就只為了被喚醒那天的到來。

迷幻藥還有酒精固然可以催化事態的發展，曾有一名希臘音樂學家把酒神啟蒙敘述得如同一場淨化儀式：「這就是酒神啟蒙的目的，把人們身上因生命狀態而起的頹喪焦慮還有不幸，

全部透過儀式裡的旋律以及舞蹈清空」。

　　古代異教傳說挑起了一種奇異卻誘人的遐思：光與影、悲與喜、犧牲與幸福、酒與穗粒（及迷幻蘑菇）。這已足以讓對古代人了解，通往神祕世界的大門，或將為努力尋找的人敞開。這樣的盼望與需要，未曾隨著時間一同流逝，而吉姆‧莫里森知之甚詳。據我所知，吉姆是第一個談及搖滾演出裡儀式性特質的搖滾明星，有關於神話的隱喻，也有關搖滾樂的原型力量。只因如此，傳媒總喜歡把他塑造成一名做作的混蛋：「別太把自己當回事了，莫里森。搖滾樂就只是搖滾樂，你也只是個歌手罷了。」

　　吉姆知道他們錯了，但他不願爭論，他明白評論家羞辱他的同時，也看輕了他的聽眾。吉姆知道，音樂就是種魔力、演出是種崇拜，而節奏可以讓人自由。他只是太清楚歷史上節奏與音樂對儀式的重要性，因此門樂團大破大立的革命性演出，絕不只是運氣好而已。

　　吉姆最喜愛的哲學家是尼采（Friedrich Nietzsche），他從「向生命說是」的勸誡中得到了慰藉與力量。因此，我從來不相信他像大家所說的那樣，從一開始就往毀滅前進，時至今日還是覺得很難對他的生與死下定論。比起生命的長度，他更在乎生命的強度，誠如尼采所言：「一個不否定的人」，一個不會說不，勇於建構自我的人。

　　也有人鼓勵吉姆讀尼采的這段話：「在生命充斥最不尋常、最困難的問題時肯定生命；最崇高的典型作出極致的犧牲時，生命依然無窮不竭，生命的意志因此歡欣。這就是我說的酒神

精神，也是我認知中通往悲劇詩人內心的橋梁。並非為了擺脫恐懼與憐憫，也不是為了淨化熱烈宣洩後產生的危險效應，而是不顧多少恐懼及憐憫，成為一個人那永恆的喜悅。」吉姆是因為無法滿足對生命的渴求而死，並非對死亡有所迷戀。

尼采、梵谷（Vincent van Gogh）、韓波、波特萊爾（Charles Baudelaire）、愛倫坡、布雷克、亞陶、考克多（Jean Cocteau）、尼金斯基（Vaslav Nijinsky）、柯立芝（Samuel Taylor Coleridge）、狄倫·湯瑪斯（Dylan Thomas）、布藍登·畢漢（Brendan Behan）、傑克·凱魯亞克（Jack Kerouac），這些人熱切感受生命，以致於無法承受，他們是一群發狂、受詛咒的作家、詩人、畫家，是一群固執地拒斥權威、堅定忠於本性、不顧代價的藝術家。吉姆無比激昂地認定自己屬於他們的行列，而嚮往這些先哲立下的標竿。成為一名詩人或一名藝術家，並不止於寫作、繪畫及歌唱，而得要擁有獨到的眼光，還要有無畏反對、看得透澈的勇氣。殺不死你的，讓你更堅強，如果夠格的話，你就是獨一無二的瑰寶；如果沒有那樣的特質，那也完全勉強不來。

曾經有一本樂迷雜誌專訪吉姆，問他如何替自己的明星身分作準備，他的回答是：「我再也沒剪過頭髮」，他所沒有說出口的則是：「開始用藥」。就像許多人一樣，吉姆透過藥物來擴展他的意識範疇，希望能進入嚴密封印起來的其他世界。吉姆聽說過薩滿透過烏羽玉的生物鹼，與自己的內在世界產生關聯，而他又對卡斯塔內達（Carlos Castaneda）與巫士唐望（Don Juan）的神祕經驗有所涉獵，因此他開始服用迷幻藥。如同柯立芝那些鴉片癮君子，吉姆著迷於虛幻的仙境、海市蜃樓、以及銀河與無星的夜晚。而赫胥黎（Aldous Huxley）的文字，則讓他目眩

神迷於璀璨的幾何學以及乍現的古老祕密。就跟浪漫詩人一樣，不論是藉由美酒、大麻、還是威士忌，吉姆陶醉於將感官易位。如果他活著的時候能常常喝到苦艾酒，他也會喜歡的。

吉姆早已體會過威廉‧詹姆士（William James）在《宗教經驗之種種》（*The Varieties of Religious Experience*）中的陳述：「清醒會限縮、挑剔並拒絕一切；而醉意會無限延伸、包容接納，並肯定一切」。當幻覺不再令他欣喜與驚訝、當醉意不再開拓他所尋求的意識，而戴奧尼索斯的狂喜成了巴克斯的酩酊，吉姆便越來越依賴酒精來麻木自己的痛苦，沉迷於失去意識。

一開始他飲酒是為了伴隨的快樂，他承認：「我喜歡喝酒。喝酒讓人放鬆，使對話活絡。不知為何，有點像賭博，因為出門想要暢飲整夜時，總沒辦法預知明天早上會在何方。可能會很好，也可能是場災難，就像擲骰子一樣。大概是自殺跟緩慢衰敗的差別吧」。

最終，吉姆喝醉的理由悲傷而簡單，只因他是個酒鬼。

成為一個詩人不只代表要寫詩，還代表了立下承諾，去擁抱等待著你的悲劇命運，並且用品味及格調履行自己的天命。

轉眼間吉姆已經離開我們二十年，而他與樂團的故事開花結果，成了一部神話。他短暫又悲劇的一生，從許多英雄以及代表青春與復活的神祇身上，都能看到影子。他是永遠年輕的奧菲斯，也是不斷重生的戴奧尼索斯。就如同阿多尼斯的謀殺、密特拉的犧牲、還有安提諾烏斯的驟逝這些傳說故事一樣，總是摧毀自己吸引觀眾的神話，否則生命便無以為繼。他前往巴黎的理由，很大部分也是因為他難以活在自己曾經協助創造的

神話框架裡。說穿了，吉姆・莫里森只想要成為一個詩人，而不是神。

關於疏離感、孤立感、懼怕還有割裂，確實沒有現代詩人比吉姆寫得更好了。我們被包圍、被打擊、被孤立、被關在冷氣房、被鎖在影廳、被編派、被洗腦，身不由己地被物質主義、消費主義、資本主義所操控，忘了自己的心跳，只隱約地感受到自己壓抑卻又渴望的心靈。

吉姆了解這種身處現代社會的分裂感、這種被錯置的感受，也就是我們的不安：「如果我的歌有想達成的目的，我想應該是從極其有限的聆聽與感知途徑裡，把人們解放出來。」有一次喝醉又有時差的吉姆接受了歐洲媒體的訪問，他們問吉姆如何描述門樂團的音樂，他是這麼說的：「我的感覺是有點沉重、有點陰鬱的，好像一個人沒有辦法對任何事情有把握……我想做的東西是……呃……只是想完全自在沒有拘束。」

一個人在得到自由、找到歸屬感之前，一定會感覺迷失，流浪而且找不到希望。首先得先跨越重重深淵，破曉前必定會有無情的黑夜降臨，誠如聖十字若望（St. John of the Cross）所言的「靈魂黑夜」或但丁所說的「黑森林」，是一個英雄旅途必經的篇章。神話學家喬瑟夫・坎伯（Joseph Campbell）寫過，一位真正的藝術家都得走過這條路，緩緩靠近深淵的韓波則因此寫下：「我感受到瘋狂之翼掠過身邊」，波特萊爾則與深淵處吹來的寒氣搏鬥：「恐懼之風使我不寒而慄」。

波特萊爾在詩歌〈深淵〉（The Abyss）中嘗試描述難以言說的恐怖以及冷酷的空洞。沙特（Jean-Paul Sartre）稱這個地方「沒有出口」，而吉姆則唱道：「有人生來享受甜蜜歡欣，有人則誕

生於無盡黑夜」，毋須懷疑吉姆為何歌頌，他向我們呼喊他看見的（在邊緣的此處沒有繁星），邀請我們加入他同行（大家都在嗎？），但我們沒有辦法，而他等不及了。（永恆的回報不會饒恕虛度晨光的我們）他絕不退縮，也不嘗試改變命運的選擇，雖然了解代價高昂與風險重重，卻仍然被無法澆熄的渴望驅使，去看、去感受一切，盡全力向深淵的邊界狂奔，找尋到全然廣袤的自由，多麼可怕，但他仍縱身潛去。

我不相信他的目標、他的雄心壯志、還有他的歸宿必須得是那漆黑處。我想他渴望的是啟發，但他也知道前往智慧寶殿的縱情之路，不只心醉神迷與狂喜，同樣也充滿了絕望及災難。而那絕望無法遏阻，只能親身感受。

吉姆的遺願是被當作一個詩人認真看待，當他仍在世時，許多人被他的行為蒙蔽，看不見他的文采。時至今日他的人生仍然讓我們驚豔，而他的詩歌作品終於獲得了應有的肯定。

吉姆達成了所有成功藝術家的目標，把我們從被既定好的平凡人生中喚醒，刺痛我們的意識世界，挑動我們不論正面或負面的內在反應，並讓我們思考。這本身就是一場難得的因緣際會，我們更應該感激有如此的好運可以與其相遇。準備好吧，他來了。

吉姆一輩子，曾被視為一個惡魔，也曾被比作天使，但他也可能是兩極之間的任何一切。可以是惡魔麥菲斯特或是究極芭比，酸性搖滾天王或薩德侯爵版米老鼠，他是落入凡間的酒神，鑄錯身體的薩滿，搖滾巨星和詩人，天才和大蠢蛋。他用盡全力使觀眾驚歎，比他們預期的更極致，而被養大胃口的觀眾帶著更多觀眾回來，想從他身上要得更多。吉姆成了超然的

存在，不斷嘗試登峰造極，或許也因此毀滅自己。

　　總而言之，吉姆還是得到了他想要的，像是流星，時而閃亮時而不見蹤影，但只要那短短一瞬，便燃燒成全銀河最閃亮的一顆星。他想幻化成稍縱即逝的能量及一道生命之光，傾注於藝術的永恆。他沒考慮過的是，他帶來的衝擊如此長遠，我想他會很高興、很驕傲的。

　　在征服美國與西方世界以後、在被他深愛土地的法律及審判桎梏後、在被媒體挖苦嘲諷之後，他最終逃往巴黎，那過往眾多失根藝術家的新家園，想以一個詩人的身分生活下去。但他的身體過於虛弱、心靈過於衰敗，他見過、做過、甚至也喝過太多、太多了，他做了生命的抉擇，也得到收穫。現在時候到了，他的心靈累了，比起回到美國以及那代表的表演生活，死亡越顯從容地漸漸逼近他。

　　吉姆‧莫里森沒有死去，他的精神永存，不論是在歌曲或是歌詞裡，散發著不滅的耀眼光芒，正是有光與影的共存，才讓他像讓鑽石一般璀璨永恆。

　　「取消我對復活應下的許諾」，吉姆唱著。

　　不可能，吉姆。

　　一切還沒有結束呢。

　　丹尼‧蘇格曼
　　於加州洛杉磯
　　一九九五年五月十二日

加州威尼斯的街道攝，未選用宣傳照（亨利‧迪爾茲攝）

——傑瑞·霍普金斯攝

第一部　　　　　　**箭在弦上**

阿爾塔謝內加汽車旅館，吉姆斷斷續續下榻於此。
——傑瑞·霍普金斯攝

第 1 章

————

時間來到久遠以前，阿爾伯克基（Albuquerque）城外群山積著厚厚的雪，在接近桑迪亞峰山頂那帶，史蒂夫·莫里森和他的太太克萊拉正帶著孩子滑雪橇。史蒂夫的駐地在科特蘭空軍基地（Kirtland Air Force Base）附近，他是海軍航空特別武器設施（Naval Air Special Weapons Facility, NASWF）的副指揮官，也就是第二把手。該設施負責原子能計畫，在當時仍是一個機密，在家人面前他只能絕口不提。

一九五五年冬，吉姆·莫里森剛滿十二歲幾週而已，而一個月之內他的妹妹安，會滿九歲，那時的她看起來像個胖胖的小男孩。他的弟弟安迪，體態比哥哥吉姆結實，年齡只有他的一半大而已。

眼前的景象正是單調的冬日，背景是新墨西哥州的基督之血山脈，而置身在其中的，是穿著厚重外套的健康孩子們，他們爬到木製的平底雪橇上，粉嫩的臉頰和他們深色的鬈髮，被保暖的帽子緊緊包覆著，幾乎都快看不見了。沒有降雪，但一陣陣的山嵐，吹來乾燥又刺痛的碎雪。

山坡邊上，吉姆把安迪放在雪橇最前面，接著安靠著弟弟，吉姆則擠在他們兩個後面。戴著手套的小手奮力地把自己往前推，他們颼颼地滑了起來，速度愈來愈快，眼前只見一個小木屋越來越近，雪橇就像飛行船劃破了太空的酷寒，小安迪慌了

起來，哭喊：「跳車！跳車！」他的膠鞋卡在雪橇座下，他試著向後使力抽身，可是坐在後面的姐姐也動彈不得，而吉姆身子則向前傾，緊緊地抱著無助的兩個人。

小屋越來越近了：「跳啊！快跳啊！」

距離小屋只剩下二十公尺，雪橇往小屋的方向飛快向前必定撞個正著，安死盯著前面看，臉色因為驚恐已經麻木，而安迪抽抽噎噎地哭了起來。離屋子兩公尺時，雪橇從旁邊的小柵欄下滑過，爸爸情急生智的一腳停住了雪橇，孩子們跟跟蹌蹌地從雪橇中摔了出來。安歇斯底里地訴說哥哥的惡行，緊緊地壓住他們兩個，不讓他們逃跑，安迪則繼續哭著，爸媽忙著安撫兩個小朋友。

吉姆站在旁邊，一臉高興的樣子說：「我們玩得很愉快呀！」

吉姆的媽媽克萊拉·克拉克個性有些鬼靈精怪，喜歡享受人生，有四個兄弟姊妹。她的父親來自威斯康辛州，是一名特立獨行的律師，曾代表共產黨競選公職。十多歲時，克萊拉的母親便去世了，一九四一年她滿二十一歲，父親搬去阿拉斯加當木匠，克萊拉則前往夏威夷探視懷孕的姊姊，在一場海軍舞會上，她認識了吉姆的父親史蒂夫。

史蒂夫在佛羅里達州中部小鎮長大，有兩名姊妹，是保守的洗衣店店主膝下獨子。幼年時，他曾經注射過甲狀腺素來幫助發育。高中時親暱的玩伴們叫他「校園牛仔」，有點在調侃他愛裝乖的個性，因為他這個衛理公會教徒，居然很受女生歡迎。史蒂夫一九四一年二月從美國海軍學院畢業，比預定的時間早

了四個月，因為當時課程進度加快，以趕在新的世界大戰前培養出新一梯的軍官。

史蒂夫和克萊拉相遇的時間十分接近日軍轟炸珍珠港，他們很快地在一九四二年四月步入禮堂，之後不久，史蒂夫便受命搭乘從船塢中駛出的佈雷艇，來到北太平洋戰區服役。

隔年他被派到佛州的彭薩科拉接受飛行訓練，十一個月過後，詹姆斯・道格拉斯・莫里森（James Douglas Morrison）成為戰時嬰兒潮的一員，於一九四三年十二月八日在佛州的墨爾本出生，靠近今日的卡納維爾角。

吉姆六個月大時，父親回到太平洋上，以航空母艦為基地，執行地獄貓戰鬥機的飛行任務。而接下來的三年，克萊拉與幼子則和公婆同住在佛州的清水市（Clear Water）。房子正臨墨西哥灣，打理得井井有條，而居民則遵奉維多利亞時代的陳規，比如孩子要乖乖聽話，少出聲；眼不見為淨便是對待不順心的不二法門；整潔即虔敬。吉姆的祖父母成長於喬治亞州，不喝酒也不抽菸。

丈夫不在身邊那幾年，克萊拉的表現可說是無懈可擊，但古板的公婆還有無聊的生活環境，讓得知丈夫即將從太平洋返家的她加倍欣喜，那時是一九四六年的盛夏，戰爭已經結束快整整一年了。

從戰時開始持續到吉姆的整個童年，莫里森一家不斷地遷移與分離。戰後父親第一個被指派的任務得前往華府，但只待了半年他就被調到阿爾伯克基（軍旅生涯中兩次派駐此地）在軍方的原子武器計畫中擔任講師。此時四歲的吉姆已經有了一

個妹妹。

吉姆與雙親從聖塔菲駕車來到阿爾伯克基城外，他之後誇張地把那段公路旅行上體驗到的事，稱為「我一生中最重要的時刻」。他們在路上見到一台翻覆的卡車，許多培布羅印第安人摔落在柏油路上，有些人受了傷、有些人奄奄一息。

吉姆哭了起來，史蒂夫停車查看能否幫上什麼忙，並請另一位圍觀的路人打電話叫救護車。七歲之前，父母總是叫吉姆「吉米」，他透過車窗注視著一片混亂景象，持續嚎啕大哭。

史蒂夫回到車上，他們開車走了，但吉米仍然沒有冷靜下來。他越哭越難過，無法控制地抽泣著。

「我想幫忙，我想幫忙……」

克萊拉將他抱起來，史蒂夫安慰兒子：「沒事，吉米，沒事啦。」

「他們快死了！他們快死了！」

最後爸爸只好說：「只是一場夢而已，吉米。什麼事都沒有發生，只是一場夢。」

吉姆繼續哭個沒完。

許多年後，他告訴自己的朋友，當父親的車離開現場的當下，有一個印第安人剛斷氣，靈魂附在了自己身上。

一九四八年二月，史蒂夫被派到海上，在另一艘航母上擔任「特種武器軍官」，莫里森一家也因此搬到加州北部的洛思阿圖斯（Los Altos），四歲的吉姆此時已經搬過五次家。他會在新家入學公立學校，而他的弟弟安迪也將在此地出生。

七歲時，吉姆又得要隨著父親的工作再次回到華府定居；

一九五二年，也就是一年後，父親被派遣到韓半島，負責統籌航空母艦發動的空中攻擊，而其餘的家人則搬回加州，在洛杉磯郡內的克萊蒙特（Claremont）落腳。

有人認為，漂泊不定的負面影響一向都言過其實：當一個孩子的家庭不斷搬遷時，雖說傳統意義上失去了根，多元的經驗卻提供了心靈上的補償。但無論相異的論點如何自圓其說，有些特別的問題還是存在。

首先，一個軍人家庭必定無法長期定居在任何地方，也很難擁有下一次在何時、搬到何處的選擇權。一個海軍家庭通常得做好心理準備，即使在和平時期，大家長也會被派到船艦上很長一段時間；不像陸軍，他的任務沒有辦法攜家帶眷。家庭成員得學著簡裝出發，只帶著必要用品，像是家具、餐具、瓷器以及織品。吉姆和弟弟妹妹所擁有的玩具和書本，並不是非常豐富。

許多這樣的家庭並不熱衷結交新朋友，因為他們早已深知這些關係頂多只能持續一兩年。也有些人費盡心思想結交新朋友，但結果不是殫精竭慮累死自己，便是用力過猛，打壞了一池春水。

誠然，對於軍事基地的瞭若指掌以及同袍表現出的友愛，可以幫忙抵銷一部分搬家後的疏離感。比方說，一名軍官的家人總會受到軍官俱樂部的歡迎，這裡擁有許多背景相似的過客，構成了便於相互認識的社群。海軍軍官通常會建構出比較小而且親密的圈子，尤其符合這種人際型態。這麼多年以來，史蒂夫與克萊拉的摯友，很多都是海軍軍官與他們的妻子，他們與這些人萍水相逢，甚或再度相遇。孩子們則通常在學校裡認識

朋友，海軍家庭的孩子們，經常需要重新認識新朋友。

　　海軍的社群具有高度移動性，研究過這個特質的心理學家發現，他們身上出現了非常多種情緒失調的症狀，比如酗酒、婚姻不睦，或疏離感及「斷裂感」等等。或許最為關鍵的因素，在於一個經常缺席的父親角色，導致母親的角色得跟著父親的在與不在不斷變換，而孩子則承受家庭關係混亂之苦，進而憎恨家庭的權力結構。

　　當吉姆還小，克萊拉和史蒂夫曾經彼此同意，絕對不因為生氣而對小孩動手。他們嘗試建立另一種紀律，和自己的孩子講道理，把他們犯的錯誤講清楚說明白。有的時候這種紀律以口頭訓斥的形式呈現，有的時候則是冰冷的沉默。

　　「事情最後變成說他們想辦法弄哭我們，」安迪後來回憶道：「他們跟我們說我們做錯了、原因是什麼、還有為什麼不應該犯錯。我總是想辦法忍耐，但他們不會輕易放過你。吉姆後來可以克制不哭，可是我一直都沒有辦法。」

　　一九五三年初，史蒂夫前往韓國之際，吉姆已經是個英俊的大男孩，雖然還有點肉肉的，但他的聰敏、散發出來的自然魅力、以及良好的教養，使他成為五年級教師及班導師的得意門生。但他也會語不驚人死不休，用誇張或嚇人的言論給長輩一點顏色。他高舉雙臂騎腳踏車，因為對女訓導出言不遜，被童軍團趕了出去。他還百般虐待自己的弟弟。

　　那時他們住在克萊蒙特，吉姆與安迪共用一個房間，吉姆最討厭的就是聽到沉重的呼吸聲，特別是當他閱讀、看電視、或是準備入睡時。安迪長期都因扁桃腺發炎所苦，在夜裡常常

呼吸困難。有的時候他半夜醒過來，痛苦地喘不上氣，才發現原來嘴巴被膠帶貼了起來。隔壁床的吉姆則會裝睡，或是顫抖著安靜憋笑。

等莫里森一家回到阿爾伯克基後，克萊拉兼差一份祕書工作，吉姆的七、八年級則在當地的公立學校就讀，那是一九五五到一九五七年間的事。一名家庭成員觀察到三個孩子關係越形緊密，為了要「在頻繁搬家中自我保護」，但也是在新墨西哥的這段日子，父母發現吉姆的愈形疏離。他開始對音樂課意興闌珊，不願意參與家庭事務，開始沉浸在閱讀中，並嘗試了那場危險的雪橇滑行。

一九五七年九月，莫里森一家告別了清新的山谷空氣，結束了新墨西哥兩年的山居歲月，這次是搬到加州北部的阿拉米達（Alameda）。阿拉米達是舊金山灣的一座小島，以海軍基地聞名，那裡除了是灣區最大的工業園區外，還是美國海軍最大的航空站。這裡是吉姆第九個家，也是他升上中學後前一年半的歸宿。

他在那裡結交唯一的真正朋友，又高又胖、有著懶洋洋的嗓音，是他班上的同學傅德・福特（Fud Ford）。傅德引導吉姆理解阿拉米達高中的社交撇步，他告訴吉姆，騎腳踏車很不酷（以至於吉姆開始走路兩公里半上學）。還有，穿著乾淨的李維斯牛仔褲，是絕對不會被同儕接納的。

吉姆辯白：「是我媽每週都拿去洗的，有的時候甚至一週洗兩次。」

傅德只能聳聳肩，幾乎要放棄溝通。

這時吉姆突然靈機一動：「這樣好了，我把另一條褲子藏在

史萊梅克家門廊下面，每次出門我就去把身上的褲子換掉。」

很明顯地，這樣的行為是為了要爭取認同，也是他想要博得大家關注的手段。有一次他把一條線的一端綁在耳朵上，另一端含在嘴巴裡，只要有人問起這個東西，他就會解釋說自己喉嚨裡吊著一個小桶子，用來收集醫學測試所需的唾液。他是《瘋狂》（Mad）雜誌的忠實讀者，還會把裡面一些金句據為己有，他最常掛在嘴邊的一句就是：「發神經才給條子假鈔。」

有一件事可以證明他很早便表現出憎恨權威的傾向，他此後的人生忠於這樣的自己，一個週五晚上，有群警察來到阿拉米達劇院，想把坐在前排的他跟一群喧鬧的小混混趕出場，他大吼：「把證件拿出來啊！」他也想過很多接電話的開場白，足以反應《瘋狂》雜誌幽默病態的那一面，或挪用其他族裔特有模糊不清的口音：「莫里森太平間……你捅死，我下葬。」或者是，「嗨，莫以森基阿，接的是特爾瑪」。

有的時候吉姆更難捉摸、更無厘頭。有次有人抓到他上樓時走下樓專用樓梯，被帶到學生「糾察隊」盤問：「你承認自己有罪還是無罪？」，吉姆莊重地回答：「我無罪，因為你看，我沒有腿。」

吉姆和傅德兩人形影不離，他們第一次喝酒便是偷拿吉姆軍官老爸櫃子裡的琴酒，還把水裝進喝完的空瓶裡擺回去。他們還在軍官俱樂部的泳池演了一齣打鬥，虛張聲勢一場，好像死了人，然後一邊憋笑一邊跑回家。

他們也共享情慾啟蒙的痛苦，吉姆慫恿傅德跟他一起去河口邊喬伊·艾倫的家，躲起來偷看喬伊和她媽媽換上泳裝。那

一帶坐落岬角細長土地的房舍一路延伸到海灣裡，他們在此把泳衣脫掉，縱身跳入水裡，裸泳衝刺到另一邊再折返。吉姆跟傅德說他趁著母親出門購物，跟兩個女孩在房間裡親熱，傅德嫉妒不已，編出了另一個謊，不甘居於下風。

吉姆在傅德家度過無數下午，寫出了許多狂亂下流、性意味明顯的電台廣告仿作，主題是「抓屁股跟自慰」的種種問題。

「自慰通常發生於十二至十八歲的時期，雖然有些例子會持續到九十三歲之後。你可能還不清楚自慰的危險性，通常包皮會起一大圈嚴重的紅疹，嚴重的話必須整根切除，在巴鵬塔氏腺會造成尖擴病；簡單來說，身上會有一大片區域發紅刺痛。沒有人希望得到這種病，可是如果不及時診療，就會發作。我們（防止自慰協會）擁有特別的檢驗儀器，而我們專業的護士群隨時都準備為各位提供大力的協助。」

吉姆精心繪製了一幅素描，畫像中是一名身體扭曲且正在嘔吐的男人，配上一句口號「忽略腎臟造成的後果」。另一幅畫像裡則是一名男人，以可口可樂瓶代替陰莖，看起來很不舒服的開瓶器取代睪丸，一隻伸出來的手滴著黏液，更多的黏液則從屁股流下。第三幅畫像中男人勃起的陰莖尺寸好比棒球球棒，一名小男孩跪在前面緊握著它，舔著尖尖的牙齒期待著。

吉姆畫了數百幅這樣的畫作，當他心情比較輕鬆時，他會和傅德剪下週日笑話集的卡通人物，並把這些人物重新在空白紙上組合出新的對話或描述。同樣地，主題要嘛淫穢、要嘛下流，但這些作品的完成度與精心編排的幽默感，以十四歲的創

作者來說相當罕有。

晚上吉姆獨自一人坐在房間裡，才剛闔上令他無法自拔四小時之久的書本，深深地吸了一口氣。隔天一早他又開始重讀那本書，這次他把喜歡的句子抄錄到隨身攜帶的線圈筆記本裡。

這本書是傑克・凱魯亞克以「垮掉的一代」為主題的小說《在路上》（*On the Road*），出版時間是一九五七年九月，就是莫里森一家抵達阿拉米達的月分。吉姆在那年冬天發現這本書，大約同時間舊金山報紙刊登的書評給這個世界帶來了一個新蔑稱：披頭族（beatnik）。

全球披頭族總部位於舊金山的北灘（North Beach），從阿拉米達搭公車四十五分鐘後能抵達。週六時，吉姆與傅德常常會精力充沛地在加州的百老匯區爬上爬下，駐足在城市之光書店瀏覽，櫥窗上有塊牌子寫著「禁書」。有次吉姆看到書店其中一位老闆，詩人勞倫斯・弗林蓋蒂（Lawrence Ferlinghetti），他緊張地打了聲招呼，但詩人一作聲回應，吉姆馬上倉皇逃跑。

弗林蓋蒂是吉姆最喜愛的作家之一，他的最愛還包括了肯尼斯・雷克斯雷斯（Kenneth Rexroth）以及艾倫・金斯堡（Allen Ginsberg）。金斯堡對吉姆的影響是最大的，因為他就像真實世界裡的卡羅一樣（凱魯雅克《在路上》中的一個角色），是一名「悲傷又詩意的騙子，心靈灰暗」。這樣的形象，似乎已經跟吉姆牢不可分。

另一個讓吉姆著迷的角色則是狄恩・莫瑞亞提（Dean Moriarty），那「西部雪地中留著兩髯鬍鬚的英雄」，他的能量給予了凱魯亞克小說一股安非他命般的衝擊力。他是凱魯亞克筆

下其中一個「發狂的人，那些發狂生活、發狂地說、發狂期待被拯救，同時渴望所有事物的人；那些從不意興闌珊、從不套語陳詞，不斷燃燒、燃燒、燃燒，像炫目的黃色沖天炮般，如同蜘蛛爬滿星空那樣爆炸，而在煙火正中央那藍色的火光讓每個人都為之讚歎」。

吉姆開始模仿狄恩，連「嘿嘿嘿」的笑聲都據為己有。

阿拉米達的時間過得很慢，吉姆「不慎」一直滑落海軍基地的泳池、重複聆聽奧斯卡‧布蘭德（Oscar Brand）、湯姆‧萊雷（Tom Lehrer）的唱片、還有跟母親起爭執。

克萊拉「吼」功了得，只要不順著她的意，她就會威脅不給吉姆零用錢。吉姆嘲笑她，有次克萊拉怒氣沖沖來找吉姆麻煩時，他甚至抓住她，開始在地板上跟她扭打起來，還拿出一枝原子筆畫她的手臂。

「你違反規則了！亂來！」她大吼。

吉姆笑了：「嘿嘿嘿，啊嘿嘿嘿嘿……」

一九五八年十二月，吉姆從加州出發，前往維吉尼亞的亞歷山卓（Alexandria），早其他家人一步拜訪父母的海軍同袍，他們有一個跟吉姆年齡相仿的兒子。傑夫‧莫爾豪斯（Jeff Morehouse）是班上的智多星，瘦小戴著眼鏡的他把吉姆介紹給坦蒂‧馬汀（Tandy Martin），坦蒂住的地方離莫里森家之後從一月起租的寬大宅邸，只有差不多百米遠，屆時史蒂夫將回到五角大廈敘職了。

這棟磚石屋位在一個多山多樹的區域，屬於中上階級社區，也叫比佛利山莊，周邊人口大都由外交官、高階軍官、政

府官員、醫生、律師、參議員等等所組成。客廳裡面有一張厚厚的花地毯，角落擺滿了實用的古董（克萊拉一位兄弟是古董商人）、厚且軟的椅子、還有一架巨大的電視機。幾輛腳踏車就停在外邊的門廊上。

吉姆和坦蒂在喬治華盛頓中學裡的置物櫃位置很近，通常他們會一起走路上下學。吉姆總是喜歡戲弄坦蒂，有天他跟坦蒂說：「我想要過去尿在那個消防栓上面」，一邊作勢把手放到斜紋棉布褲子的拉鍊頭上。

「不要啊！」坦蒂大叫，嚇得半死。

還有次惡作劇，吉姆策劃得更為縝密，他邀坦蒂來看他跟一名耳聾的表親打網球，大概有整整一個小時，他都用比手畫腳的方式跟那名表親溝通，再一邊口頭翻譯給坦蒂聽。坦蒂站在旁邊，心中充滿同情，但過不久雙方就陷入了爭執，手指比畫來比畫去，就跟毛線針一樣揮舞，最後那名表親一氣之下一走了之。

吉姆聳聳肩，告訴坦蒂會送她回家，「所以到底怎麼了？」坦蒂問。

「噢，沒事」吉姆說，「他只是問說要不要跟我一起送妳回家，我說不行。」

坦蒂跟吉姆說她覺得他很無情，還哭了出來：「吉姆，你為什麼要……」

「天啊！」吉姆終於挑明了說：「他沒聾啦！」

坦蒂是不哭了，但開始憤怒地尖叫。那兩年半在亞歷山卓的日子，坦蒂是吉姆唯一的女朋友，但她總是因為吉姆不斷測試她的底線而痛苦不已。

有一個禮拜六，他們一起搭巴士到鄰近的華府參觀科科倫美術館（Corcoran Art Gallery），他們行經波托馬克河時，吉姆突然跪到地上，抱住坦蒂的腳。

　　「吉姆！」坦蒂嚇壞了，小聲地說：「你到底在幹嘛？趕快停下來！」

　　吉姆俐落地解開一邊的馬鞍鞋，然後扯著白色的襪子。

　　「吉姆，拜託你」坦蒂雙手緊握，侷促地放在百褶裙上，手指緊握得都發白了，臉頰泛起一陣紅潮，一路延伸到馬尾下的脖子。

　　「我只想親親妳的腳腳。」吉姆用傻呼呼又膩味的聲音想要捉弄她，為了要讓別人聽不出來他有沒有在開玩笑，他刻意練出這種怪腔怪調。吉姆把光著的腳丫捧起來，輕輕地親了一下，然後賊兮兮地笑了起來。

　　巴士嘶嘶地停了下來，離美術館有一段路，距離開館時間還有半小時，所以吉姆跟坦蒂跑去附近的公園。他們來到一座赤裸的女體雕像前，雕像的腰彎著，吉姆輕聲地在坦蒂的耳中說：「妳一定沒種親那座雕像的屁股對不對？」

　　「吉姆……」

　　「講啊，妳不敢啦。」

　　「不要。」

　　「所以妳在跟我說，妳不敢接近一個不會動的雕像屁股嗎？」他問，同時也和平常一樣在賣弄自己的字彙量。

　　「拜託你好不好，吉姆。」坦蒂緊張地四處張望，有一些觀光客正在對雕像拍照。

　　「去吧，坦蒂！動動妳嘴巴的輪匝肌，親親那個臀大肌！」

坦蒂失控了：「我不會去親那座雕像，不管你用什麼字或是想到什麼說詞都一樣！」

她的怒吼之後是一陣沉默，坦蒂往四周一瞧，全部的人都盯著她看。吉姆早就找了個地方坐下來，離她好幾公尺遠，裝得自己並不認識坦蒂一樣，幾乎快忍不住爆笑出來。

「我問他為什麼老是要跟我玩把戲」坦蒂說，「他回我：『如果我不如此的話，妳會對我失去興趣』。」

坦蒂不是唯一接受過吉姆考驗的人，他的老師同樣受吉姆的氣，特別是一名已屆退休年齡、單純又個性保守的生物老師。吉姆在課堂上公然作弊，有次考試時間，他還跳到實驗桌上，瘋狂地擺動雙臂，所有人都往他那看。

「莫里森！」傳來老師生氣的聲音。「你到底在做什麼？」

「啊我只是在追一隻蜜蜂。」吉姆說，還是站在桌上不下來，教室中的其他人已經忍俊不禁。

「請不要多管蜜蜂的閒事，莫里森同學，請你回座。」

吉姆從桌上跳下來，大步地向座位邁開勝利步伐，教室轉為一片寂靜，而吉姆躍過了實驗桌，繼續在走道上前前後後地追著「蜜蜂」。

每次上課遲到，吉姆都會編一些被歹徒挾持或被流浪漢綁架的故事，有天他突然走出教室，老師追上去的時候，吉姆說自己當天下午得要手術移除腦腫瘤，隔天接到校長關切手術狀況的電話時，克萊拉反應錯愕。

他會靠近漂亮女生，先行個禮，然後背誦出一段他熟記的十四行詩或是十八世紀小說，再次鞠躬後揚長而去。放學後他

陪伴朋友上高爾夫球課（雖然他自己不打），踩在只有五公分寬的球場護欄上，維持著危險平衡，一旁波托馬克河的急流在九公尺之下。他還在學校的穿堂裡對著要好的哥們大喊：「嗨，傻屄！」

有的時候這些把戲殘酷地有點過分，有次從華府搭車回家，他抓到一位太太盯著他看。「妳覺得大象如何呢？」吉姆問她。

她馬上就把目光轉開，吉姆繼續追問：「所以，妳對大象的看法是什麼？」

這位太太沒有回應，吉姆於是吼叫了起來：「大象有怎樣嗎？」

等到巴士抵達亞歷山卓，這位女士已經被吉姆逼哭了，幾位大人在一旁勸吉姆不要再煩她了。

吉姆回：「我只是在問大象的事情而已。」

另外一次他跟坦蒂碰到了一位半身不遂坐輪椅的殘障人士，吉姆馬上開始抽搐、扭動、流著口水來嘲弄那個人。

雖然有的時候吉姆的確很煩人，但是不影響他吸引夥伴的能力。事實上，在亞歷山卓圍繞在吉姆身邊的，幾乎都是學校的風雲人物，有好幾名傑出的運動員、校刊編輯（班上公認最聰明的學生），還有學生會會長。這些人都想引起吉姆的注意，不自覺地會模仿他說話的方式，還用上幾句他的口頭禪：「很火熱哦！」、「哦～你懂我懂到攝護腺欸！」；他們慫恿吉姆帶著女友和他們來場雙重約會（他從來沒答應過）；互相交流些（那時就叫作）「吉姆‧莫里森小故事」。吉姆奇妙的吸引力非常明顯，即使在那時還難以名狀。

吉姆的一位同學好友如此回憶：「我們真天殺的守規矩，所

以如果有人幹了一些很猛，大家都想做的事，我們都會覺得很爽，也越來越受莫里森的吸引，他就像我們這群人的中心。」

坦蒂提供了另外一種視角：「當你在高中裡而且與眾不同……比如說，我自己那時想參加一個女學生聯誼會，因為期待被接納，我知道這件事本身很愚蠢，所以我真的做不來。最優秀的聯誼會允許我加入時，我回家哭了一整晚，因為我知道我必須拒絕。情感上真的很受傷，當你覺得自己做的是正確的事，可是別人都跟你不一樣，你又只有十五歲時，你真的會心碎到好像留下一道傷疤。每個人十五歲時都在追求歸屬感，有人邀吉姆加入 AVO（學校的兄弟會），可是他說不要。」

在中學的那幾年，吉姆的成績平均是 88.32 分，儘管他根本沒念什麼書，還登上了榮譽榜兩次。他的智商是一四九，他的大學考試數學高於全國平均（他的分數是 528 分，平均是 502），而詞彙閱讀是 630 分，比全國平均的 478 分要高得多。光是考試成績沒辦法說明太多，吉姆讀的書或許可以展現的更全面。

他著了尼采的魔，這個擁有詩意語言的德國哲學家，談美學、道德、還有阿波羅與戴奧尼索斯的二元對立，這主題之後會一再於吉姆的對話、詩作、歌曲、甚至生命本身中出現。他讀普魯塔克的《希臘羅馬名人傳》（*Life of the Noble Greeks*），變得非常欣賞亞歷山大大帝，他欽佩亞歷山大的才智以及武勇上的成就，還模仿他的神情：「……頭會略略偏向左肩那一側……」。他也讀偉大的法國象徵主義詩人韓波，他的風格影響了吉姆短篇散文詩的樣貌。他讀遍了凱魯亞克、金斯堡（Ginsberg）、弗林蓋蒂、肯尼斯·帕欽（Kenneth Patchen）、麥可·麥克盧爾（Michael McClure）、格瑞戈里·科爾索（Gregory

Corso），以及所有出版過作品的垮掉的一代作家。諾曼·O·布朗（Norman Oliver Brown）的《反對死亡的生命》（*Life Against Death*）在他的書架上與詹姆斯·法雷爾的《斯塔茲·朗尼根三部曲》（*Studs Lonigan*）並列，緊挨著柯林·威爾森的《局外人》（*The Outsider*），旁邊擺著的是喬哀斯的《尤里西斯》（吉姆的高中英文老師覺得他是班上唯一想讀且讀得懂這本書的學生）。巴爾札克、考克多、莫里哀，都是他常讀的作家，還加上法國存在主義哲學家的著作，吉姆好像本能似地可以讀通這些難懂的思想巨擘究竟在寫什麼。

都已經過了二十年了，吉姆的高中英文老師仍然對吉姆的閱讀習慣侃侃而談：「他的閱讀量很大，超越班上任何人，可是他讀的東西都很冷僻，我得拜託另一位去國會圖書館的老師幫我忙，查查吉姆用來寫作業的那些書是否真的存在。我以為他是胡謅的，因為那些書的主題是英國十六、十七世紀的魔鬼研究，我從來沒聽說過。但那些書真的存在，從他寫的作業來看，我相信他真的讀過那些書，而國會圖書館是唯一能取得那些書的來源」。

吉姆正蛻變成一位寫作者，他那時已經開始寫札記，他會用日常觀察和想法，還有雜誌廣告的段落、對話的片段以及一些書的段落及看法，填滿一本本線圈筆記本。當他進入高年級後，札記裡詩歌的比例也慢慢增加。他愈趨認同浪漫主義對於詩歌的見解：比如「韓波的傳奇」、命定的悲劇，都在他的意識留下不可抹滅的痕跡；金斯堡、惠特曼（Whitman）、還有韓波的同性愛；波特萊爾、狄倫·湯瑪斯（Dylan Thomas）、布藍登·

畢漢（Brendoan Behan）的嗜酒；還有更多人內在的痛苦與幻覺世界合而為一，造就了瘋狂與癮頭。書頁變成一面鏡子，讓吉姆看見自己的身影。

要成為一名詩人，不只得創作詩歌，還得具備不尋常的風骨、與承擔愈加壯烈的痛苦，將自己獻身給生與死。每天早晨都得懷著奔騰的狂熱起身，了解只有死亡可以撲滅這種激情，但又得相信這樣的苦難會帶來無與倫比的回報。華萊士・史蒂文斯（Wallace Stevens）說：「詩人就是隱身者的牧人」，而雪萊則寫道：「詩人是世界上不被承認的立法律者……是未曾被領會過靈感的解說人；是未來投射在現在之上巨大黑影的一面明鏡」。

韓波在給保羅・德梅尼（Paul Demeny）的信中寫得最為精準：「一名詩人透過漫長、無疆、而且體系化的感官錯位，開拓自己的眼界及幻覺。所有形式的愛，受苦的也好、瘋狂的也罷，他藉此尋找，窮盡自我內在所有的毒素並淬鍊出最精華的部分。在無法言傳的折磨中，他最需要最至高無上的信仰；一股超人的力量，使他成為偉大的殘廢、負咒詛者，進而成為那至尊的科學家——因為他抵達了未知之境。所以他在狂喜的飛馳中經歷了前所未聞、難以名狀的事物，被摧毀的話……」詩人，即是盜火者。

吉姆曾經寫過一首他認為「像是歌謠」的詩，叫〈小馬郵遞〉（The Pony Express），但此刻他寫的東西比較短而有力，填滿一本本筆記，起初許多門樂團的歌曲，都是直接利用這些材料，或從中汲取靈感寫成的。〈馬緯度無風帶〉（Horse Latitude）就是一首直接脫胎於詩作的歌曲，有次吉姆看到一本平裝書的驚悚封面，因而寫成了這首歌。書封上有許多馬被拋到海中，只因

為一艘西班牙大帆船被困在無風的馬尾藻海上，必須減輕船體重量：

　　當靜止的海謀劃了堅甲
　　而她乖戾又戛然而止的
　　潮水飼育了弱小的怪獸
　　真正的航行已死

　　唐突的瞬間
　　而第一隻動物方被拋棄
　　腿慍怒的踢跺著
　　他們的疾馳僵硬生疏
　　頭來回擺動
　　鎮定
　　脆弱
　　暫時停止
　　合意
　　死寂的鼻孔中是臨死的苦痛
　　細心地精煉過
　　完全封印起來

　　從那時開始，吉姆有許多詩作跟水還有死亡有關，雖然他很會游泳，但他的摯友們還是堅稱吉姆非常怕水。

　　坦蒂‧馬汀轉學到聖依搦斯女中時，吉姆三年級，兩所學

校都位在同一區。吉姆常常看到放學的她經過自己家，好幾次他追了上去，彼此傾吐好幾小時的私房話。

「你最早的記憶是什麼？」坦蒂問。

「我在一個房間裡，裡面有四五個大人圍著我，然後他們說：『過來，吉米，過來呀⋯⋯』我還正在學走路，他們全部都在說：『過來我這邊⋯⋯』。」

「你怎麼確定這些不是你媽告訴你的？」坦蒂說。

「太瑣碎了，她才不會講這種故事。」

「可是，佛洛伊德說過⋯⋯」

或許吉姆真的認為這無關緊要，但接下來這幾年他仍會提到相似的記憶，通常他把這一切解釋成夢境，所有的描述裡都包含相同的環節：好幾名大人，向還是孩子的吉姆伸出手。

坦蒂和吉姆談論使他們害怕的東西，還有彼此的共通點、以及想成為什麼樣的人。他曾說過他想當一名作家、想體驗所有的事物。有一兩次他說他想當畫家，還把自己的兩小幅油畫給她，一幅是坦蒂的畫像，她被畫成一顆太陽；另一幅則是吉姆將自己畫成國王。

吉姆的畫作跟他的詩一樣，幾乎完全沒有與別人分享。他的零用錢不多，所以他的顏料跟畫筆是偷的，而畫作完成時，成品也隨之消失，跟材料一樣神出鬼沒。比較情色的畫作，當然就是被藏起來、銷毀、或是送人了。仿作德庫寧（Willem de Kooning）的裸體畫直接用其他畫蓋掉，巨人、像蛇一般的陰莖、口交卡通這類的畫作，則偷渡到同學的課本裡，吉姆知道老師一定會翻看到這些畫。他一如往常，熟記人們的各種反應，記起來什麼東西讓人崩潰、著迷、或暴怒。

吉姆的弟弟有次問他為什麼要作畫，他的回答是：「總不能一直看書啊，眼睛會累呢。」

　　安迪非常崇拜他的哥哥，即使是吉姆最壞心眼的時候。安迪回憶起有幾次當他們走過一塊空地時，吉姆撿起一塊石頭然後說：「我數到十……」

　　安迪說不出話，非常害怕，來回看著石頭跟吉姆。

　　吉姆數了起來：「一……」

　　「不要啊……」安迪哭喊。

　　「二……」

　　「拜託，吉姆，拜託……」

　　一數到「三」，安迪拔腿就跑，而吉姆大吼：「四五六七八九十」，朝他瞄準後丟了過去。

　　吉姆做這種事時十六歲，他十七歲時，有次則不懷好意地握著包裹狗屎的毛巾，朝安迪靠近。他跑遍整間房子追逐尖叫的安迪，最後抓到他時，朝他臉上抹一坨橡膠假屎，安迪哭了起來，但也鬆了口氣。

　　「我看電視時他突然跑來坐在我臉上放屁，這種事真的數不清發生過多少次。」安迪說：「喝巧克力牛奶跟柳橙汁，不是會讓口水黏黏的嗎？他會將膝蓋壓住我的肩膀讓我跑不了，淬了口水在我上空吊一顆花生，花生從嘴巴滾出來，隨著口水慢慢垂下來、再下來，直到快碰到我鼻子，再吸回去。」

　　他們一起經過家裡附近的地方，看到有人體型跟年紀比安迪大時，吉姆會說：「嗨，我弟想跟你打架……窩弟想打架唷……你要不要咧？」

吉姆慫恿安迪爬到華盛頓特區動物園的圍欄上，圍欄的邊界很窄，一旁就是將動物跟遊客分開的深溝；有次他還唆使安迪爬一個離高速公路路面五公尺高的圍欄。「如果不做的話，吉姆就會叫我孬種！」安迪說：「因為他從不叫我做自己不敢做的事情。」吉姆挑戰過很多次類似的事情，至於滑雪橇那次，他可沒有摔下來或撞車。他說過：「你給自己多點信心嘛，要不然可真的會摔下來。」

　　吉姆在亞歷山卓幾乎很少看到妹妹跟父母，常常沒吃早餐、沒講一聲就出門。他的妹妹安不過就是他無止盡惡作劇的對象之一，父親一如往常，要不心事重重，要不就是人根本不在家——巡視卡納維爾角先鋒一號的發射作業，在陸海軍鄉村俱樂部打高爾夫，或飛在空中打理自己的聯隊，即使在家也都在解數學謎題，而不是給吉姆他想要的關懷。

　　母親已經變成家中的支配者，就算史蒂夫在家，克萊拉也掌握家庭的經濟大權。她可以說是模範海軍妻子，把每件事都打理得很好，從保養餐具到辦橋牌派對樣樣精通。有一名親戚這麼形容克萊拉：「總是派對活力的來源，凌晨一點時仍然可以看到她來回張羅大小事，而史蒂夫可能九點就已經上床睡了。」那時的吉姆則認為媽媽過度插手自己的事又太嘮叨，總是對他的頭髮長度或是襯衫的狀態有意見，使他心煩。

　　吉姆一件上衣可以連穿好幾個禮拜，直到整件衣服已經不堪使用才換掉。有位老師甚至問吉姆需不需要經濟上的協助。有次克萊拉給吉姆五塊美金買新衣服，但是他在救世軍慈善商店只用了二十五分，把其他剩下的錢都用來買書。最後克萊拉只好試著請坦蒂的媽媽要坦蒂幫忙，看能不能勸勸吉姆，不過

坦蒂當然拒絕了。

　　有天下午坦蒂到吉姆家，兩個人聽到吉姆的父母回來，吉姆趕緊把坦蒂帶上樓到爸媽的寢室，想把她推上床，床單都被弄亂了。坦蒂覺得這不是個好主意，跳下床走出房門，吉姆尾隨在後。時機正巧，莫里森夫婦進到客廳的當下，坦蒂紮著的上衣因為動作太大，從裙子掉了出來，吉姆則連滾帶爬地下樓。

　　「嗨，媽。嗨，爸。」吉姆咧嘴一笑。

　　克萊拉擔心吉姆舉止怪異，害怕他會遺傳到舅舅，他們擁有一些她認為不太正常的怪癖。她不太知道如何因應吉姆突如其來的尖銳話語：「妳根本不是真的在乎我的成績，妳只希望我得到好成績，讓妳可以拿來跟橋牌俱樂部的人炫耀。」還有一次吉姆吃飯吃到一半突然魯莽地把刀叉扔到餐盤上，對克萊拉說：「妳吃飯的聲音聽起來像隻豬」，嚇壞在場所有人。

　　其他人也對吉姆乖張的舉止感到納悶，他在亞歷山卓閒晃，腳穿其樂沙漠靴、身穿斜紋棉褲還有尼龍襯衫、頭髮不剪時，看起來非常遙不可及、不可能更獨樹一格了。其他時候他更是神祕莫測，由於很少被准許開家裡的車，他通常請朋友帶他去華盛頓特區的市區，他下車步行，也不說為何而來、去向何方。

　　他去哪裡？他在做什麼呢？有人認為，他要到某間經常造訪的別具特色的小書店拜訪某位朋友，也有人說他要溜去貝爾沃堡（Fort Belvoir）附近，位於舊國道一號旁的破酒館，聽黑人藍調歌手表演。後者的可能性高一些，他最喜歡，而且在地下室房間裡放得最多的音樂，是國會圖書館收藏的藍調與聖歌（那時的他說自己痛恨搖滾樂）。他也喜歡漫步到亞歷山卓破敗的海

濱，和坐在碼頭上釣魚的黑人攀談，有時候吉姆晚上會帶坦蒂過去認識這些「朋友」。

更詭異的是他會乘著月光夜訪坦蒂家，吉姆會站在馬汀家後院，靜默地盯著她二樓的臥室窗戶。坦蒂聲稱她每次都會起床察看，可是當她下樓時吉姆已經消失無蹤。當她跟吉姆抱怨他把她吵醒時，吉姆卻說他根本沒有離開自己的床過。

中學最後一年，吉姆的父母不斷向吉姆施壓，要他申請大學，如同他們纏著吉姆要他拍畢業紀念冊照片一樣。吉姆顯得興趣缺缺，因此他的雙親便安排他就讀佛羅里達州清水市的聖彼得堡短期大學，並決定送他去跟鄰近的祖父母同住。吉姆無奈地聳聳肩，屈服於這個決定，但他也挑明自己不會參加高中畢業典禮。吉姆的父親怒不可遏，但吉姆心意已決，所以學位證書是在唱名未到後，直接寄到家裡來的。

吉姆和坦蒂的最後一次約會是一個週五夜晚，他們和坦蒂的好友瑪莉・威爾森（Mary Wilson）一對情侶停車在波托馬克河旁，吉姆帶了一手啤酒，過了一會他們去瑪莉家時，他秀出了自己的詩歌筆記本。坦蒂一邊讀著，吉姆開始嘻笑起來，吹噓自己才剛入夜，就可以一次喝掉半瓶他爸的威士忌。

坦蒂的不悅寫明在臉上：「吉姆，為什麼你老是把自己隱藏在面具之下？難道你得要一直偽裝自己嗎？」

吉姆冷不防哭了起來，倒在坦蒂的腿上，無法克制地啜泣著。

等到平復下來，他才說：「妳不知道，這一切都是為了妳嗎？」

坦蒂想到威爾森一家在樓上已經睡了，她叫吉姆先回家。

「哦，所以妳擔心我會吵醒他們嗎？我讓妳緊張了對不對？如果他們發現我在哭妳會不知所措，對吧？」吉姆說。

坦蒂頓了一下，才回答：「哪有。」

吉姆走向大門，道了晚安，朝外走，闔上大門。坦蒂嘆了一口氣，門突然被撞開，吉姆大聲地說：「我改變心意了！」接著表白：「我愛妳！」，坦蒂冷冷地嗤之以鼻：「當然囉。」

「妳有夠自以為的。」吉姆嘲弄起她來，這個字眼總是讓坦蒂很不爽，一把火都上來了。吉姆抓起她的手反折到背後，她忍著疼痛、克制不哭出來，吉姆說他應該拿把尖刀劃破她的臉，讓她留下一道深深的疤痕，這一字一句在她耳中無比駭人，「這樣就不會有人正眼看妳，除了我以外。」

坦蒂沒有和媽媽談過這件事，但馬汀太太可不是沒有看到吉姆性格上的轉變。坦蒂自己也明白，她在高二時遇見的男孩天真又快樂，現在才過兩年半，他卻變得刻薄、厭世、偏執又乖張，她真的不懂到底是為什麼。他越來越口不擇言，而毀容的恐嚇，則只是那短短的一陣子裡，好幾個嚇人的插曲之一。馬汀太太跟女兒說他看起來「很不乾淨，像漢生病人」，力勸她不要再跟他來往了。這次的心驚膽戰或許讓她們認真地考慮這個可能性，但也讓她們想起兩年前吉姆剛搬來亞歷山卓的一件往事。

有次吉姆說他有件沒辦法跟父母討論的事，坦蒂心裡很希望吉姆能跟她說，不過還是建議他可以跟西敏長老教會的助理牧師談談，這名牧師帶領她參加的青年團契，而且對年輕人滿尊重的。吉姆答應了，也和他約好了會面時間。

「考慮之後我覺得我不想去。」坦蒂媽媽來學校接吉姆那

天，他反悔了。

「你可以的。」坦蒂說，和另一位女性朋友站在一旁，她們一起把吉姆推上後座。

吉姆的問題是什麼，還有他和年輕牧師究竟說了什麼，沒人知道。吉姆顯然沒有跟任何人提起，而牧師也不記得發生了什麼，但隨著吉姆即將畢業，坦蒂想知道兩年前的問題，是不是造成坦蒂母女眼裡吉姆性格改變的原因。

隔晚吉姆打電話跟坦蒂道歉，請她原諒那晚的事，希望能再見她一面。她想跟吉姆見面，可是幾個月前她已經答應別人要參加一場正式的舞會，她覺得臨時悔約很不厚道。

「但我要搬去佛羅里達，明天以後就不會再回來了。」吉姆說。

坦蒂大吃一驚，她第一次知道吉姆要搬家。覺得生氣又受傷的她和吉姆表示，他沒早點說實在太傷人了，在哭出來之前就把電話掛了。吉姆怒氣沖沖地跑到坦蒂家，站在庭院某棵枝葉茂密的樹下，大吼：「終於擺脫妳了！我自由了！我要離開了，絕對不會寫信給妳，絕對不會想起妳！」

吉姆命令坦蒂交出她借走的幾本日記，而且是立刻交出。坦蒂下來時，哭得不成樣子，把本子還給了吉姆。

週日深夜坦蒂醒了過來，她知道吉姆正站在後院，她下樓後聽到了熟悉的腳步聲慢慢淡去。她走到窗邊，看到漆黑的人影遁入了莫里森家的車子上。

車子隱沒在黑夜之中，往佛羅里達開去。

第2章

　　吉姆站在佛羅里達發燙的路邊護欄上，脫下他的黑色西裝外套、扯開潔白襯衫的領撐、摘下紅色的條紋領帶：這是聖彼得堡大學的制服。往上郡的公車車門打開，往他家開去。

　　吉姆頹躺在後方中央的座位上，開始吹起口哨來，接著他打了兩三個長長的嗝。他喜歡說些不著邊際的拙劣笑話，和一些荒誕的故事，而這就是他擾人又扭扭捏捏的開場白。

　　吉姆開講：「我有個朋友想要買一隻捕鴨的獵狗，所以他跑去找一個老伯，請教要如何挑一隻好的獵狗。這位老前輩跟他說要觀察狗的屁眼，因為狗的屁眼要緊，跳到水裡，才不會灌水進去而下沉。所以我朋友去到當地一間狗舍，店主給他看了幾隻狗，一隻要價七十五塊。我朋友跟老闆說他要仔細地檢查一下⋯⋯。」

　　當吉姆開始說故事，像是在自言自語，可是不一會所有坐在附近的人都開始凝神聽起來：「⋯⋯他先看了一隻看起來很大隻又溫馴的狗，然後把牠的尾巴拉起來，『哎唷，屁眼太大了。』我朋友換去看另一隻狗，『你他媽在對我的狗幹嘛啊？』老闆走過來指著第一隻狗問。『沒啊，我只是發現這隻狗屁眼很大，你看，如果牠跳到水裡追鴨子的話，屁眼進水牠就沉了。』我朋友說完，狗舍老闆看了一下：『對耶，屁眼很大。』，然後伸手抓著狗的蛋蛋轉了半圈，那個老屁眼馬上揪了起來。『抱歉啊，這

隻狗本來是設定抓鵪鶉的。』老闆說。」

　　吉姆說完發出了長長的嘿嘿笑聲，接著繼續說另一個故事，完全無視旁人的嗤之以鼻和無言以對。不過，不久後公車上的其他學生，又會繼續凝神傾聽吉姆的故事。

　　吉姆下車的地方離他家還有三個街區的距離，雖然走起來不遠，但也夠他想方設法，捉弄他的祖母卡洛琳以及祖父保羅了。兩位老人家都滴酒不沾，雖然保羅喜歡看灰狗賽跑，但至少舒適的家所處的舊城區相當保守，大部分的人都是基本教義派信徒，而吉姆以取笑他們為樂。

　　吉姆拒絕他們要他剪髮的請求，也不刮鬍子或換衣服，更不上教堂。他威脅要帶一個「黑鬼女孩」回家，在房間裡堆起喝完的酒瓶。有的時候他連續幾天不說話，在祖父母的日常裡來去，有如一縷黑煙。

　　「他就是憎恨服從，做什麼事都有種古怪的傾向。」吉姆的外婆回憶道：「他會企圖嚇我們一跳，真的很愛玩這招。他會說些讓我們不自在的話，我們所有人都不懂他。吉姆的存在擁有很多面向，你看到其中一面，又瞥見另一面，但你從來都不知道他到底在想什麼。」

　　吉姆在聖彼得堡大學的那年相當低調，完全沒參與任何課外活動，第一學期的成績相當平庸，拿到一個A、兩個B、一個C、一個D。

　　吉姆的新生性格測驗裡有比較多有意思的發現，報告的評語說他是一個衝動、無憂無慮、喜歡刺激，但也缺乏紀律跟自制的人。他也相當矛盾地被評斷成一個害羞，但又喜歡從事社交活動及思考的人。他一方面既抨擊既有的建制，一方面卻又

相當自溺。考量到他對文學的愛好，以及在亞歷山卓的創作才華及溝通手腕，他的大男人傾向相當讓人驚訝。

吉姆在知識方面的愛好足以讓人稱奇，朋友拜訪他房間時，他會跟他們誇口：「去挑一本書，任何一本，」那口吻非常浮誇，但踞在房間地毯上的他，其實是一個害羞的魔法師：「任何一本書，打開某章的開頭唸出來，我能閉著眼睛告訴你那本書的名字與作者。」

吉姆揮手指著房間四周堆得滿滿的書，數以百計，有的放在家具上、有的堆在牆邊。

這個遊戲他從沒猜錯過！

有的時候他相當慷慨助人，這些事蹟同樣讓人印象深刻：有次他幫朋友寫學期論文，相當快速且專業地分析了數量可觀的詩作；另外一名朋友的三十頁報告他也信手拈來，主題是伊莉莎白女皇的情夫埃塞克斯伯爵，所有參考書目都憑他印象，查都不必查。

吉姆弟弟安迪表示：「有次要撰寫一篇演講，題目是《良好的品格：我們不可或缺的生存之道》，我根本不知道那是什麼鳥。我爸媽跟我說沒寫完復活節假期就不准出門，吉姆又很希望我陪他，我搞了好幾天，吉姆終於忍不住拿去自己重寫，在結尾加了好多他自己想的東西。整篇演講很不賴，結尾是這樣說的：『我們在看不清前方的軌道上漂浮，無助又孤單。』接著大概有三四句，意思都差不多，雖然不是我的寫作風格，但最後我拿了個A。」

吉姆跟一群清水市高中的畢業生混得很熟，還一起喝酒。在舞會上他喝醉了會站在角落，假裝自己是棵樹。有次他在派

對上喝醉，不小心把自己割傷，雖然傷得很重，但因為態度太衝又很冒犯人，地方醫院的醫生直接拒絕幫他治療。

　　吉姆此時還沒有長期酗酒到爛醉不醒，有一名同學的觀察是這樣的：「他喝酒的唯一目的好像只是為了喝醉，不然他根本不喝的。」對此時的吉姆來說，喝掛尚屬特例，可是他顯然已經開始藉酒逃避現實。

　　十二月他過十八歲生日時登記了志願兵，這件事有必要記上一筆。他深切憎恨有關軍隊的一切，害怕軍隊掌握的權力會牢牢控制他。一九六一年時反戰還不是主流運動，吉姆從沒聽過「拒服兵役者」之類的概念，所以他登記之後就出門喝個爛醉，家族裡幾位成員表示，那天晚上一個住在清水市的叔叔救了他，避免他在相當棘手的狀況下真的鬧出大麻煩。因為整件事太難堪了，他們甚至不願透漏究竟發生了什麼。

　　大約同個時間點，吉姆發現了逃避世事的好去處，是一間橫亙在棕櫚樹荒野裡的老旅館，位在清水市與學校之間，名叫「文藝復興畫廊咖啡廳」，這裡還有許多學校私下規定不得進入的場所，包括畫室、表演舞臺、露臺等等。或許挑戰禁忌是吸引吉姆的一點，但讀詩、民謠歌唱大賽、以及波西米亞式的玩世不恭才是真正擄獲他的緣由。

　　文藝復興這間店由艾倫・羅茲經營，是個話多的三十多歲男同性戀。跟他見面僅僅半小時，吉姆簡直聽完了一整本的史詩級小說，透露了多到不行的資訊，包含十九世紀負責建造聖彼得堡大學的先人，戰時倫敦停電時加油添醋過的性愛歷險紀事，在泰德尚恩全男子舞蹈團的歲月，還有這座畫廊迷宮裡來往每隻貓的性癖與家族史，他對於電影《伊甸園》裡位於坦帕

北方的天體營瞭若指掌，每次有事想說都一臉「你絕對不會相信，你會嚇死」的樣子。

艾倫還記得他告訴過吉姆，他身上有貓王的那種巨星特質。還跟吉姆說過他在倫敦的故事，那時正在打仗，他會在路上隨便找些他能勾引到的人玩玩，而且從來不穿內褲。

「我跟每個遇到的人說，給我瞧瞧你的好東西，屢試不爽。」

吉姆在學年結束時去聖地牙哥郊區拜訪家人，七月回到清水市時，他終於遇到可以取代坦蒂的知心好友兼女友。瑪莉‧法蘭西斯‧魏伯樂（Mary Frances Werbelow）才剛滿十六歲，一百五十公分高，一頭長長的棕髮，在那年夏天的陽光歡樂選美比賽上得到第二名。吉姆遇見她時，她才剛剛結束高中三年級的生活。

「嘿，大家，看那邊！」有人出聲警告。

吉姆單腳站在公寓陽台的欄杆上，離地面足足有六公尺高，搖搖晃晃。

「你喝很多吧，小朋友？」

眾人一陣笑聲。

他放下右腳，接著抬起左腳，滑了一下，他掄起手臂但快掉下去了。站得最靠近他的一男一女趕緊抓住他，把他拖回派對上。「妳不應該這麼做的，可是只要是妳，就沒有關係。」吉姆和女孩說，一邊向她露出難以抗拒的孩子氣微笑。瑪莉是天主教徒，曾經考慮成為一名修女。她跟吉姆一樣，都是安靜的人，也讓她看起來更為成熟。她跟吉姆說她在當地佛雷‧亞斯坦的舞蹈教室打工，希望自己有天可以成為電影裡的舞蹈明星。當吉姆說

他想要編寫跟執導電影時，她立刻就對吉姆產生了好感。

「妳寫詩嗎？」吉姆問。

「有時候會，可是從來沒給人看過。」

「我也有寫過一些……」

「真的嗎？」

在暑假的最後一週，吉姆走進了瑪莉·法蘭西斯的人生裡。在他的鼓吹之下，她戴上了太陽眼鏡，挑戰了當地的民情。她第一次嘗到了酒的滋味，之後告訴父母她九月前往塔拉哈西（Tallahassee）進佛羅里達州立大學就讀後，週末都要去找吉姆。

每天晚上吉姆都會站在狹小的臥室中央，身上僅著一條內褲，踮起腳尖朝天花板伸展。他跟室友說這麼做能長得更高，看來似乎十分相信會有成效。他離開亞歷山卓時身高一七五、體重六十公斤，據他的說法，之後又長高了三公分。

他與其他五名學生一起在離學校一公里半遠的地方租屋，那裡有三個臥房，住進去前他只認識其中兩人，其他人都是順便找的。一如他的習慣，他馬上開始「測試」室友。他迷上了貓王，只要電台上放他的歌，吉姆要求所有人得立刻安靜，他會把音量轉到最大，坐在收音機前如痴如醉。祖父母寄給他一床電毯後，他就開始拒絕平分暖氣費；萬聖節時他讓所有人都很尷尬，因為他全身只穿了一件大披風，只要有不給糖就搗蛋的小朋友進門拿糖果，他就暴露一次自己的裸體。

吉姆在與室友上學的巴士上也捅了簍子，有次他拿出二十美金的紙鈔，和拒絕找零的司機大吵一架。還有一次他走到巴士後段，堅持要所有黑人同學坐到前面。有一天他坐在駕駛後

面，向坐在一旁的十歲小女孩微笑。

「哈囉。」他說。

女孩坐立難安，緊張地望向吉姆。

「妳還真漂亮。」吉姆換了一副粗聲粗氣的怪腔說道。

女孩發起了窘。

「妳的腿好漂漂。」吉姆說。

巴士司機朝後視鏡看過去，只見吉姆貼近女孩，把手放到了她的膝蓋上，司機一陣急煞，把車停靠到路邊：「滾，年輕人，給我下車。」

「拜託啦，先生，行行好。」吉姆咕噥起來：「我是無心的，只是在誇她。她讓我想起家裡的妹妹，我剛剛突然很想家。」

司機最後妥協了，請吉姆安分不要再伸手，這樣他就能繼續坐車。

吉姆的室友都在車上，假裝不認識他，但公車一到學校，他第一個衝下車，回頭大喊：「嘿，室友們！」然後揮手。

他們自然而然地也向吉姆揮手，吉姆卻接著大罵了一聲：「幹！」鞠了一個躬，大笑之後大步地走開。

他跟室友借了輛福特雷鳥，倒車時撞上了電線杆。他喝他們的啤酒、吃他們的食物、穿他們的衣服，連問一聲都沒有。他小心翼翼地記載他的所作所為，還有他們的反應，全部寫在日記本上，好像他是一名人類學家，而室友是他的研究對象。

短短三個月之內吉姆讓整棟屋子陷入恐慌，每個人都不停地擔憂接下來到底會發生什麼事，十二月的某天晚上，吉姆把貓王的音樂開得超級大聲，大家終於忍不住跟他攤牌，除非他願意改，不然就得搬出去。吉姆立刻腰桿挺直，表示這一切都

是他們的問題，他做的事情絲毫沒有踰矩，既然他們不願意努力相處，又怎麼可以叫一個沒有想要他們改變的人，照著他們的意思改變呢？最後室友只好請他走人，吉姆同意而且當晚就收拾好所有家當，隔天他便一去不回。

他搬到一個半拖車房，後面就是女子公寓宿舍，離校園三個街區遠。每個月他必須付五十美元租金，是祖父母寄給他的總數一半，不過只要他寫信開口，父母也會寄錢給他。

安迪回憶道：「他每個月都得寫信才能拿到錢，他不會寫約會那種瑣事，而是在信裡講一個故事。比方說有次他在看電影，然後突然失火了，大家都驚慌地往門口擠去，而他是唯一保持鎮定的人。他站上舞台，坐在鋼琴邊唱了首歌，讓觀眾冷靜了下來，因而能安全撤離。另一封信則鉅細靡遺地講述他看到一個人掉進沼澤的始末。」

吉姆第二學期修了兩堂對他有深遠影響的課程，其中一堂談哲學裡的異端，細論那些批評或懷疑、甚而反抗哲學傳統的哲學家，包含蒙田、盧梭、休謨、沙特、海德格，還有吉姆的最愛：尼采。另一堂課則關注集體行為，也就是群眾心理學。

詹姆斯・傑施溫德教授是一名矮小精悍的黑髮男子，吉姆是他的得意門生之一。「他會引領教授進行一些很棒的討論。」吉姆的同學布萊恩・蓋茲表示：「我們其他人坐在那邊完全傻住，吉姆似乎非常理解人性，整個課程他不費吹灰之力就掌握得很好，我書讀得很辛苦，但你能感覺吉姆好像就是作者一樣。教授整堂課都照著吉姆的節奏進行，而且他告訴我們在沒有學術底子的學生中，吉姆的期末論文是他看過寫得最好的，而且

實際上已經有申請博士的水準了。」

　　還在就讀高中時，吉姆已經讀過諾曼‧O‧布朗的佛洛伊德式史觀，《生與死的對抗》這本書的論點是人類其實很不瞭解自己的慾望，對生命抱持著敵意，不自覺地向自我毀滅且致命的吸引力靠近。壓抑不僅造成個人的精神官能疾病，布朗認為還造成了社會病態，吉姆據此推斷，群體也會有像個人一樣的性官能症，而這類精神錯亂，是有辦法快速有效地診斷及「治療」的。

　　教授完全被迷住了！布萊恩說：「最後幾堂課全部用來討論這個論點，可是最後只有教授跟吉姆在對話，把我們都拋在腦後，因為我們根本不懂他們在說什麼。」

　　由於非常想要測試他的理論，吉姆慫恿三個認識的人幫他一起打斷學校廣播，他和朋友說：「我可以觀察一群人，就只是觀察，沒有別的，非常的，呃……科學，然後診斷他們的心理。只要我們四個各司其職，就能玩弄這群人於股掌間，可以療癒他們、可以讓他們與我們交歡、可以讓他們暴動。」

　　吉姆的朋友茫然地看著他。

　　他問：「嘿，難道試都不想試嗎？」

　　但朋友們頭也不回地走了。

　　每逢週末吉姆會搭三百多公里的便車回清水市找瑪莉，他仍然著迷於她的純真、讚歎於她心理與生理的雙重無暇。她歌唱、她跳舞、她喜歡赤腳在雨中行走。除了瑪莉之外，吉姆第二學期唯一比較熟的朋友只有布萊恩，他看起來有點像年輕版的英國演員貝錫‧羅斯本，而他的父親跟吉姆的父親一樣，至

少大半人生都在軍中渡過。吉姆不斷嘲弄布萊恩唸商科的決定，布萊恩承認他這個人的確膚淺又駑鈍。他良好的教養使吉姆的話語不會往心裡去，也使得他們之間的關係更為牢固。所以吉姆問起是否四月學期結束，布萊恩畢業之後，他們倆要不要一起來場橫跨全國便車旅行時，便不那麼讓人驚訝了。

　　吉姆喜歡搭便車已經出了名，靠著搭便車多次往返塔拉哈西跟清水市，他曾經拒絕一名願意幫忙的駕駛，只因為他看起來並不有趣，雖然那時他已經在雨中等了一小時。布萊恩想了想，決定接受吉姆的邀請。

　　吉姆和布萊恩在清水市慶祝了兩週，趁著這個機會，他計劃瑪莉六月高中畢業，讓她到加州加入他們。他們一在加州碰頭，便決定找間公寓和工作，看能不能進加州大學就讀。之後吉姆和瑪莉說，他希望可以實現一直以來的心願，也就是進入電影學院就讀，這樣他就能學著把自己的點子跟幻想轉化為電影作品。吉姆跟布萊恩向西行，經歷了六天足以令凱魯亞克備感驕傲的公路旅行。

　　清晨四點，他們在阿拉巴馬州的莫比爾（Mobile）被警察驅趕，隔天來到紐奧良，衝進吉姆稱作「邊緣人」的人群裡大吼，想跟一名他覺得是雙性人的酒保搭話，還向一名蕾絲邊搭訕，氣得她的伴侶持刀揚言要把吉姆大卸八塊。在德州東部，副總統詹森的一名姪子帶他們兜風，先是去了詹森的出生地，再去詹森擁有的農場，他們品嘗了招待的烤牛肉，還認識了詹森的阿姨。半夜他們越過邊界抵達墨西哥的華雷斯城（Ciudad Juárez），吉姆用高中時學到的西班牙語，和一名墨西哥妓女在當地小酒館暢談。早晨六點的鳳凰城，一名女孩請他們上車然

後立刻和他們說：「必須跟你們坦承，我需要男人，非常需要一個男人。」布萊恩聞言一把搶過了方向盤，讓車子靠邊。

「拜託，老兄！又沒關係。」吉姆說。

「早上六點就想帶我們回她家？不可能！你去吧，我不跟。」吉姆心不甘情不願地選擇了自己的朋友。

他們抵達加州的科羅拉多時遭逢冷遇，首先吉姆的媽媽要兒子馬上剪頭髮，不然就不准進家門；接著她還和吉姆說，她明明已經給他機票錢，吉姆還選擇搭便車，嚇壞她了。她聲色俱厲地嚴禁吉姆到聖地牙哥重溫他的固定行程，因為先前吉姆和布萊恩曾一起去過撲克賭場以及龍蛇混雜的海軍酒吧。但是讓克萊拉最震驚的，莫過於吉姆揚言將去洛杉磯讀加州大學。

她說：「先等你爸回來，你先等一下，他一個月內就會回來……」

不過吉姆隨即又離開了。

大約過了三個禮拜，吉姆和布萊恩一邊找工作，一邊和布萊恩的表親在東洛杉磯的派對享樂，他們住在一間很小的拖車屋。但當地沒有工作機會，最後他們的派對經費也花光了，冒險與幻想都化為烏有。此時吉姆母親打來，說父親再過幾天就會在長灘靠岸，她對吉姆說：「希望能在碼頭那看到你。」

吉姆沒有答應就把電話掛斷，但他後來還是去了一趟。他和父母說他想留在洛杉磯，可是他們不准。吉姆想了好幾個替代方案，可是每個都被拒絕了，兩週之後他被押送上往佛羅里達的飛機，以便及時註冊短期暑修課程。

吉姆帶著堅定的決心，先搬回了大學大道上堆滿書的小小

拖車屋，六月十八號當天他選了最低門檻的學分，整個夏天平淡無奇，除了一堂中古歐洲史的課程以外。吉姆和教授表明他想寫一篇長篇的研究論文，而不是兩篇簡短的指定作業，而且他想要自訂主題。

「從沒有開過這樣的先例，但因為我也滿好奇的，就答應了。」老師如此回憶。吉姆的主題是耶羅尼米斯‧波希（Jheronimus Bosch），這名荷蘭畫家把世界看成地獄，我們的人生則正通過魔鬼的消化系統，對於這名畫家的生平我們幾乎一無所知。吉姆認為這名畫家隸屬由一群中世紀異教徒組成的亞當教派。

「我不覺得自己有被說服，但我對吉姆所寫的東西很感興趣。」老師是這麼說的。

吉姆的課在八月二十七號結束，三天後考完所有的考試，然後再度踏上了便車之旅，前往清水市參加一連串的海灘派對、舞會和狂飲。九月五號他回到塔拉哈西，選了一門文藝復興晚期藝術史課程，這門課程更深入地探討波希，還有幾門表演藝術的課程：有劇場入門、戲劇史、表演基礎、還有舞台設計原則。

吉姆本來計畫要透過這些課程打基礎，這樣他就能銜接上一月加州大學洛杉磯分校的電影課程，但是在佛羅里達大學註冊幾天之後，他就為此正式申請轉學，向他原本在維吉尼亞就讀的高中去信，請他們把成績寄給洛杉磯分校的註冊組。

吉姆第四個，也是最後一個在聖彼得堡短期大學的學期，搬到了切諾基飯店（Cherokee Hotel）的 206 號房，那裡可說是亂七八糟的鬧區飯店，大部分的客人都是尋芳的州議員，上門來找定居在此的妓女。布萊恩說：「其實切諾基當時並不完全是妓

院一般的場所，只是風聲沒有斷過。對吉姆來說，那裡像家一樣，在那裡他真心地覺得自在。」

吉姆開始和一小群比較年長的學生混熟，還搭上了一些講師與教授，他們很多人都是藝術科系的派對酒鬼。幾週之內他就從切諾基搬出去，和其中兩位新朋友遷入四戶同住式的住宅樓中，此時此刻最重要的莫過於享受生活。

有次吉姆喝葡萄酒喝多了，在前往週六美式足球賽的路上，拿著雨傘作勢劈來砍去，順手摸走了警車上的一頂安全帽。他被逮捕上銬，企圖逃跑的他在一陣慌亂中搞丟了安全帽，他被控輕竊盜罪，還有擾亂秩序、拒捕、以及公共場合酗酒罪。

隔天吉姆出現在羅夫‧透納的家中，他就是之前吉姆撰寫有關波西那篇論文的歷史課老師。他說吉姆在醉漢監禁室裡待了一晚，很擔心如果學校知道這件事，自己得搬回學校裡。教授自己常辦派對，很快便允諾要幫助吉姆。週一透納陪吉姆先去髮廊，再借了一套正裝，之後陪他出庭，還打了通電話請學校的男學生教務長替吉姆說情。吉姆最後被罰了五十美金並且接受留校察看（雖然他身上的錢還夠，但不想自己出，所以他叫媽媽寄錢過來，只是沒有說用錢的原因是什麼）。

除了有透納幫忙說情，吉姆一向維持良好的成績，是其他幾位教授的得意門生。這些前提使他因而免於更嚴格的校規處分，他得以繼續讓自己的同學還有老師們既驚豔又驚嚇。

在戲劇史的課堂上，他寫了一篇戲謔的報告，主題是將《等待果陀》詮釋成指涉南北戰爭的故事，把劇中角色改名叫葛蘭特以及李，還有一位奴隸。他的舞台設計教授也記得，有次吉姆的布景提案是擺出彷彿被釘上十字架姿勢的裸體男人，懸吊

在舞台上方。另一個為《朱門巧婦》舞台劇做的設計，開頭在
布景牆上的一小點光束，隨著表演會慢慢擴大，直到罩住整個
舞台，最後才揭曉是癌細胞的投影，因為主角死於癌症。

那時的吉姆雖然沒有表演經驗，可是他在學校製作的哈
洛‧品特荒謬劇《啞巴侍者》裡，拿到了兩個角色裡的其中之
一。在節目單上，吉姆的舞台名字是史坦尼斯拉斯‧波列斯拉
夫斯基（Stanislas Boleslawski），由偉大的俄國演員、製片人，也
被稱為「方法派之父」的史坦尼斯拉夫斯基，加上高雅的波蘭
導演理查德‧波列斯拉夫斯基（Richard Boleslawski）之名而成，
他曾經參與史坦尼斯拉夫斯基的莫斯科藝術劇院計畫，後來移
民美國製作電影。

吉姆的導演山姆‧基爾曼向他介紹了亞陶的著作。
一九三〇到四〇年代間，亞陶在精神病院裡，寫下了他對劇場
革命的呼籲：「我們必須認同，劇場如同瘟疫，是一種狂喜，溝
通無礙。這就是它迷人的奧祕所在。」吉姆非常欣賞這段論述。

基斯‧卡爾森在《啞巴侍者》和吉姆演對手戲，他說：「跟
吉姆合作相當有趣，每晚拉起布幕前，我從來無法預測他當天
會做什麼。你很難對他投入，因為他每次表演角色時都會刻意
演得不同。他不專注在我身上、不專注於對話、可以說不專注
於任何表演傳統上的要求。他的表演及對白方式似乎完全無跡
可尋，或至少讓人覺得出乎意料。一股持續的憂慮暗暗瀰漫，
給人一種事情在失控邊緣的感覺。」

「那些日子（一九六三年）人們對於舞台上的不得體行為還
很介意，但我們有些大尺度的排演效果非常好。後來表演時，
並沒有任何一場有逾矩的狀況發生，但跟吉姆一起，我們很難

預料還沒有發生的狀況。」

「吉姆，你爸現在是艦長了，而且是世界上最大的軍艦之一（好人理查號航空母艦），船上有三千人，你的父親備受尊敬，因為他是個恪守紀律的長官。如果他的小孩出來亮相的樣子活像個披頭族，給大家知道了，別人會怎麼想？」吉姆的母親說。一九六四年一月八號，吉姆在離開科羅拉多的家人，前往洛杉磯分校上課之前，隨著父親參加了太平洋軍演，才剛修整的髮型，遺憾地是還不足以讓父親滿意。吉姆抵達這艘小名叫「邦妮狄克」（Bonnie Dick）的軍艦時，立刻就被催著找理髮師再修幾刀，剪完後，這顆頭和艦長的相當神似：除了頭頂還有勉強能撥開的幾縷髮絲，橫看豎看都是一顆大平頭。吉姆氣死了，但也不便說什麼。

艦長雖然自豪滿滿卻仍然小心謹慎，他帶吉姆到艦橋給軍官們認識，吉姆有禮地向他們握手致意並自我介紹，臉上卻不帶笑容。海軍官方的攝影師拍下了一些照片，當天稍後一些人形目標物被投落水中，吉姆拿到一把機槍，得以有機會朝海水中浮動的目標物進行射擊。

吉姆後來說起那個下午的故事時，相當無法釋懷，當父親從發號司令的三千人軍艦上返家，他感覺家裡擁有主導權的反倒是母親。吉姆說：「她叫他去倒垃圾的時候口氣甚至很差，我爸就照做，把垃圾拿出去丟。」

一週後吉姆帶著足夠負擔學校八百公尺外小公寓的租金，開始辦年中註冊的手續，與其他兩萬名學生一起加入加州最大

的校園之一。不像歷史更加悠久的姊妹校柏克萊，洛杉磯分校幾乎不關心政治。學生都擁有小麥膚色，擅長運動，外型搶眼但衣著隨意、不分階級。

當今的教授認為一九六四年吉姆入學的時候，電影學院進入了「黃金時期」，系所裡有著許多頂尖的導演助陣，包含史丹利・克萊瑪（Stanley Earl Kramer）、尚・雷諾（Jean Renoir）以及約瑟夫・馮・史坦伯格（Josef von Sternberg）等人。學生裡面則有許多優秀又大鳴大放的人才，像是年輕的法蘭西斯・柯波拉（Francis Ford Coppola）。但或許最重要的是，這裡的人有種鼓舞人心、近乎反權威的行事哲學，也因此可能是吉姆日後寫下這段話的緣由：「關於電影，有一個很棒的好處，那就是電影裡沒有專家可言。電影並沒有權威，任何一個人都能吸收並把電影的全部歷史吸納於己身之中，其他的藝術形式就沒辦法這樣做了。正因為沒有專家，所以理論上來說，任何學生懂的東西其實跟教授是一樣多的。」

吉姆在洛杉磯分校的頭六個月，除了復活節假期以外相當平淡。他和兩位同學一起到墨西哥的提華納買醉三天，一位是憂鬱蓄鬍的紐約知識份子、一位是年紀稍長的愛爾蘭女孩。春季學期剩下的時光，吉姆平時常做這些事來打發時間：在樹木林立的校園裡奔波到不同的建築物上課、獨自在圖書館或是自己狹小的公寓裡閱讀好幾個小時；每逢週日打電話給佛羅里達的瑪莉，用的是公共電話，只付了前三分鐘的錢，卻常常講到一小時以上，講完了也不通知接線員掛斷。

吉姆有時候會去一間墨西哥餐酒吧，名叫幸運 U（Lucky U），距離校園大約一公里半遠，離退伍軍人醫院很近。他非常

喜歡這個地方，除了酒保小姐之外，還有一群盲人老兵推著輪椅，下身截肢坐在上面的朋友則幫忙指路。有的時候跛子喝醉了會打起架來，用拐杖一較高下，這讓吉姆聯想到納爾遜‧艾格林（Nelson Algren）的短篇小說，他覺得在這裡喝酒真像來到一個「好地方」。

　　每逢週末他會去威尼斯海灘（Venice Beach），對五〇年代的「垮掉的一代」來說，這裡是像麥加一樣的聖地，波西米亞式的傳統留了下來。詩人、畫家、學生拮据地生活在維多利亞式宅邸曾經光鮮亮麗的大房間裡，或者是頹敗運河旁的木屋中。

　　當夏季來臨，吉姆回到科羅拉多，四個月沒好好吃飯，他的身形消瘦，但很快地他就胖回原本肉乎乎的樣子。接著他便啟程前往墨西哥，這次和他的弟弟與教父同行，教父是一名退休海軍軍官，曾經和史蒂夫在太平洋上服役。安迪回憶起這趟醉醺醺的旅程：「我們往南開了一百五十公里抵達恩塞那達（Ensenada），吉姆對我展現了生命力，他帶我到不同的酒吧品嘗啤酒，跟少找錢的墨西哥人用西班牙語理論、和妓女聊天、在小巷裡被狗追著狂奔，這趟旅行很棒。」

　　回到聖地牙哥一帶，吉姆和安迪常常去軍營電影院，有時候吉姆會偷帶酒進去甚至喝醉。在軍事基地中，電影正片放完，照例會播放一段國旗的影片以及國歌，有一次吉姆宏亮的聲音響徹了整個影廳：「哦，你—是—否—看—見……」，只有他一個人開口唱國歌。

　　吉姆在科羅拉多沒什麼事好做，漸漸覺得無聊煩躁。不久他便請求提早回校的許可，這樣就能補足他歷史方面學習的不足。八月初他動身離開，決定要找一份兼差；夏天將逝之前，

他已經成為電影藝術圖書館的學生助理，負責把書上架歸位以及張貼逾期公告，時薪1.25美金。雖然工作內容簡單，但吉姆沒有保住這份工作。十月新的圖書館員來了之後，便把吉姆開除了，因為他很明顯不願意乖乖準時上班。

　　後來瑪莉來到這裡，很快就找到了洛杉磯分校醫學中心的工作。她還租好了自己的公寓，這件事尤其讓吉姆沮喪。她說想要找個經紀人，看有沒有跳舞的工作能接，或許某天他們可以合作拍一部電影。朋友們表示，那年秋天在洛杉磯分校的吉姆看起來心情最為愉快，雖然事情並不總是完全如同計畫發展，他和摯愛瑪莉總算能一起在加州生活了。

　　吉姆很快就擁有一小圈朋友，那些人是電影學院最迷樣、最具爆發力的學生。四個和他最親近的人如果個別來看，其實挺天真無邪，但如果四個人聚在一起就給人愛使壞的感覺，至少讓人覺得做人有點不老實。一行人裡最怪的叫丹尼斯‧雅各（Dennis Jacob），是位絕頂聰明的研究生，雖然看來怕生、卻有著好戰的一面，大家私下叫他「老鼠」或「黃鼠狼」，因為他總是跑帶走，還有著長時間操作剪接機器造成的駝背。丹尼斯是個冷靜的男人，簡直就是蘇聯導演愛森斯坦再世。他之後將在《現代啟示錄》（Apocalypse Now）中擔任柯波拉的特別助理。

　　吉姆被丹尼斯吸引的其中一個原因，是他讀過非常多書，甚至比吉姆還多。他們最常一起討論尼采的著作，剛認識的時候，吉姆已經讀過這位德國哲學家大部分的著作了，高中時他就已經看過《道德譜系學》（*On the Genealogy of Morality*）和《善惡的彼岸》（*Beyond Good and Evil*），而近期的他則發掘《悲劇的誕生》（*The Birth of Tragedy from the Spirit of Music*），這本小書和

諾曼・O・布朗的《生與死的對抗》都給了吉姆深遠的影響。作為尼采的第一本著作，時至今日仍然相當具有顛覆性，也是關於悲劇最有力的著述之一，內容探討崇拜阿波羅的雕刻藝術，相對崇拜戴奧尼索斯的音樂藝術，彼此之間的經典衝突。與尼采一樣，吉姆認同堅忍的戴奧尼索斯，他「不具有任何形象，自己便是純粹的原始苦痛及其迴響的化身」。但因為受苦，因而有了豐厚的回報。決心並不來自個人意識的超越，而是處於宇宙原初狀態中，個人意識入神的裂解。這個背景狀態便是吉姆與其他人所謂的「宇宙意識」。

丹尼斯和吉姆會坐著討論尼采數小時，雖然偶有爭執，大體上仍熱烈地贊同彼此，大聲地向對方讀出哲學家作品裡的長段落給對方聽。有天，他們在談論戴奧尼索斯時，背誦著威廉・布雷克的詩句：「一旦知覺之門打掃清潔，一切都會向人顯示出本相──無限。」（《布雷克詩選》，書林二〇〇七）這段詩句被赫胥黎引為自己的書名《眾妙之門》(The Doors of Perception)，而他們決定共組樂團。他們和一位朋友透露樂團名稱要叫作「門：開與閉」(The Doors: Open and Closed)。

吉姆小團體裡的另一位同學叫約翰・德貝拉（John DeBella），他既愛好虛榮又精力充沛，是布魯克林警察之子，他無論對於每年兩百本書的閱讀量，還是一八八公分高的結實身材，都相當自豪。學校傳言，他平日會穿著裡面縫有很多口袋的長雨衣，到書店偷走垂涎的書籍，而假日他則會到加州的肌肉海灘（Muscle Beach）去把妹。

德貝拉的體格以及略顯誇張但真摯的世故，好比丹尼斯的對立面，不過他們還是有一些共通點的。其一當然是他對書本

以及教條主義哲學的愛好，再來是他的年紀跟丹尼斯一樣，比吉姆大，當時是二十五歲；其三則是他便給的口才，兩人又恰好是天主教徒。每當丹尼斯或德貝拉開始編織起智識的花繡，吉姆總是坐在一旁目瞪口呆。

德貝拉說：「薩滿信仰啊，由於詩人的啟發，我們都著迷於薩滿。我們全部的人都無法自拔，洛杉磯分校電影學生有一種幽微的哲學，其中一部分就是要你模糊夢境及現實間的分野。我最喜歡的一句引言是『夢孕育了真實』，菲爾·歐雷諾（Phil O'Leno）非常喜歡榮格心理學，我們從他那他討教到很多東西。」

「我們曾有過一個理論叫『真實的謠言』（True Rumor），是指生命不比我們預設的期待刺激與浪漫，所以你會說些不盡真實的事情，因為創造出幻想能好過一點。他們是不是真的並不重要，只要他們還是被相信著就好了。」

吉姆和德貝拉無聊時，會找點樂子。歐雷諾是兩人共同的摯友，他和吉姆有次向德貝拉提出了一個挑戰，他們要在大學書店裡比賽偷書：誰能在一小時偷到標價總值越高的書，並且全身而退，就是贏家。

還有一次吉姆和德貝拉決定找一個陌生人搭訕，一起喝個爛醉，然後到音樂圖書館輪流放他們最喜歡的唱片。他們笑著說服了一名女孩，一起放唱片、抽大麻，很快地德貝拉就對她有了意思。但她可能覺得吉姆更靠得住，最後選擇跟吉姆回家。她和吉姆坦白她的男友讓她懷孕，後來她還得到性病，之後只好動子宮手術，造成不孕的後果……她傾吐了生命的大小細節，哭得一把鼻涕一把眼淚，吉姆突然憶起狄倫·湯瑪斯的短篇小說《跟隨者》（The Followers），情節是兩個男孩偶然相遇，發現

彼此的生命中都有著可怖的陰暗面。

　　還有一次吉姆和德貝拉在幸運U喝醉，吉姆堅持要去附近不遠的公共圖書館看看。德貝拉心不甘情不願地和他前去，踩著悠閒的腳步隨著他進入書堆裡，打量著閱覽室裡女孩的裙子長度及褲襪。當他跟上吉姆時，吉姆正在兩個書架之間的走道上小便。德貝拉一把抓住他，動手將他拖走。一名女子靠了過來，吉姆嚷著：「嘿，女士！嘿，女士……」

　　小團體裡的第三位是菲爾·歐雷諾，他有著黑又捲的頭髮、寬又討喜的臉蛋、還有厚實的胸膛，看起來像是大一號的吉姆。二十三歲的菲爾，比吉姆大兩歲，也是這群人唯一還住在家裡的。這個事實時不時就會遭受吉姆和德貝拉的騷擾揶揄。

　　菲爾幾乎已經讀完了所有榮格的、或與榮格有關的著作。他房間裡有座書架，上面是全部他擁有的藏書，還用粗黑鉛筆畫好重點。榮格並非吉姆最喜歡的精神分析學家，他跟菲爾在看完電影後，喜愛爭論電影工作者的象徵手法，究竟該用榮格，還是吉姆喜歡的薩德·費倫齊（Sándor Ferenczi）來分析。

　　如同榮格，費倫齊也是從佛洛伊德那分家的夥伴，作為佛洛伊德學說的一個分支，不同之處在於方法多於理論。佛洛伊德建議患者禁慾，認為過往情感經驗的欲力（Libido）能因此集中；費倫齊則建議更全面的克制，希望說服患者將大部分的飲食、排遺、排泄都降到最低。接著反其道而行，朝著愛與寬容實踐，認為精神病患是從來沒被父母愛過接受過的一群人，而他們真正需要的是愛、溫暖、還有用心照料。

　　如同一般談論精神分析時會有的情況，這些對話充滿了性方面的指涉，討論橫跨各式各樣的精神病、戀物癖、變態：從

雌雄同體（hermaphroditism）、戀屍癖，到被虐狂、虐待狂、還有同性戀。所以當吉姆與菲爾合作拍攝電影時，主題就沒什麼好讓人驚訝的了。

　　他們曾經談過好幾部電影的製作計畫。菲爾有過一個點子，想從韓波的一生中擷取吉光片羽，還徵詢吉姆飾演主角的意願。另外一個則是吉姆的提議，是尼采記錄下來很著名的場面，他碰到一名男子正在抽打一匹馬，並前去強烈地制止。這部短片的原聲帶，若按照吉姆的意思會是掌聲。但這些電影一部都沒有拍成，他們真正拍攝成功的一部片，並沒有賣弄聰明的矯揉造作，只是一場玩笑。

　　吉姆和菲爾才上過基礎的攝影、燈光、音效還有剪輯課程，但即使是電影學院初來乍到的新人，都被期望能夠運用受過的訓練及想像力來製作一部電影。不必長、不必複雜、甚至也不要求水準，目標只是希望學生熟悉工具的運用。其實菲爾並沒有真正製作一部電影，而是把自己借給心理系研究生的拍攝工作，達成了要求。這部電影在絕對機密的條件下拍攝，最後必須保存在系所的保險箱，內容是一男一女裸體，模擬著性愛的體位及動作。在菲爾的協助下，吉姆取得了被剪掉的片花，將它們拼湊在一起，層層推進直到高潮，還加上了拉威爾《波麗露》結尾部分作為配樂。放映時學生們鬧哄哄地樂極了，而大部分的講師與教授氣得火冒三丈。吉姆被告知他的成績絕對爛到不可能更爛，還給他貼上了麻煩製造機的標籤。這個稱號導致他下個學期被分配到一個特殊的研討課程，專屬於「問題學生」。

學生製作放映每年舉辦兩次，時間在每學期研討課結束之際。其他的作品放映更為頻繁，通常在週五晚間舉行。被邀請的專業人士帶著一部他們自己的電影，從附近的片廠過來，接著開放他們以為氣氛會很友好的問與答。當學生持續騷擾講者時，活動便會被中止。

　　這些放映活動的頭頭，也是大家公認最惡名昭彰、最吵鬧、最憤世嫉俗的學生，叫作菲利克斯・韋納保（Felix Venable），他也是吉姆的密友之一，屬於黃金時代的第四把交椅，是一個健談的金髮梅菲斯特系惡魔。菲利克斯喜於狂飲、嗑藥、整晚故事說個不停，這讓吉姆想起《在路上》裡的英雄狄恩・莫瑞亞提。三十四歲的菲利克斯是電影學院裡最年長的學生，在來到洛杉磯分校前，他打了十三年零工，曾經開過公車，還當過很長一段時間的造船工人。他的工作地點大都在舊金山一帶，他曾在一九四八到五二年間就讀於柏克萊分校，雖然最後沒能畢業。無論如何，他很快就被洛杉磯分校收為研究生，或許是因為他在柏克萊一半 A 一半 F 的成績單，相當引人注意；也或許是一個三十四歲的男人想要學位時，理應獲得機會去爭取。

　　像德貝拉一樣，菲利克斯喜歡談論自己，但他的故事通常沒有那麼自賣自誇，反而還更有趣味。菲利克斯不像吉姆其他在電影學院的密友那麼聰明，但彼此間的情感一樣緊密。斯坦頓・凱伊曾在一部電影裡起用菲利克斯當主角，他認為他們的關係有一部分可以歸因於心理上的相似。「我覺得菲利克斯作為一個人很是破碎的，沒有任何定義或身分，也因此更為老成並感受到更多社會施加的壓力。他如此無助，甚至到有點無能的程度，總是深陷於焦慮中。吉姆也是這種人，我看到一種深層

的虛無，那種絕望感比我自己強多了。或許是憤怒吧，或許這就是絕望的來源。」

吉姆在筆記本裡潦草寫下：「窺淫狂，是一名黑色喜劇演員。令人嫌惡，身處於邪惡的匿名狀態，匍匐於祕密的入侵。」他進一步形容了毫無戒心者與其結合，彼此無聲的威脅還有力量有多大。

還有數以百計類似的隨筆，其中一部分四年後先由私人出版，後來由西蒙與舒斯特公司（Simon & Schuster）公開發行，書名為《諸神：幻象的筆記》（*The Lords: Notes on Vision*）。吉姆在洛杉磯分校就讀時，相關內容曾在一篇關於電影美學的論文裡出現。他還沒辦法自己製作電影，所以他會思考並撰寫電影藝術方面的文章：「電影吸引人的地方在於恐懼死亡。」他的筆記裡有一定篇幅充滿了電影方面的知識，許多師承於德貝拉。

其他的書頁上，吉姆為了定義而掙扎。關於魔法、暴力、性與死亡的想像如同一條黑河似地奔騰在他的筆記本中，甘迺迪死於狙擊手的「傷害想像」，而奧斯華（Lee Harvey Oswald）則發現避難之地「被肉體場域溫暖、陰暗、寂靜的深淵吞噬」。伊底帕斯也在此出場：「你可以看這些東西，卻無法品嘗。你只能用眼神愛撫母親。」好似吉姆看得越多、經歷得越多，他寫得就越多。而當他寫得越多，他看來就懂得更多。

吉姆在筆記本裡剖析內在自我，毫不隱藏。他寫道：「我絕不會走出來，而你得走向我，進入孕育我的花園，我小心張望，此處的我能在頭顱中創造出可以匹敵真實世界的宇宙。」

一九六四年底，莫里森艦長前往印度洋進行歷史性的巡

航，展現軍事戰力，並在參與越南附近的東京灣事件之後，舉辦了他在好人理查號上最後一次的軍官伏地挺身大賽（他總是獲勝），並把軍艦移交給下一任艦長。他開始準備啟程前往下一次的行動，這次是到倫敦為美國駐歐海軍總司令效勞，但他會先前往西岸，跟家人共度短暫的假期。吉姆在家度過聖誕，接著全家前往佛羅里達遠行並拜訪親戚，這是吉姆這一生最後一次見到雙親。

一月的雨漸漸退歇，電影學院的學生開始在吉普賽拖車聚首，那是一輛賣點心的餐車吧，離電影學院的建築物不遠。許多學生、音樂家及藝術家都在那，吉姆和同學們混在人群之中，爭相表演如何「滑」過學校角落，這種行為照吉姆一位同學比爾·凱比的話來說，是「電影學院的爛花招及潮流」。要盡量不費任何力，但為了掩蓋身體的不活動，又得竭盡所能裝出闊步向前、高談闊論的樣子。吉姆沿著圍欄走向教室，又吼又叫，還在男廁的牆上畫滿了大尺度的塗鴉，影廳裡舉行放映會時，他把空的紅酒瓶沿走道滾下來。接著就是標準的情節，重頭戲通常是藥物、裸露、或是冒險行為。有次三者皆具，吉姆喝醉後，半夜爬到學校一棟高樓上，把衣服脫掉往樓下扔。

「只要能想像得到，危險就不會隨之而來。」吉姆在一本筆記本裡寫道。

考慮到他所謂的「文藝愛好」，有些講師很欣賞吉姆，而吉姆也對一些老師抱有好感。他最喜歡的一位便是艾德·布洛考，這位老師曾經在上課時故意講些離譜的謊言，來測試是否有人真的在聽講。吉姆很喜歡布洛考偶爾會消失個幾天的作風，數

年之後吉姆也會這麼做。電影學院院長柯林・楊說：「布洛考應當是被吉姆的毀滅性人格吸引，他嗅出了那絲端倪，並且藉由吉姆的火光溫暖自己的手，因為才華洋溢往往與這種自毀跡象高度相關。」布洛考是吉姆在系所上的導師，吉姆要休學時也是先去找他談，後來才去楊那裡再度報備。

吉姆的決定是在課程結束僅僅一兩週前下的，兩天的學生電影放映會才剛結束。那是學年中的一大盛事，在電影學院裡算是最接近期末考等級的活動。雖然一個學生能夠畢業與否，並不取決於他的電影在洛杉磯分校的羅伊斯大廳裡是否被觀眾接受，但為了博得認可，競爭還是相當激烈。

五月放映的四十多部電影裡，大部分都是在研討課「170計畫」中完成，這些電影是無聲短片再加上旁白或配樂的音軌。拍攝通常在週六完成，而每位學生要在過程中輪流擔綱各種工作，先掌鏡一個禮拜，接著當演員，第三週負責音效，以此類推，某個時間點會輪到導演。

吉姆並沒有為自己的電影寫劇本，他挑了德貝拉替他掌鏡，跟他說：「先上場我再跟你解釋。」吉姆腦中想的，根據他後來的說法，是想拍「一個質疑電影拍攝這件事的電影……是一部關於電影的電影。」這部電影沒有名字，由一個蒙太奇，也可以說是一連串抽象、鬆散的事件所構成，德貝拉那時的形容則是「電影人與他眼中影像的散漫拼貼」。電影由吉姆深深抽了一口大麻，頭向後一仰開始，接著鏡頭切向電視節目《外域疆界》（Outer Limits）片頭的波浪檢驗圖標誌。下一個鏡頭則是一個只穿著胸罩、內褲還有吊帶襪的女人，她是德貝拉高挑的德國女友，鏡頭緩緩地從她的臉往下，秀出她在電視機上舞動的

鉚釘高跟鞋，電視是打開的，正放映著行軍中的納粹軍隊。下一個鏡頭則位於一間公寓（吉姆的家），牆壁上是滿滿的花花公子裸女，被當成飛鏢靶。幾個男人神智恍惚，坐下來看起色情電影，但影帶壞掉了，於是男人們起身在屏幕的白光前玩起自己手指的陰影。接著是一個女孩舔著德貝拉眼珠的特寫（替眼珠子清潔看了這些影像後產生的髒東西）。最後一幕則是電視機被關掉，圖像往一條白線收斂，再變成一個點，最後是一片黑。

影片的放映過程與影片本身一樣混亂：首先，膠捲的黏接處裂開了，所以電影沒辦法順利在投影機上放映。吉姆得將影片重新拼接起來，被安排到當天較晚的場次放映。當他終於把問題處理好之後，觀眾的反應從困惑、興味盎然、乃至於不滿。有些學生覺得吉姆做得太過火了，大部分人則不知道該說什麼，雖然大夥看到德貝拉女友穿著內衣時，都興高采烈地起閧。布洛考平時對吉姆的想法非常買帳，但這次他不耐地假裝投籃，砰地拍了一下手然後說：「吉姆，我真的對你很失望。」這部電影沒有進到羅伊斯大廳的片單裡，吉姆得到同情分D。

吉姆對於負評感到很受傷，有人說他甚至跑到外頭哭了一場，無論是真是假，他的確覺得很難受。一開始他躲回自己的小世界，後來任性地發起脾氣，最後終於決定將離開洛杉磯分校。楊想挽留他，但六月領畢業證書的時刻，吉姆正在威尼斯海灘一邊抽著大麻一邊漫步。

吉姆與瑪莉的關係這時也拉起警報，她還是很堅持自己該追求明星夢，吉姆以前會迎合這個心願，但現在只想叫她打消念頭。後來她說她可能會去應徵威士忌搖擺酒吧（Whisky a Go Go）的表演舞者，那間酒吧一月時才在日落大道開張。吉姆說

1 〈路易，路易〉：Richard Berry 一九五七年發行的藍調標準曲，也是搖滾時代初期的熱門翻唱，The Kingsmen 的版本剛好是披頭四英倫入侵前的最後一首冠軍單曲，頗具時代意義。

他不希望看到她穿著短短的流蘇裙，為中年醉漢在玻璃籠中搖臀熱舞。他們後來又吵了一架，起因是她找的經紀人叫她不要參演吉姆計劃拍攝的一部電影，因為演學生電影會對她的星路產生不利影響。他們第三次吵架則是因為瑪莉突襲吉姆家，發現他跟另一名女子在一起。吉姆跟瑪莉說如果沒有邀請她，她就沒有資格不請自來。這些爭吵之外，瑪莉禮貌但煩人的碎念，不斷提醒著吉姆嗑太多藥了。

　　吉姆見到穿越校園而來的雷・曼薩雷克（Ray Manzarek），他是德貝拉的朋友，吉姆對他很有好感，他拍攝了一部以女友為主題的電影，吉姆暗自稱許他拒絕剪掉一幕裸體洗澡畫面的決定。吉姆還非常受他的音樂所吸引，曾經去聖塔莫妮卡附近的海灘俱樂部「土耳其到西方」（Turkey Joint West），觀賞他的樂團瑞克與渡鴉（Rick & the Ravens）演出。有次雷邀請吉姆還有其他電影學院的學生上台，大家滿肚子啤酒，一起爆走，大聲唱完〈路易，路易〉（Louie, Louie）[1]的一段副歌。六月時，雷的樂隊獲聘到一場高中畢業舞會上，替桑尼與雪兒（Sonny & Cher）[2]作現場伴奏。可是此時有一名團員卻退團了，雷跟學校聯絡，報備他們屆時只有五人出場，而非六人。他得到人數不夠，就沒有酬勞的答案，因為合約已經清楚載明一切。

　　「嘿，同學，你想跟我們一起表演嗎？」雷望著吉姆說。

　　「雷，我什麼都不會啊。」

　　「沒關係，你只要站著然後拿著一把電吉他就好。我們會把導線繞到某個音箱後面，甚至不會接上它。」

　　吉姆後來說過，這是他賺過最輕鬆的錢。

2　桑尼與雪兒：六〇年代頗具知名度的重唱組合，先是替知名製作人 Phil Spector 充當和音，後來一炮而紅，結為連理。Cher 本人在六年婚姻結束後於藝海浮沉一段時間，數度翻紅，拿下奧斯卡金像獎影后，還以五十二歲高齡獲得冠軍單曲，紀錄至今無人能破。

吉姆空檔時閱讀的樣子，攝於法蘭克福
（甘瑟‧曾特攝）

拍攝於哥本哈根
（甘瑟‧曾特攝，出自門樂團資料庫）

樂團於哥本哈根機場
（甘瑟‧曾特攝，出自門樂團資料庫）

第二部 　　　　　　　　　**箭越千里**

樂團在威尼斯海灘的救生站上擺拍

（亨利 · 迪爾茲攝）

[第3章]

「你知道我們應該做什麼嗎？」

吉姆躺平在床上，瞪著天花板看。他剛剛使用的語調，朋友們都相當熟悉，粗魯的嬉笑加上含糊的嘲諷混合在一起，讓人感到困惑，不知道他是開玩笑還是認真的。現在吉姆正與就讀佛州州立大學時結交的朋友在一起，他叫山姆·基爾曼，學期才剛結束就馬上出現在洛杉磯。有的時候吉姆運用自己的聲音來包裝他惡劣的玩笑話，其他例如現在的狀況下，想提議點什麼的他，則想遮掩對於自己的懷疑，這可以替他降低相處的風險。

「不知道，怎麼了？」基爾曼說。

「組一個搖滾樂團。」吉姆說，還是瞪著天花板。

「靠，我已經七年沒打鼓啦⋯⋯那你要做什麼？」

吉姆坐起身：「我唱歌吧。」他甚至哼起來這幾個字：「哼⋯⋯要⋯⋯唱歌⋯⋯」

基爾曼不可置信地看著吉姆，問：「你可以唱嗎？」

吉姆嚷嚷著：「幹，不行，我不會！」

「嗯，沒關係，假設我們要組團，然後你可以負責唱——但事實上你沒辦法——那這個團體要叫什麼？」

「門樂團。已知的，未知的，分隔兩者的是一扇門，是我想變成的東西。啊，想當那扇門⋯⋯」

德貝拉跟歐雷諾已經去墨西哥了，雅各還有韋納保留在加州威尼斯，吉姆考慮搬去紐約，但還是先待在西洛杉磯幾個禮拜，和基爾曼找工作，然後他也搬去了威尼斯。或許「逃跑」是個更妥當的字眼，因為在他踏出這一步前，他經歷了一場嚇死人的危機。他在七月十四號接受陸軍體檢，在兩天之後發現自己是合格體位，代表他喪失了學生緩召的資格，現在被列為合格役男了。

　　吉姆很快就想出了點子，他跟政府謊稱自己還在洛杉磯分校就讀，但他們必定會拆穿騙局。隔天他便去了註冊組辦公室，登記了幾門自己根本不想上的課。

　　威尼斯對吉姆來說是個很理想的地方，小小的藝術社群每天都吸引到許多長髮的人、翹家逃跑的人，還有藝術家。海灘被肉體蓋得滿滿，鈴鼓隨著好多台電晶體收音機傳來的樂音，歡快地打著節奏，小狗追著飛盤跑、穿牛仔褲的人盤腿坐成一圈抽著大麻，當地的菸草商店則隨意地販售迷幻藥。舊金山有海特（Haight）；洛杉磯則有威尼斯，嬉皮的時代才剛要到來。

　　吉姆是默默無聞的流浪漢一員，留著長髮，穿 T 恤跟牛仔褲。他跟雅各同住了一段時間，那棟棚屋位在一條被汙染的運河旁，後來他搬去一個空倉庫的屋頂上，沒有燈就點蠟燭，偶爾吃罐頭要加熱時，就拿出本生燈烹煮，冷了拿一條毯子蓋。他很少睡覺或吃東西，倒是熱衷於嗑好藥，當時迷幻藥風靡整個海灘聚落。他開始寫作，好似受到一把啟蒙的火炬照亮，以後再也無法這麼短時間內產出這麼多作品。

　　他說：「你看，搖滾樂的誕生和我的青春、我的覺醒重合。真的太讓人興奮了，可是當時我絕不會勇於幻想自己能達成這

一切。我想那時的自己，是在不自覺的狀態下，確立了想做的事，並累積了膽量。我的潛意識預備好了一切，我自己反倒沒想很多，一切自己不斷地從想法蹦出來。我聽到的東西，像是一整場演唱會，有一整個樂團及演唱的聲音，還有觀眾，一大群的觀眾。我最開始寫的五、六首歌，其實都是從我腦中幻想的搖滾演唱會搬出來的，我只是把我聽到的記錄下來而已。」

雖然接下來吉姆遇到的機遇，他自己絕難預想到，但他清楚地意識到自己腦海中的樂音，正渴求著解放的機會。「實際上呢，我覺得音樂、或者說是某種迴聲，先出現在我腦海，然後我再找出切合旋律的詞彙。我聽得見，但因為我沒辦法把音樂寫下來，我唯一可以記牢它的方法，只有想辦法找文字填補。我最後有好幾次只記得歌詞，卻想不起旋律。」

哈囉，我愛你
要不要跟我說你的名字？
哈囉，我愛你
讓我投入你的遊戲裡

那是一九六五年，在這個世界聽到〈哈囉，我愛你〉（Hello, I Love You）的前三年，吉姆坐在威尼斯的沙灘上，看著一個年輕高瘦的黑人女郎徐徐向他走來。

人行道潛伏在她的足下
像條狗乞求著一點甜頭
你這傻瓜是否希望她看見？

是否想要摘下那黝黑的寶石？

　　〈夜的盡頭〉(End of the Night) 這首歌的靈感來自一本叫〈長夜行〉(*Journey to the End of the Night*) 的小說，由法國作家賽林所著，他曾替納粹的意識形態辯護，同時是個堅定的悲觀主義者：「從夜的盡頭，自公路向前行⋯⋯」第三首歌叫〈靈魂廚房〉(Soul Kitchen)，是寫給一家叫「奧莉維亞」(Olivia's) 的靈魂料理小餐館[1]，位於威尼斯的商店街一帶，吉姆常常在那花85分美金點一大盤小排骨、豆子還有玉米麵包，或是在晚餐時點1.25美元的牛排特餐。第四首歌則是〈我的眼睛看見了你〉(My Eyes Have Seen You)，內容描述了吉姆在屋頂上看見的所有電視天線：「望著電視天空下的一座城市⋯⋯」。

　　不管這些歌的靈感來源多顯而易見，它們絕不平凡。即使是最簡單的那些歌，都有謎一般如夢似幻的轉折，可能是節奏、一行句子、或是一個意象，給予字句段落獨特的力量。比方說他在〈人是陌生的〉(People Are Strange) 裡加入的一句「當你孤身一人，每張臉孔看來各有醜陋」，或是關於奧莉維亞餐廳的一段歌詞：「你的手指編織起甲肉的尖塔／述說祕密的字母／我點燃另一根香菸／學著遺忘，學著遺忘，學著遺忘」。

　　前幾首的歌詩充滿了極為吸引吉姆，也讓他感到歸屬的黑暗感。死亡及瘋狂的幻象懾人地被表現出來，有股難以抵擋的衝動。有一段詞後來化為一篇長詩作品〈蜥蜴的慶典〉(The Celebration of the Lizard) 的一部分，吉姆寫道：「曾經我玩過一個小遊戲／喜歡爬回自己的腦中／我想你懂我說的是什麼遊戲／一場叫作發瘋的遊戲」。而另一首叫〈月光之旅〉(Moonlight

---

1 南方黑人融合料理。
（本書注釋均為譯者注）

Drive）的歡快情歌裡，運用了相當多的意象，強烈刺激感官，比起一首詩，更似一幅畫。吉姆寫下了出人意料的結尾：「過來吧，寶貝，來旅行一小段路／去吧，往那海的邊際行去／我們上路的話，要緊緊靠在一起／寶貝今晚就會沉沒／往下，往下，往下，再往下⋯⋯」。

寫完這些歌以後，吉姆說：「我必須把這些歌唱出來。」八月他碰到在威尼斯海灘散步的雷時，終於找到了機會。

「嗨，老兄！」

「嗨，雷。近來可好？」

「不錯。我以為你去紐約了。」

「沒有，我還待在這裡。時不時跟丹尼斯一起住，寫些東西。」

「寫作？寫些什麼呢？」

「哦，沒什麼。一些歌而已。」吉姆說。

雷問：「一些歌？唱來一起聽聽吧。」

吉姆蹲在沙上，雷跪在他前面。吉姆伸出雙手來保持平衡，緊握著流過指縫的沙，眼睛緊緊地閉上。他選的是〈月光之旅〉的第一段，吐詞緩慢又小心翼翼。

我們朝月亮泅泳去吧，嗯哦
我們一起攀過潮水吧
穿透那夜晚，此時
沉眠的城市只為了躲藏⋯⋯

吉姆唱畢，雷說：「這是我聽過他媽最棒的歌詞了，我們一

起組團賺個一百萬吧！」

「沒錯，那就是我心裡一直有的念頭。」吉姆回他。

雷的外表一般人會稱作「瘦削」，一八四公分高的他相當清瘦，體重只有七十二公斤，但他的肩膀出奇的寬，下巴的線條又硬又方，帶著無框的眼鏡，看起來冷酷又聰明。如果他相信好萊塢選角那套陳腔濫調的話，他可能會自我形塑成一個相當自持的研究生，正好是他剛剛抽離的角色，或許也可以演堪薩斯邊疆小鎮一名嚴格的年輕校長。但他也有柔和的特質，方正的下顎線條配著微微凹下的酒窩，而且音調總是克制、優雅且讓人安心。雷喜歡把自己看作可以照顧每個人的大哥，井井有條又聰明、成熟且明智、富有同情心而能擔起重任。

他比吉姆大四歲，一九三九年出生於芝加哥藍領家庭。他在地方的音樂學校學習古典鋼琴，取得帝博大學（DePaul University）的經濟學學士學位後，進入洛杉磯分校的法律學院攻讀。兩週後他便休學，以取得美國銀行西木區分行的培訓管理人員職缺。這份工作他做了三個月，之後再次回到洛杉磯分校，搖身一變成電影系的研究生。一九六一年十二月，雷經歷一場分手後離開學校，應徵入伍。雖然他被分派到的任務並不吃力，只是在沖繩及泰國的三軍混合樂隊裡彈奏鋼琴（在泰國時他開始喜歡抽大麻），他仍然想要離開。於是他告訴駐營心理醫師，他覺得自己可能是同性戀。雷比預定時間提早一年退役，回到洛杉磯分校電影學院時，大概就是吉姆入學的時候。

雷開始製作電影，水準相當優秀，皆帶有自傳性質，也全部都在頌讚他日裔美籍女友藤川桃樂絲（Dorothy Fujikawa）的

肉體美。其中一部電影叫作《常青》(Evergreen)，有一幕似乎受亞倫‧雷奈《廣島之戀》(Hiroshima Mon Amour) 的影響，透過重複播放男孩女孩慢動作跑向彼此，電影結局是雷與桃樂絲在淋浴間裡裸裎相見。系所希望雷把那一幕剪掉，他也同意；但一些學生為此批評他畏畏縮縮後，他收回了自己的決定，並在十二月的學生影展上發送傳單解釋為什麼電影沒有面世（後來那部電影，以及其他雷所拍攝的作品，都會公開放映並受到表揚）。六月取得碩士學位後，系主任楊表示雷是當年度少數有能耐挑戰拍攝長片的同學之一，甚至連新聞週刊 (Newsweek) 都認可過雷早期的成就。

透過德貝拉，雷認識了吉姆，在很短的時間內他們就有了一定的交情，雖然不到過從甚密，但在學問的激盪，還有對尼采哲學純然的信仰上有著共通點。

在很多面向上他們是截然不同的。雷從來不會忘記刮鬍子，他斜紋布褲的摺痕總是分明。吉姆則刻意地不修邊幅，最喜歡黃棕色的 T 恤跟牛仔褲，當晚上變涼的時候，他會穿他從軍用打折店買來髒兮兮的焊接工作外套。雷很早就熟悉了東方的思想，一九六五年時他正開始要了解瑪赫西大師 (Maharishi Mahesh Yogi) 關於超覺靜坐的理論，而吉姆則興趣缺缺，相信「那條路」是藥物及薩滿信仰築成。雷實踐審美於生活，而吉姆則崇敬、甚至沉迷於酒神的狂歡主義。但他們仍然彼此吸引，而在威尼斯海灘相見此時，雷邀請吉姆一起同住，提議吉姆可以睡在客廳沙發，這樣他們白天就可以趁桃樂絲工作時一起研

究那些歌曲該怎麼發展才好，吉姆馬上就搬了過去，兩人開始音樂之旅。

吉姆的聲音很虛，但他跟雷同意這是自信問題，只要多練習就好了。他們在這些歌曲上花了整整兩週的時間，場景是在雷又小又臭的公寓裡，雷坐在鋼琴邊，即使吉姆早就熟記所有他寫的歌詞，還是緊張地手握歌詞以防萬一，呆站在一旁，希望他確信卡在喉頭的那隻蟲能趕快離開。後來雷還帶吉姆去他爸媽家，觀看瑞克與渡鴉彩排。

雷的兄弟瑞克與吉姆不理解莫里森的歌詞，很明顯他們完全不懂莫里森這個人和他的作品，可是他們還是答應跟他試看看。其他人其實也不了解吉姆，雷有次遇到兩個之前學校的好友時，跟他們透露了自己跟吉姆組了樂團，這些人的反應都相當錯愕。「你跟莫里森搞樂團？天啊，雷，你怎麼會去做這種事呢？」吉姆給大家的印象，仍然是個儘管聰明卻放浪形骸的怪咖，很多同學都覺得有莫里森在的樂團絕對不可能成功。

雷是個很忠誠的朋友，在吉姆身上看到了很少人能發現的特質，這些特質連吉姆自己都才剛開始發覺而已。最明顯的改變是他形貌上的變化，吉姆從七十五公斤瘦到五十九公斤，嬰兒肥的特色隨之消失，變得精瘦有線條。新的體格以外，他的頭髮也更長了，過耳的鬢髮垂到領子上，好像臉瘦下來後的一圈外框，整個人變得相當英俊，整個人的蛻變可說相當劇烈。

但最重要的改變還是在於吉姆的想法，興奮又洶湧的自信、還有非比尋常的吸引力，似乎將帶來他一路上所需之物。

吉姆跟雷的家人見面後不久，曼薩雷克兄弟和他便將排練

室改到聖塔莫尼卡灰狗巴士站後面的一間房子裡，同時新的鼓手也加入樂團，他是雷在冥想課上認識的約翰‧丹斯莫爾（John Densmore）。

約翰和吉姆有許多共通點，都出自標準的中產階級家庭，約翰的父親是一名建築師，而兩個人都有一個弟弟、一個妹妹，在中學時也都對冷門的運動項目情有獨鍾，約翰的選擇是網球，而吉姆則擅長游泳。約翰跟雷一樣對爵士樂相當喜愛，同時身為瑪赫西大師的新信徒，兩人對於瑜珈訓練的熱忱與精神也有志一同。

約翰告訴雷還有吉姆，他的脾氣很壞，他希望冥想可以幫助他控制自己。今年二十歲的他還住在家裡，因此他很快就成了吉姆取笑的對象，雖然他自己也很想趕快脫離父母，渴望著一個樂團可能帶來的自由。後來的日子裡，吉姆跟約翰一起在門樂團裡共事，但交情並沒有好到足以稱為朋友。

約翰從十二歲就開始打鼓，他在西洛杉磯的大學高中打過定音鼓，在大學時換成爵士鼓，一開始他在聖塔莫尼卡上學，後來轉到洛杉磯，最後從聖費爾南多谷州立學院（San Fernando Valley State）退學，那裡就是今天的北嶺分校。

練團兩週後，雷與兄弟載著全新挖掘的主唱及鼓手，還有一個隨便找來名字已經不記得的女貝斯手，前往洛杉磯第三街上的世界太平（World Pacific）錄音室。瑞克與渡鴉和光環唱片公司（Aura Records）簽了一紙合約，曾經灌錄過幾首由雷演唱的歌曲，他的化名是「咆哮的雷丹尼爾斯」（Screaming Ray Daniels），發行之後單曲有如石沉大海，光環唱片決定給他們一些免費的錄音室使用時間，錄好的新歌就不發行了。三小時內

他們錄了六首歌，吉姆多年後表示：「我們拿到了一張唱盤上錄好的樣帶，總共壓製了三片。」

後來吉姆、雷還有約翰，甚至有的時候桃樂絲都會幫忙跑腿，在唱片公司間往返投遞這些樣帶，裡頭收錄的都是吉姆那年夏天在威尼斯寫的歌，包含了〈月光之旅〉、〈我的眼睛看見了你〉（這首歌當時還叫作〈發狂〉[Go Insane]）、〈夜的盡頭〉、以及一首無傷大雅的小曲，它的主題歷久彌新，就名為〈夏日將逝〉（Summer's Almost Gone）。歌曲跟樂團被所有唱片公司拒絕，無一例外。

差不多同一時間，吉姆遇見了潘蜜拉·科爾森（Pamela Courson）。

十八歲的潘蜜拉有著一頭紅髮，手背上有雀斑，同時也遍布於她蒼白精緻、像是小鹿般的臉頰上。她中分的頭髮又長又直，大大的眼睛散發半透明的淡紫色光芒，讓她的外表看來就像出自瑪格麗特·基恩[2]的畫筆：柔弱、需要關心、楚楚可憐。

她於一九四六年十二月二十二日生於加州的小鎮威德（Weed），那裡離原住民聖山沙斯塔山只有幾公里的距離。她和吉姆的父親都在海軍擔任飛行任務，是一名投彈手，而不是駕駛。她父親當時已官拜美國海軍預備役中校，是橘市（Orange City，也是橘郡名稱的由來）一所學校的校長。她告訴吉姆她剛中輟了洛杉磯市立學院（Los Angeles City College）的美術課程，想找些有意義的事做。

許多年後潘蜜拉表示，是吉姆灌輸了她有關人生的一切，稱自己是「吉姆的創作品」。他教導她關於哲學家的知識，從柏

2 瑪格麗特·基恩：知名畫家，作品以巨大的眼睛聞名，畫作一度遭到前夫華特基恩篡奪，對簿公堂後成功證明所有作品出自自己的雙手。

拉圖到尼采，每個人都配上一段話來引領她入門這些西方先哲的偉大思想。吉姆把自己的日記給她看，很快地她就賦予自己守護吉姆詩歌的任務。

吉姆正在重讀赫胥黎的《眾妙之門》，有一段話是說：「許多可以改變意識狀態的藥物，現在都必須經由醫師處方才能取得，否則處於非法的情況，得承擔相當大的風險。能夠盡情使用的物質，在西方只有酒和菸。所有化學物質開啟的門，牆上都打上了毒品的標籤，只要未經批准，服用的人都被當成惡魔。」吉姆對於這種陳述角度很感興趣，也開始尋求不同種類、且更大量的刺激。

吉姆嘗試所有能嘗試的東西，為的就是要刺激感官。打開那知覺的門……衝破拘束，到另一邊去……開上公路，直抵夜的盡頭……在金礦裡探尋詭妙的景象……騎著蛇……之後這些過耳不忘的句子四散在不同的歌曲裡，吉姆彼時將它們寫在筆記本上時，人還在秋天微溫的海灘上，著急地想尋找專屬於自己的意象與詞藻。

他像吃啤酒堅果一樣，貪婪地吞服長得像阿斯匹靈的迷幻藥丸，一開始是從舊金山的奧斯利[3]那來的，也就是最早的原版「白色閃電」（White Lightning），質純又便宜……藥效如同五雷貫頂。他當然還抽大麻，一袋一袋從墨西哥買過來，以及服用「方糖」（Sugar Cubes）。

衝破拘束，到另一邊去
衝破拘束，到另一邊去

3 奧斯利・斯坦利（Owsley Stanley III）是嬉皮運動重要的領導人物，他的實驗室中生產了大量的 LSD 迷幻藥。

衝破拘束，到另一邊去

吉姆決定是時候了，他要告訴正在倫敦的家人他的計畫。他的信上寫到自己畢業後嘗試要找工作，但大家都取笑他的電影系文憑，所以他現在加入一個樂團擔綱主唱——他們會怎麼想呢？

吉姆的父親大吃一驚，寫了一封信表達反對之意，他提醒吉姆小時候上到一半就不去的鋼琴課，還有童年總是拒絕參加家族聖誕歌唱的他，現在居然想要組樂團？特別是當老爸已經付了四年學費以後？

「不好意思，我覺得這是個爛主意。」官運亨通的海軍參謀軍官這麼覺得。

吉姆從來就不是對批評一笑置之的那種人，他再也沒寫信給父母過。

十月的某一天，比利・詹姆斯（Billy James）的照片出現在商訊雜誌上，那是吉姆與雷現在每週必讀的讀物。比利現年三十三歲，曾經是演員的他目前從事公關行業，跟哥倫比亞唱片公司簽約後，曾經在紐約經手過巴布・狄倫的宣傳，一九六三年他轉移陣地，搬到加州。有一段時間他可謂相當成功，能滿足公司一般要求的表現，但之後他的生活方式越來越像音樂人，改變劇烈到難以與他在東岸結交的朋友溝通，他在哥倫比亞幾乎所有的上司也跟他出現隔閡。所以比利的新頭銜是「人才發掘及開發經理」，相當模糊而得以超越典型的公司架構。對他自己來說，這個頭銜推了他一把，讓他可以挖掘有趣

的事務。

雷跟吉姆看著照片，上面的比利留著鬍子。

「搞不好他人很酷。」雷說。

吃完午餐回來時，比利發現吉姆、雷、桃樂絲還有約翰站在他辦公室外走廊的飲水機旁。他漫不經心地點點頭，叫一夥人進辦公室，親切地收下他們的樣帶，聽他們滔滔不絕地自我介紹推銷，他馬上就知道這串話早就跟好幾間公司重複過。他向他們保證自己一定會回電給他們，大概需要一天左右的時間。兩天後比利的祕書打給吉姆，說他希望盡快在辦公室跟他們見面。

比利回憶起當時是這樣說的：「我跟他們說，他們想要的話，我可以幫他們製作唱片，但也表明雖然他們很有才華，還不是很確定在錄音室裡能不能傳達出來，所以必須讓另一位哥倫比亞的製作人也對他們提起興趣。我已經設想可能會出問題，所以在我能給的五年半合約裡，設定前六個月是第一期，公司同意製作四面唱片分量的音樂，然後至少有兩面[4]會發行。我不希望看到他們簽了約，卻乾等半年以上，什麼都不能做。」

吉姆不敢相信，這可是狄倫的廠牌，哥倫比亞。

雖然這個機運相當振奮，樂團卻開始分崩離析，雷的兄弟一個離開，另一個則被羅比‧克雷格（Robby Krieger）取代，他是約翰跟雷在冥想課上結識的吉他手。

十九歲的他是門樂團四人裡最小的，也是最平凡無奇的一個。他有著吐司般棕色的鬈髮，而不深邃的綠眼睛則讓他看起來昏昏沉沉，有人覺得看起來像是嗑了藥，或戴了不合用的隱形眼鏡。他講話的方式更加深了古怪的印象，總是游移不決，

4 七吋黑膠一面各一首，所以此處的合約內容是指一首主打單曲，外加一首 B 面曲的常規銷售模式。有的時候也有兩面分屬不同歌手的狀況，但譯者沒有印象任何人是這樣走紅的。

好像要睡著了一樣；句尾要不是飄起來像在表達疑問，便是話音消失像是囈語。但人不可貌相，茫然幼稚的外表下，他可是才思敏捷且幽默感獨到，那是從他父親那學來的。他是一位小有財富，專門替政府部門及企業提供財務與發展計畫建議的顧問。

跟約翰一樣，羅比在加州土生土長，一九四六年一月八日出生於洛杉磯，是異卵雙胞胎其中一個孩子。他也讀過大學高中，不過他就學的地點還包括了加州富裕的海岸郊區太平洋帕利薩德（Pacific Palisades），及舊金山附近昂貴的郊區門洛帕克（Menlo Park）。他在加州大學聖塔芭芭拉分校讀了一年書，後來來到洛杉磯分校的一個校區，在那裡第三次更換了自己的主修，當約翰問他要不要見見一群以門樂團為名活動的人們時，他正在修物理學。

「門？很棒的名字。」羅比呆呆地咧嘴笑著。

羅比跟約翰曾經在一個叫迷幻遊俠（Psychedelic Rangers）的樂團裡共事，直到如今他仍然覺得這個團名不同凡響。

羅比跟吉姆說他十五歲就開始彈吉他，十八歲的他就像是充滿抱負的蒙托亞／塞哥維亞[5]，但他換風格的次數跟轉學一樣多，從佛朗明哥換到民謠，再到藍調，最後是搖滾。他順帶跟吉姆一提他特別喜歡玩民謠的人，因為他想起了去史丹福看瓊‧拜亞（Joan Baez）的回憶。吉姆自然接著開始談論狄倫，於是羅比把吉他接上電，隨意地彈了一些滑音，吉姆曾經聽過唱片放出來的滑音，但這是他第一次親眼目睹實際演奏的樣子，有一段時間他想要羅比在每首歌都加入一段滑音的演奏。

工作商談與排練持續進行，四個人關係越來越緊密，固定

---

5 蒙托亞／塞哥維亞：西班牙古典吉他大師。

在三個地方天天見面，一個是雷的家；一個是羅比家，他的父母在小房間裡擺了一架鋼琴；有時候則去威尼斯另一個朋友家。一週五天，每天下午一起練團，週末的時候則接一些活動表演，大部分是猶太成年禮、結婚典禮、或是兄弟會的派對，表演曲目側重於琅琅上口的歌曲，像是〈路易，路易〉、〈葛羅莉亞〉(Gloria)[6]，有的時候也會唱一首自己的歌。吉姆那時面對觀眾，仍然很害羞、沒安全感，所以不管觀眾有多少，他仍然背對著舞池；即使轉過身的時候，也都閉著眼睛、抓緊麥克風，好像如此才不會沉入舞台裡。實際上門樂團最早的幾場表演，幾乎都是由雷進行演唱，吉姆則吹著口琴點綴著歌曲段落，不時地喊一聲「嘿！」或「加油！」。

歐雷諾在超市當夜班經理，當吉姆少數不排練的下午，他們會一起抽些大麻，到洛杉磯分校逛逛，然後跟美術系的女生搭訕來打發時間。其中一位女生叫凱蒂·米勒，比吉姆年輕一兩歲，長得像年輕版的女演員塔斯黛·韋爾德（Tuesday Weld），純真、金髮且空靈。

凱蒂是個敏感的女生，對自己的能力沒什麼自信，講話總是先以道歉開場。但讓她吃了最多苦頭的，莫過於她的慷慨，好像把自己當成學校的流浪漢之母。她邀請吉姆無論何時都能光顧她家，會煮滿桌佳餚款待他，還慫恿吉姆需要的時候可以把她的車開走。有的時候吉姆借走她的車，好幾天不見蹤影，凱蒂只能步行，巴望著他的行蹤。其他時候他常常在她家一待就是好幾天，把東西搞得一團糟、惡意虐待她、用不堪的言語折磨她、酒後誇耀他跟其他女人的豐功偉業、還揚言要拿刀把她掛在牆上的學校作品捅爛。不過他也再三鼓勵她，說她是個

96

6　英國樂團 Them 的名曲，是六〇年代的搖滾標準曲之一，翻唱版本無數，Patti Smith 的名作 Horses 即是以這首歌的翻唱開場，後來門樂團的現場專輯也收錄過這首歌。

好人，而且很漂亮。

　　她跟美術系的同學羅珊娜‧懷特說：「妳一定要見見吉姆。」
羅珊娜聽過凱蒂說的那些故事，對吉姆頗為反感，但他們倆見
面之後，吉姆卻很喜歡她。他通常都不穿上衣，頭髮留長後，
配上側過頭去脖頸弓起的肌肉，讓羅珊娜覺得他就像活生生的
希臘雕像。她也被他的聲音迷住，雖然六個月中偶爾碰面時，
他的音量從沒高過竊竊私語。羅珊娜承認她害怕吉姆，但還是
讓他使用自家的黑沙發，讓吉姆趕不回海灘一帶時有第二個地
方可以借宿。

　　凱蒂的房子有多豪華，羅珊娜的房子就有多樸素，她只吃
天然的食物，所以家裡吃的東西不多。她也不抽大麻，所以抽
大麻的人喜歡的垃圾食物她一樣也沒有，她幾乎不喝酒，所以
吉姆得要自己帶。她有一罐有機洗髮精，吉姆倒是滿喜歡的，
羅珊娜下課回家之後，常常在浴室裡發現吉姆穿著牛仔褲跟破
舊的睡衣，站在鏡子前面擺姿勢，作勢吸吮的嘴脣讓臉頰凹陷，
一邊撥弄自己還沒乾的亂髮，像時尚雜誌裡的模特兒一樣，扮
相讓人印象深刻、眼神充滿渴望。

　　「吉姆，幹嘛不梳頭？」她說。

　　吉姆再一次拍拂頭髮，望著羅珊娜的方式故作性感、有點
浮誇。「因為我想讓髮型看起來像鳥的翅膀。」然後他輕撫自己，
兩手環胸、輕輕地隔著衣服的棉絨搔著自己的手臂，任性地盯
著她看。

　　有一天晚上她才剛見過吉姆，吉姆就帶著約翰跟凱蒂在她
家出現，其他兩個人很快就告辭，剩下吉姆跟羅珊娜。羅珊娜
已經被吉姆的洋洋得意還有氣聲低語搞得很煩了，決定要好好

把話說清楚。吉姆又開始低聲說話時，她回：「什麼鬼啊！你講話的聲音根本不是這樣，趕快停止。」

吉姆話鋒一轉，口氣變成油嘴滑舌地求歡，說羅珊娜其實根本就想跟他上床。她實在被噁心到了，就回嘴說：「拜託，吉姆，天殺的不要這麼裝模作樣可以嗎？你腦袋從來就沒有清楚過，我實在很難理解你到底要幹嘛。我現在甚至沒辦法跟你談話，因為你已經嗨到昏頭、講些屁話。吉姆，你演什麼演啊。」

吉姆衝進廚房，幾秒內拿了羅珊娜的碳鋼雕刻彎刀出來，站在她面前。他抓住她的右手腕，將她的手臂反扣在背後。她的睡衣因為拉扯，釦子都鬆開了，吉姆拿刀抵著她軟綿綿的肚子。

「不准妳對我說這種話，我要割妳一刀看妳會不會流血。」吉姆用氣音說，語氣聽起來是認真的。

有人突然走進公寓裡，吉姆轉了過來，意外看到約翰回來。他看了看羅珊娜，又低頭看了看吉姆手上的刀。他笑了：「嘿，搞什麼東西？一把刀？發生什麼事啦？」

後來羅珊娜道歉，吉姆也道歉，問他是否今晚可以睡在她家沙發上，羅珊娜說好。

十一月的某一天吉姆打給雷，早上八點鐘，吉姆嗑藥嗑得興致正好，想要大家一起練團，雷說太早了，但吉姆還是很堅持，說如果雷不馬上來，一切到此為止，管他什麼「門」的，他不幹了。於是雷只好跟吉姆說待會見。

幾個小時後，吉姆人在歐雷諾家，跟菲利克斯在一起，正在從藥效裡清醒過來。他們正在討論因為LSD[7]以及麥司卡林[8]所

7　麥角酸二乙醯胺，六〇年代的代表性迷幻藥。
8　三甲氧苯乙胺，俗稱仙人掌毒鹼，是從仙人掌烏羽玉中提煉出來的。

產生的蜘蛛網幻象，歐雷諾拿出了一本書，是他從洛杉磯分校圖書館借來的，他翻到有照片的那幾頁。服用 LSD 看到的網子較為規則，而麥司卡林造成的網子則相當多變、散亂，（吉姆認為）或許可以說有點瘋狂。他們決定應該試試最純的麥司卡林，也就是烏羽玉仙人掌，為了這麼做，必須驅車前往亞歷桑納州的沙漠。

他們三人向東行，開的是歐雷諾破爛的紅色雪佛蘭敞篷車，這台車甚至無法排進一檔跟倒車檔。車才剛離開洛杉磯開到霍桑（Hawthrone），吉姆便要求暫停一下，車子轟隆隆地還沒停妥，他就跳下車跑去親一個年輕的女孩。跑回車上的時候，巡邏的員警剛好開過這台雪佛蘭旁邊。吉姆怪異的舉止果然引起注意，警察請他出示身分證明，並向女孩問話，發現她只有十四歲。

吉姆喊著：「拜託，幹嘛不一槍斃了我？靠，狗娘養的臭瘟三，射死我啊？」

不知道為什麼，警察口頭警告後就放走他們，往東的旅程繼續。

兩天後吉姆跟菲利克斯回來，唯獨歐雷諾沒跟他們在一起，他們全身上下傷痕累累，開始講述旅途的故事。吉姆跟別人說他們真的開到亞歷桑納，碰到了一些印第安人，隨著他們深入沙漠，在烏羽玉仙人掌旁放箭直到圍成一個圓。吉姆解釋道，只要你拉弓射箭，就代表你足夠強壯，旅程得以順順利利。接著他們嚼食了一些仙人掌，之後歐雷諾決定前往墨西哥。

其他人聽到的是另一個版本，這個版本解釋了為什麼他們渾身是傷。吉姆一行人根本沒有碰到任何印第安人，遑論烏羽

玉仙人掌。但他們碰到了一群開著低底盤車的奇卡諾人，他們住在科羅拉多河附近，想痛扁任何留長髮的人。

哥倫比亞公司那邊杳無音信，約是簽了，還在羅比家舉行了慶祝晚餐會，但之後什麼事都沒發生。詹姆斯發覺他根本沒辦法引起哥倫比亞旗下製作人的注意，門樂團只好持續排練，偶爾到派對上表演，一有試唱的機會就參加。

十二月到了，洛杉磯分校舉辦電影學院試映會，雷一年前的課堂習作也獲邀參展，門樂團上台表演，是他們第一次意義上的公開演出，臨時用原聲樂器替電影配上音樂。他們還去威徹斯特的一家酒吧面試，當時人氣高漲的洛杉磯樂團烏龜（The Turtles）[9]老本營就在那裡，結果鎩羽而歸。後來他們又被比多利托（Bido Lito）拒絕，這是一間位於好萊塢的俱樂部，很小但很新潮，愛樂團（Love）[10]曾經在那駐唱很長一段時間，據對方說法，他們的問題是缺少足夠的貝斯低音。

他們開始邀請貝斯手參加排練，但音場感覺太滿了，好像滾石樂團（The Rolling Stones）的聲音（滾石也表演過很多相同的翻唱歌曲），或者像一般電子藍調樂團的聲音。他們還在考慮是否真的需要讓樂團做出這麼大的改變，依然在沒有貝斯手的情況下到許多俱樂部試唱。一月初的時候，他們終於被「倫敦之霧」（London Fog）這個小型俱樂部雇用，位於在日落大道區的倫敦之霧，離威士忌搖擺只有五十公尺，老闆的名字很不可思議，就叫傑西·詹姆斯（Jesse James）[11]。樂團成員望著店的外頭掛起布條，寫著「來自威尼斯的樂團——門」，個個興奮極了。只是他們表演的第一個晚上，完全沒有人進到店裡。

9　烏龜樂團：一九六五年出道，曲風親民的流行搖滾樂團，擁有多首暢銷單曲，名作為 Happy Together.

10　來自洛杉磯的愛樂團受到許多樂評人誇讚，稱他們是模仿披頭四路線一眾樂團中最優秀的一組人馬，一九六七年的第三張專輯 Forever Changes 是公認的經典之作。雖然他們沒有在主流樂界大紅過，但受眾以及活躍區域相當穩定。

店主的條件開得非常吝嗇，好像是為了報復面試那晚，他們叫了太多洛杉磯分校的朋友光臨，把店裡擠得水洩不通，卻沒消費。由於這間俱樂部跟比多利托一樣，不隸屬於工會體系，音樂人不需要加入工會，老闆給付的酬勞也不需高過工會訂立的最低薪資。門樂團每晚得從九點到凌晨兩點帶來五段表演，每小時休息十五分鐘，且一週工作六天。週間他們一晚可以賺五美元，週五、週六則是十美元，如果店主身上有現金，才會隨演隨付。

　　靠近威士忌搖擺的地利之便，沒有給剛草創的樂團帶來數量更多或是更多元的觀眾。倫敦之霧這個名字儘管相當拉風，可是顧客大多數是水手、怪人、皮條客、妓女、穿著黑西裝的黑手黨大漢、或是茫然亂逛的觀光客，大部分的人都醉翁之意不在酒，不是很在乎音樂、也不想久留。

　　表演中場休息時，樂團一夥人會輪流跑去同條街的威士忌，對方允許他們站在門口，看看當晚主秀的樂團是誰，希望總有一天「跟愛樂團一樣紅」，那是吉姆之後回憶時形容的字眼。當時，愛是洛杉磯最紅的地下樂團。

　　儘管如此，這份工作還是鼓舞了他們，給了他們建立信心的機會，並有時間能精煉自己現有的創作。剛開始吉姆還會在間奏的時候插入一些口琴演奏，或者是在雷吹笛子的時候拿起響棒。但當他開始專心於表演的視覺效果後，便停止演奏樂器了。雷找到了一把芬達（Fender）出品的貝斯鍵盤，他可以一邊用左手彈奏、一邊用右手使用唱片公司替他添購的Vox鍵盤，彈奏和弦還有獨奏的段落，貝斯的難題就此順利解決了。

　　二月時樂團已經準備好約四十首的曲目，其中有大概

11　傑西・詹姆斯：十九世紀美國江洋大盜，經由民間傳說加油添醋，成為神槍手及叛逆精神代表。歌手 Cher 也曾經以他為名出版過暢銷單曲。

二十五首是原創曲，包含了〈盡頭〉(The End)，在一九六六年初
還只是首關於愛情已逝、寫得不錯的歌而已，歌詞是這樣說的：

> 這裡就是盡頭，我美麗的朋友
> 這裡就是終點，我唯一的摯友。終點
> 屬於我們精心安排的計畫。終點，
> 屬於每個存留的事物。終點。
> 沒有一成不變也無驚喜，終點。
> 我再也不會凝視你的雙眼。

　　有一首〈阿拉巴馬之歌〉(Alabama Song) 出自德國劇作家布
萊希特與作曲家威爾合作的歌劇《馬哈哥尼城的興衰》(The Rise
and Fall of Mahogany)，內容講述戰前納粹德國的光榮及墮落，是
歌曲裡面少數並非早期藍調經典或賣座搖滾歌曲的翻唱曲目，
像是〈錢〉(Money)[12]、〈後門情夫〉(Backdoor Man)[13]、還有先前
已經唱過的〈葛羅莉亞〉以及〈路易，路易〉。現在全部的歌曲
幾乎都由吉姆主唱了。

　　日子一週一週地過去，吉姆建立了對自己的信心，從前的
他不覺得自己很有唱歌的天賦，他跟別人說過：「我不是在唱，
而是在吼。」但現在他知道自己有了相當不錯的進展。整個樂團
進入了放鬆的表演狀態時，他還會拿著一條黑色手帕，戲劇性
地包住麥克風，挑逗地用臉頰磨蹭。

　　對門來說，最重要的莫過於他們漸漸有了對樂團整體的向
心力。每天排練加上接到公開表演的工作，讓三位樂手及一位
主唱，對彼此的音樂癖性知之甚詳，狀態也變得非常理想。雷

12　〈錢〉：Barrett Strong 原唱的早期 R&B 歌曲，Beatles 曾翻唱
13　〈後門情夫〉：芝加哥藍調經典作品，由偉大的藍調歌手 Howlin' Wolf 第一次
灌錄，後來收錄在他的同名專輯。這首歌曲也有收錄在門樂團自己的首張專輯。

的樂器俐落自信，給人一種浮誇的飛俠哥頓[14]好像進到教堂的感覺；約翰的爵士鼓奏，配合吉姆歌詞的抑揚頓挫剛剛好；羅比絕妙又不費功夫的撥弦指法，博採藍調及佛朗明哥特色；還有吉姆有點沙啞粗礦，但撩人的中高音，這些都曾在樣帶中預告過，但現在才真正嶄露頭角，融合成他們擁有的風格。大部分的時候吉姆仍然背對觀眾，面對團員，就跟在排練時一樣，照雷的話說，他們彼此面對面是為了「互相傳遞能量」。雷認為透過LSD迷幻藥的幫助，門樂團發展出一種「共有意識」。許多音樂人在一起表演一段時間後，如果打從心裡尊重彼此的才能，會感受到一種緊密的連結，是非音樂人、非歌手無法理解的。雷說：「對，這東西存在。但我們之間還有不尋常的強烈張力」。

他們有一份非常特別的合作契約，所有事物都要彼此共享。吉姆自己幾乎寫了所有歌曲，但錄製的時候他說，整個樂團都會掛名創作者，版稅及其他收入都會均分成四等份。所有創作上的決定，也會採全體一致表決，而不是多數人說了算。

吉姆開始會把藥物帶上台，有的時候還嗑了就上，瞳孔放大，感官知覺變得扭曲且劇烈，意識破碎；有的時候藥在口袋裡，當雷開始獨奏，他便馬上拿出「艾美」[15]湊在鼻子底下吸。有次剛開始表演〈小小紅公雞〉（Little Red Rooster）時，他就拿藥給所有人吸，進行到「狗兒開始叫，獵犬開始嚎」那句歌詞時，雷開始吠叫、約翰開始哀嚎，吉姆則摔了下台。還有一晚吉姆喝得爛醉，彷彿變回一個詭異的屁孩，即興修改了〈葛羅莉亞〉的歌詞，增加了一段：「然後她到我家／上到我的床／進到我的嘴裡……」

14　飛俠哥頓（Flash Gordon）是一部邪典超級英雄電影，由 Queen 製作的原聲帶承襲樂團一貫華麗曲風，有相當多鍵盤合成器音效。
15　艾美：亞硝酸酯的代稱，原文為 amy，是其中一種藥物的代稱，在台灣常見的形式是名為 Rush 的軟性毒品。

吉姆仍然沒有一個固定住所，從沙發搬去另一張床，又搬到另一張沙發，潘蜜拉是她目前最喜歡的女孩，但他不喜歡只跟一個人交往。他們討論要租一間在月桂谷的公寓，可是與此同時他大部分的夜晚都在西洛杉磯度過。他仍然沒有車，必須得開雷的黃色古董福斯或是約翰的辛格蹬羚。餓的時候，整個樂團會跑去約翰家，因為約翰的媽媽是最有求必應的長輩。

　　四月時，整個樂團陷入絕望沮喪，依舊一貧如洗，一人一週四十元的待遇實在不夠基本開銷，更別提常常實際領不到這個數字。先是其他樂團開缺想挖角約翰，後來他跟羅比又因為持有大麻被捕，吉姆去年夏天非法延後入伍被拆穿，被重新編列成後備軍人，政府要求五月得再度體檢，最後哥倫比亞還把他們列入「放棄名單」裡。

　　哥倫比亞一位旗下製作人賴瑞・馬克斯（Larry Marks），有天晚上走進了倫敦之霧，向他們自我介紹，自稱自己是他們的負責人，但之後樂團再也沒見過他。他們也沒有從比利那裡收到任何消息。還是約翰眼尖，注意到比利桌上的「放棄名單」上有樂團的名字，他們便向比利要求立刻解約釋出。

　　「撐下去吧，你們過了六個月就能拿到一千美元，甚至都還沒開始準備錄歌呢！」比利說，但樂團一致拒絕再等下去，比利嘆了口氣，只好打電話請法務部門的人過來一趟，門樂團至此無約在身。

　　幾天後倫敦之霧的老闆給他們的自由更澈底，直接把他們炒了。

　　樂團的運氣在五月時有所轉變。

首先，吉姆吃了一大堆不同的藥，讓自己的血壓、血糖、心跳、呼吸、視力、還有言語全部變得亂七八糟，接著大搖大擺走入軍方的徵召中心接受體檢，他和醫生說他是同性戀，如果這樣他們還是要收他的話，他們肯定會是地表上最可悲的龜孫子，最後他果然被軍方拒收了。接著，樂團在倫敦之霧的最後一晚，威士忌搖擺的星探經理突然出現，問他們是否願意在週一晚上代班。機會僅此一晚，這位棕髮美女羅妮・哈蘭（Ronnie Haran）說，但老闆會在旁邊看著。

　　「我真的很大力地替你們美言幾句過，而且其實我們在找駐店樂團。」她跟吉姆說。她還說，如果順利轉成長期正職，對比倫敦之霧需要一晚表演四、五段，只要進行兩段演出，還照工會的標準，瞬間加薪變成 499.5 美元。吉姆跟其他團員看似無所謂，但其實心中都大大地鬆了口氣。

　　「好啊，我想我們答應妳了。禮拜一對吧？不就是明天嗎，還真是突然呢。」

　　作出這個決定的人，曾經是一名刑警，三十好幾的他來自芝加哥，他是 PJ（日落區附近一間吸引名流的高級夜總會）還有威士忌搖擺的合夥人之一，他的名字像是魯尼恩小說筆下走出來的人物，叫艾爾摩・瓦倫泰（Elmer Valentine）。羅妮還是個小明星時，在 PJ 俱樂部跑攤時認識了瓦倫泰，現在負責兩家俱樂部的公關還有尋找新的表演者。她一九六六年也曾幫蘇格蘭歌手唐納文（Donovan）[16]負責公關宣傳，尋找攝影師時，有人向她推薦保羅・費雷拉（Paul Ferrera），他曾經在洛杉磯分校跟吉姆有同窗之誼，推薦羅妮去倫敦之霧欣賞他們的演出。他不是第一個、也絕非最後一個推薦門樂團給羅妮的人，由於她信任口

16　唐納文：二〇一二年入選搖滾名人堂，蘇格蘭民謠歌手，以融合加勒比民歌與迷幻搖滾的清新詩意聞名，名曲 Sunshine Superman 曾於美國奪冠，是英倫入侵裡挑大梁的男創作歌手。

耳相傳的口碑，而非專業經紀人的推薦，她最後終於親自前往倫敦之霧一探究竟。

瓦倫泰承認自己是在羅妮跟他懇求後，才給門樂團第二次機會的，因為第一次表演的時候，他超級討厭他們。他跟她說他覺得吉姆是個沒潛力的半吊子，為了掩飾自己缺乏才能，只好擺出裝神弄鬼的樣子。他還覺得吉姆嘴巴很不乾淨，但瓦倫泰喜歡羅妮，所以他同意讓門樂團再多演兩天。

門樂團就這樣從五月中到七月中，在威士忌搖擺表演了兩個多月，期間至少有一整個禮拜，他們因為惹毛店主而被禁止登台。雖然樂團想要給店裡的紅牌留下好的印象，例如流氓樂團（The Rascals）、保羅巴特菲爾德藍調樂團（Paul Butterfield Blues Band）[18]、動物（The Animals）[19]、花花公子（The Beau Brummels）[20]、他們（Them）[21]、水牛春田（Buffalo Springfield）[22]、牛心船長（Captain Beefheart）[23]這些頂尖陣容，可是他們又想要在舞台上把這些人打得落花流水，搞得瓦倫泰的合夥人菲爾‧坦齊尼（Phil Tanzini）只好對他們大吼「太吵！太吵！我要當著大家的面把你們趕出去了！關小聲，關小聲！」為表報復，他們演唱〈不快樂女孩〉（Unhappy Girl）的時候，雷會故意一直彈奏最高音，直到樂器跟坦齊尼發出尖叫聲。吉姆誇張的舞台動作，更把情況推到了更危險的邊緣，有的時候他喝得太醉、嗑得太猛，甚至會放表演鴿子，更糟的是，還會在休息時間跳上台，大叫：「操你的艾爾摩！操你的威士忌！操你的菲爾！」

只要門樂團一被開除，羅妮就會打給住在比佛利山莊的一位小女生，她年僅十四歲，現在卻是樂團的大粉絲之一，平常獲准站在門口看表演，但不得其門而入。她會號召她的姐妹淘

17　流氓樂團：來自紐澤西的搖滾名團，以深厚的藍調根基，翻唱與創作了相當多曲目，曲風後期更趨柔軟，轉為創作靈魂樂。
18　保羅巴特菲爾德藍調樂團：芝加哥出身的保羅是一名口琴手與優秀藍調歌手，他成立的樂團以同名專輯聞名於世，也是芝加哥藍調運動白人的代表人物。
19　動物樂團：英倫入侵代表人物，他們翻唱的 The House of the Rising Sun 成為該曲最歷久不衰的版本，在英美皆有超過十首暢銷單曲，一九九四年入選搖滾名人堂。

一起打爆威士忌搖擺的電話，詢問門樂團何時回來。艾爾摩習慣親自接聽很多店裡的來電，就跟羅妮喜歡街頭巷尾的真實民意當作她的消息來源一樣。

「每次都是這招。」艾爾摩說，還搞不清楚他其實也算是被唬了：「那些妹子，一大群妹妹，老是一堆妹妹，全部都在問：『那個穿黑褲子的變態混帳今天有沒有來啊？』我媽可不會教出這種白痴小孩，所以我總是把他們放在第二順位，不給他們主秀的機會。」

街上則有風聲：「你該去威士忌那看看門樂團，那個主唱很瘋狂。」

門樂團的形象非常露骨，試想一個瘦巴巴的主唱用下體磨蹭麥克風架是什麼景象，但他們知性的一面也被看見。吉姆歌曲裡怪誕的形象摹寫，深深吸引著六〇年代成長的同齡聽眾。〈音樂結束之時〉（When the Music's Over）之類的歌曲，可以悲傷、可以狂怒、可以療癒、可以苛刻、可以懇求，還有最重要的一個，筋疲力竭。

他們的演出也很隨性，兩首歌之間常常要花五分鐘，在台上決定下一首要表演什麼，比方說吉姆會問：「那不然〈水晶船〉（Crystal Ship）好了？」，然後雷會說：「不想。」約翰則提議一首羅比獨奏很長的歌，羅比搖搖頭，吉姆只好說：「那〈音樂結束之時〉可嗎？」只見雷一臉思索，然後嘴角上揚露出亨利·方達不露齒的壞笑，點了點頭。約翰說好，羅比覺得可以，共識一致，這就是門樂團的原則。

20　花花公子樂團：舊金山本地知名樂團，擁有兩首告示牌前二十單曲。
21　他們樂團：范·莫里森（Van Morrison）出道樂團，〈葛羅莉亞〉原唱，他們以這首原本默默無聞的 B 面曲影響了六〇年代中後期車庫搖滾，粗獷審美為龐克音樂的最早原型。
22　水牛春田樂團：與 The Byrds 並列民謠搖滾雙璧的樂團，雖然只存續了兩三年，卻成了巨星 Neil Young 及 Stephen Stills 的跳板，名曲 For What It's Worth 傳唱不衰。
23　牛心船長樂團：前衛搖滾鼻祖，與弗蘭克·扎帕保持競爭卻合作的友好關係，奠定了 Progressive Rock 流派的創作根基，博採藍調音樂節奏，並以出色的演唱技巧及文字遊戲出版了大量的概念專輯。

〈音樂結束之時〉是首有相當多即興發揮空間的曲目，需要十一分鐘或更長的表演時間，全憑器樂間奏的長度還有吉姆隨興加入多少歌詞片段。很多層面來看這首歌足以代表他們的創作：表現形式極度戲劇化，堅持讓樂團的戲劇成分與音樂成分等量齊觀。

這首歌由一段飽滿的器樂段落開始，吉姆低聲地慫恿著：「呀……開始吧。」接著約翰開始誇張地轉動他的手臂，加入一段嘈雜的鼓點，吉姆倏地以震驚所有人的方式抓著麥克風奮力一跳，大吼：「耶！」鍵盤扛起了主要的旋律線，羅比則畫龍點睛，時不時強調樂句的重點，吉姆哼著宿命論的悲鳴：

當音樂結束
當音樂結束
當音樂結束
關掉燈吧
關掉燈吧
關掉燈吧

接著，更有力地唱出：

因為音樂是你特別的朋友

更為篤定地，幾乎是怒吼著唱出：

在火上漫舞，隨它指引

接著輕輕安慰著（也像一個警告）：

音樂是你唯一的朋友

鼓聲響起。

直到盡頭
直到盡頭
直到盡頭

羅比在這首歌裡提供了吉他演奏的回音效果，破音，「迷幻」，約翰猛烈地敲響鈸，雷銳利的樂音不絕於耳，在一片不和諧音中，吉姆蜷縮在地上翻滾，胸前緊握著麥克風並蹬著腿，一會呈現胎兒般的姿勢、一會卻又僵死不動。音樂漸緩，團員們回神到原本的模樣，吉姆站了起來。

取消我對復活應下的許諾
把我身分的憑證交給拘留所
我有些朋友已在裡頭
鏡中的臉龐不會消去
窗上的女孩不會掉落
一場友人的盛宴，她哭叫：「活著！」
等待著我
就在外頭

最後的寄語是另一次嘶吼，音樂變得催眠：

　在我陷入深深的沉睡之前
　我想聽見
　我想聽見
　蝴蝶的驚聲吶喊

　回來吧寶貝
　回到我的臂彎裡

吉姆的聲音出現了一絲躁急，似乎暗示著狂暴將至：

　我們厭倦了在此逡巡
　頭匍匐於地駐留等待

聲音擺脫了那一絲狂躁，與催眠的音樂同步：

　我聽見溫柔的聲響
　相當近卻又相當遠；
　非常輕柔，啊，非常清晰；
　今天來吧，今天來吧。

營造出悲傷的情緒，轉變成了憤怒。

　他們對大地做了什麼？

他們對我們美麗的姊妹做了什麼？

蹂躪、掠奪、撕碎、嚙咬她
在破曉時分用刀刺穿她
用圍籬困住她使她萬念俱灰

此時只有雷的鍵盤敲出心跳聲般的節奏，兩個音發出類似「碰－碰」的聲音，伴隨突然闖入的鼓聲，猶如預言啟示。

我聽見溫柔的聲響
而你的耳貼著地面諦聽

吉姆的臉靠著麥克風，左手緊緊握著，近乎深情，右手則摀著耳朵。他的右腳往前伸出，屈膝跪地勾著麥克風架，左腳挺著、文風不動。

我們想要這個世界，還想要……
我們想要這個世界，還想要……

一連串的擂鼓，接著是：

現在
現在呢？

鼓聲漸息，他縱身一跳大吼：

現一
在一！

樂器的聲音重新出現，完全地瘋狂起來：

波斯之夜；
看見光芒；
拯救我們，耶穌，拯救我們吧！

所以音樂結束之時
關掉燈光。

因為音樂是你特別的朋友
在火上漫舞，隨它指引
音樂是你唯一的朋友
直到盡頭
直到盡頭
直到
盡頭！

即使是俱樂部裡的舞者，每晚得看兩遍同樣的演出，也目
瞪口呆地坐著。

第 **4** 章

———————

　　兩週過後，他們已經對所謂的開除不痛不癢，因為門樂團
續留在威士忌搖擺已成定局，他們四個人就此全部決定搬家。
約翰跟羅比終於離開父母一起自立門戶，他們的小窩就在月桂
谷，同時也決定替樂團尋找更多工作來源。雷跟桃樂絲找到一
間海邊的公寓，沒有隔間，長達十八公尺多，很適合用來練團。
吉姆搬去羅妮家，是間離威士忌搖擺幾個街區遠的小公寓，月
租七十五元，在這裡她跟吉姆開始談及一份「宣傳管理」的合
約。她也開始跟唱片公司接洽，邀請一些代表來欣賞她口中「美
版滾石樂團」的演出，有些人還真的來了。海灘男孩（The Beach
Boys）[1] 的製作人尼克・韋內（Nick Venet）一點也不欣賞他們；
盧・阿德勒（Lou Adler）旗下擁有媽媽與爸爸樂團（The Mamas
& Papas）[2]，跟九個月前收到吉姆跟雷交來的樣帶時一樣沒感覺。
甚至滾石樂團來加州巡迴演出時，也有團員前來一窺究竟，卻
也同樣嗤之以鼻。不喜歡他們音樂的還有三十六歲的賈克・霍
爾茲曼（Jac Holzman），他身兼電器狂人與民謠創作人兩種身分，
創立了厄勒克特拉唱片公司（Elektra Records）並擔任董事長。
那時厄勒克特拉還是小公司，正要憑藉愛樂團跨足搖滾市場。
他在六月中第一次離開威士忌搖擺時斷言：「這個組合沒有那種
特質。」

　　羅妮理所當然鼓吹賈克再給門樂團一個機會，愛的團長亞

1　海灘男孩：由車庫搖滾起家，創立加州衝浪曲風的門派宗師，曲風輕快明亮的
他們由一代奇才布萊恩・威爾森領導，不斷探索錄音室的技術及音場極限，概念
專輯《寵物之聲》在所有專業人士眼中皆是史上必聽經典。
2　媽媽與爸爸：王家衛《重慶森林》中收音機上反覆播放的 California Dreaming
便是他們的名曲佳作，同樣以迷幻風格點綴，清新雋永又詩意的情歌是美國六〇年
代商業音樂的巔峰。

瑟・李（Arthur Lee）也投下了贊成票。他為此再訪了一次威士忌，斷言雷的演奏有某種吸引力，第四次來訪時，他發覺已經說服自己給他們一紙合約了。他想要先簽一年約，約滿可以行使選擇權，看發六張專輯跟續約兩年哪個時間更長而定。而門樂團則可以得到唱片售價百分之五的版稅，並得到兩千五百美元的預付簽約金。

賈克的邀約凸顯了厄勒克特拉唱片公司的兩個特點，一個是他們的誠意，一個是他們的規模。賈克希望他們了解，厄勒克特拉是個關係緊密的公司，小而美的組織架構，對於成員是平易近人的。他們的藝人據他所述，都能輕易且即時地找到公司裡任何一個人。相較哥倫比亞，這麼少的藝人有助於員工團隊更直接地推廣樂團。

聽起來真不錯。曾經有段時間門樂團以愛樂團為目標努力，現在他們的野心更大了，或許一家小公司就能幫忙達成目標。再說，這也是他們手上最穩的一張牌，有了哥倫比亞的經驗，他們對於合約更加小心，但也很渴望可以上工錄音。他們跟賈克說他們需要一點時間思考，賈克便先飛回紐約。

第一個商討合約的人，便是他們在哥倫比亞的朋友比利・詹姆斯。但他說自己實在沒有立場公平評論這紙合約，因為他正要離開哥倫比亞，到厄勒克特拉負責開設新的西岸辦公室。如果他們選擇跟厄勒克特拉合作，他保證自己會竭盡所能滿足他們的需求。然後他請他們替自己找一位律師，提供他們一些有用的建議。

他們去找羅妮幫忙，她立刻引見自己的律師艾爾・史勒辛格（Al Schlesinger），他答應代理他們的法務事務，但書是如果

他們與羅妮起糾紛，他會站在羅妮那邊。這讓他們感覺很緊張，所以羅比請教自己的父親——門樂團臨時的商業顧問——他帶他們去找自己的律師，這位律師頭髮已經花白，仍然精明幹練，住在比佛利山莊，他的名字聽起來也很魯尼恩，叫麥克斯·芬克（Max Fink）。

麥克斯跟霍爾茲曼協商時，吉姆整個人看起來異常緊繃。來自英國的他們樂團最近到威士忌搖擺主秀演出，這兩週他喝得很多，因為樂團主唱、詞曲創作人不僅跟他同姓，也有很多相似的習慣。吉姆跟范認為彼此非常契合，因此喝酒慶祝。

飲酒之後伴隨的是比平常還劇烈的嗑藥，幾乎每天羅妮都會看到他服用迷幻藥，有一次她發誓親眼看到吉姆一天內抽掉了170克的大麻，吉姆那晚熬夜熬得很晚，不斷抽著跟食指一樣粗的煙捲，才抽了這麼多的量。小小的公寓扔滿了大麻籽跟大麻梗，把羅妮氣個半死，但吉姆才懶得理她，說自從羅比跟約翰被捕之後，他們不知道在窮緊張什麼，整天追著他屁股後面要他少抽一點。「就因為這些傢伙熱衷冥想……」吉姆話沒說完，他還沒準備好，但他去過瑪赫西大師的課堂，盯著他的眼睛來判斷他是否快樂。吉姆認為他的確是快樂的，寫了一首歌向他致意，叫〈順其自然〉（Take It As It Comes）：「越慢越好／你會越來越有感／順其自然／專注於享受樂趣」，但他沒有接受冥想訓練的念頭。

此時門樂團已經可以靠著死忠歌迷塞滿威士忌搖擺的場地，有一晚的第一場表演，吉姆沒有現身，其他三個人只好自己來，由雷擔任主唱。表演完後羅比回到更衣室，但其他兩個

人衝去熱帶花園賓館（Tropicana），希望可以找到吉姆。

　　十分鐘的車程裡，雷跟約翰討論吉姆的狀況還有迷幻藥，約翰看起來很不高興，幾乎快要發起火來。雷則比較鎮定地說：「吉姆只是看起來吸了很多，因為你已經少用了。」

　　「真的嗎？我從沒有一週用超過一次。我看吉姆至少每兩天就來一次。」約翰說。

　　他們把車子停在吉姆的下榻房間附近。

　　約翰承認他從不了解吉姆：「他很想從自己的軀殼裡脫身，不斷試探自己能走到的極限，每次都這樣。自己評斷吧！我從來不懂，因為我的形而上學是從印度那學來的，看到的是光明面之類的東西。吉姆總是很迷尼采，探索一切的意義、存有之類的東西。」

　　雷穿過停車場時嘆了一口氣，往吉姆一晚八元的房間走去，哼了一句歌詞：「衝破拘束，到另一邊去……」。兩個人站在門邊，敲了敲門，沒有回應，但他們覺得裡面有人的聲音。「吉姆？拜託開門，雷跟約翰來了。」吉姆才終於開門。

　　吉姆望著兩個人，只說了一句：「一萬微克。」

　　雷笑了，他不相信這一切是真的，一般的LSD劑量一次只有350到500微克。「來吧，看看事情會怎麼發展。你已經錯過第一場了，讓我們給坦齊尼永生難忘的經驗吧。」

　　吉姆很快躲回了房間裡，搖著頭：「不要，老兄，不要。這裡……」他打開了衣櫃裡的一個抽屜：「這邊，這些拿去吧。」吉姆抓起兩大把紫色小瓶子裝的LSD給約翰跟雷。雷注意到櫃子裡有一塊大麻磚，看起來足足有一公斤重。

　　第二場次的表演亂七八糟，但表演的最後四十分鐘，吉姆

終於回神進入狀態，他說：「這場會表演〈盡頭〉這首歌。」一副全神貫注的樣子，點了點頭。

　　〈盡頭〉是門樂團最讓人印象深刻的作品，或許可說是這場表演奠定的基礎。這首歌具像化了搖滾劇場的概念，更勝於〈音樂結束之時〉。〈盡頭〉一開始只有兩個段落，本來是首簡單的道別歌曲，漸漸擴充成十二分鐘。吉姆每次表演時，都不時加入新的歌詞並刪去一些段落，今晚他準備了一個新的驚喜。

　　穿著暗色的斜紋布褲跟 T 恤，鬈髮垂到鎖骨邊，沒刮鬍子的臉像是波提且利畫作中的人物，他蟄行於威士忌搖擺舞池快速變動的光與影中，他停下腳步，駐足看著玻璃籠中的的舞女。觀眾區裡維托[3] 還有他那群穿著透視蕾絲的跟班們坐在地上，喜愛音樂的他們以欽點明日之星聞名。他們在仙樂斯（Ciro's）發掘了飛鳥樂團（The Byrds）[4]、接著在比多利托找到愛樂團、甚至成為弗蘭克‧扎帕（Frank Zappa）指名的合作團體「母親的助手」（Mothers' Auxiliary）。維托和他的隨從們在平日晚上是免費入場的，因為他的所在之處總能吸引到客人消費。

　　吉姆無精打采地走向舞台，眼睛閉著，頭偏向一側的肩膀。他看著約翰、羅比還有雷都就定位，才跟了上去，往雷的電子琴旁邊靠近。測試調音的聲響交雜，緊接著是一陣沉默，吉姆跟團員身處在黑暗之中，舞池也靜默了下來。

　　吉姆整個人掛在麥克風架上，好像一件正在晾乾的衣服，頭往後仰、眼睛緊閉著，一隻手抓著麥克風、另隻手則摀著一隻耳朵。一隻穿著靴子的腳穩穩地踏在麥克風架的底座，接著開始哀傷地吟唱。

3　維托：本名維托圖斯‧阿爾方蘇斯（Vitautus Alphonsus），是六〇年代波西米亞次文化的要角，以放蕩不羈的「怪誕現場」（freak scene）為嬉皮文化先聲，有許多慕名加入的跟班，影響了這邊提及的幾個樂團。

4　飛鳥：西岸經典民謠代表團體，一九六五年以兩首冠軍單曲 Mr. Tambourine Man、Turn, Turn, Turn 揚名全美，他們的音樂以音場乾淨、旋律優美著稱，合聲技術以及十二弦吉他擴充了主流音樂對於音場的美感體驗。

這裡就是盡頭，我美麗的朋友
這裡就是終點，我唯一的摯友。終點
屬於我們精心安排的計畫。終點，
屬於每個存留的事物。終點。
沒有一成不變也無驚喜，終點。
我再也不會凝視你的雙眼。

你能否描繪那將會變得
無垠與自由的事物
殷切地需要著
陌生人的某隻手
在那絕望之地

　　音樂伴奏跟吉姆哀傷又令人不寒而慄的歌聲一樣，令人陷入恍惚，雷的樂器傳來一陣陣像心跳的節拍，而約翰的鼓奏突然迸發，羅比散漫的吉他音色如同西塔琴一般。

在羅馬的痛苦蠻荒中迷失
所有孩子都陷入瘋狂
期待著夏日雨露——耶

　　吉姆的吐詞清晰又謹慎，在音節之間停頓，就像他平素說話時一樣，好似一名拿著手術刀的醫師，對用字遣詞字斟句酌。他的演唱表達跟音樂，一致給人一種欲言又止的感覺，是警告、是期待、也是恐懼。

城鎮的邊緣有危險
取道君王大道，寶—貝—
金礦中詭奇怪誕的景象
取道公路向西行，寶—貝—

　　酒吧的舞池靜止不動，大家的肢體停了下來、望著吉姆看，他從歌曲的開頭就沒有動過。整個酒吧也差不多，沒有人在交談，連服務生都被舞台上的表演者震懾了。

騎著大蛇
騎著大蛇，到湖邊
那古老的湖
蛇多麼的長……足足七哩
騎著大蛇
他老了……他的皮膚也冰冷了
西方是最棒的
西方是最棒—的
過來這邊讓我們完成剩下的事
藍色的巴士—呼喚著我們
藍—色—巴—士……呼喚著我們
司機你要帶我們前往何方？

　　吉姆斜視著台下，好像在偷窺一樣，然後再度閉上眼睛，由另外三位團員奏出神祕的音符，在腦中久久不散。接著吉姆

睜開了眼，緩緩從架上拿起麥克風，怒瞪著觀眾，雙腳蹦緊直挺地站著，吟誦出十二行歌詞，這就是這首歌的完成版，口述這段歷史之前，吉姆已經被送進了當代流行神話裡。

殺手在黎明前甦醒
套上他的靴子
拾起古老畫廊中的一張臉
沿著長廊向前走去

他走進他姊妹的房間
　又⋯⋯
繼續拜訪他的兄弟
接著他⋯⋯繼續沿著長廊行走

他來到了一扇門前
他向裡頭看去
「爸爸嗎？」
「沒錯，是兒子嗎？」
「我想殺了你。母親啊，我想
操─妳─！」

　　吉姆的歌聲漸漸拔高後縱聲大吼，那種聽覺感受好似斷甲將絲緞撕碎一樣。在他身後的樂器也開始哀號尖叫，約翰、羅比和雷都沒聽過這版本的歌詞，但他們並沒有分寸大亂，停下手上即興演奏的段落。

120

當坦齊尼先生聽到吉姆的口中唱出操自己媽的歌詞內容時，臉色發白，血液衝向心臟砰地加速起來。他咆哮著說：「這是最後一次了，門樂團從今以後絕不可能再踏入威士忌搖擺一步。就算他們付錢進來也不行。」

　　吉姆仍然在歌唱著，雙眼閉上。

　　來吧，寶—貝，和我們冒險
　　來吧，寶—貝，和我們冒險
　　到藍色巴士的車尾找我
　　來吧，耶—

　　音樂開始加速，轟隆隆地奔向令人戰慄的狂野結尾，吉姆則發出挑逗的哼哼聲。接著回到跟開頭一樣神祕的氛圍，吉姆唱出了本來是第二段歌詞的那個段落。

　　這裡就是盡頭，我美—麗—的朋友
　　這裡就是終點，我唯一的摯友，
　　放你自由如此心痛，但你永不再跟隨我，
　　笑聲與善意謊言將不復存在
　　這裡就是盡頭，我美—麗—的朋友
　　這裡就是終點，我唯一的摯友，
　　放你自由如此心痛，但你永不再跟隨我，
　　笑聲與善意謊言將不復存在
　　我們意圖死去的夜晚終將告結
　　這

是
終
點—

緩慢地，在舞池上的人們回到座位或是吧台上，服務生開始幫客人點餐，人們重新開始交談。坦齊尼在樓上的藝人休息室等著樂團進來。「你！」他對著無精打采走進房間的吉姆吼道：「這個婊子養的臭嘴，你被開除了！你們全部！出去！別想再回來！」

門樂團知道這次是玩真的。

「操母親，殺父親，操母親，殺父親，操母親，殺父親……」

好像一串禱文，這字字句句迴盪在燈光昏暗的錄音室。還有其他的聲音，例如樂器的調音、調整麥克風發出的刺耳聲響、還有音控師從控制室傳來的教學聲，但大家都聽到低聲不斷重複，吉姆那惱人的吟唱，他正背靠著鼓坐著。

「操母親，殺父親，操母親……」

靈感是從尼采《悲劇的誕生》來的：「伊底帕斯，弒父兇手、母親的丈夫，史芬克斯謎題的解答者！」吉姆說：「不斷重複這一句話，便能入神思考自我意識。」

「操母親，殺父親，操母親……」

索福克勒斯對伊底帕斯有著相當浪漫的看法，尼采曾經就此撰文。他稱伊底帕斯是「希臘戲劇最哀傷的一個角色……他這一種高貴的人，即使智慧注定承受錯誤及痛苦，卻仍然透過自己離奇的苦難，最終在身邊所有人身上帶來了神奇的療癒效

果，甚至在死後依然流傳。」

吉姆喜歡這個概念。

「操母親，殺父親，操母親……」

「好的，我想我們準備好了。」保羅·羅士采德（Paul Rothchild）的聲音從控制室傳來，吉姆沒有停下來，他便又說了一次：「吉姆，我想我們準備好了。」

保羅是厄勒克特拉指派給他們的製作人，身材結實但不高，比吉姆還矮了八公分，他捲捲的金髮目前很短，因為他才剛剛因為私運大麻被關了八個月出來。他今年三十歲，是一名歌劇歌手以及學養豐富的英國商人之子，生長在格林威治村自由又瘋狂的環境之下。賈克七月請他飛去洛杉磯聽門樂團在威士忌搖擺的演出，九月六日勞動節後，錄音工作便正式展開了。

保羅跟樂團挑選了現場演出效果最好的幾首歌，用來呈現他稱之為「聽覺紀實」的概念。一位貝斯手前來錄音室替兩首歌演奏，還有三分之一的歌曲讓樂團成員站起來，踏腳來錄製節奏音軌，但新奇好玩的日落之聲錄音室（Sunset Sound）裡，所有其他的工作環節幾乎都以他們在俱樂部表演的方式完成。儘管樂團對錄音室還有相關技術仍是門外漢，成員們都覺得很舒適自在，一開始錄製的幾首歌都只錄了兩三次就完工，接著便是會填滿超過半面專輯的伊底帕斯大戲：〈盡頭〉。

「操母親，殺父親，操母親……」

保羅開始不耐煩了：「吉姆……」

吉姆神智模糊，拖動沉重的雙腳，此時他的伊底帕斯式吟唱慢慢隱去，眼神落在他帶進錄音室的小電視機上。他看著螢幕上的主持人強尼·卡森，嘴唇移動著卻沒有聲音傳出，接著

拿起電視機朝控制室砸，保羅跟錄音師趕緊閃開。他們彼此間厚實的隔音玻璃將電視機反彈回來，落在地上一動也不動，吉姆看起來相當困惑。

保羅中止錄音，請隨吉姆來的女伴帶他回家休息。

吉姆不樂意：「別嘛，出去走走要不要？老兄。」

保羅搖搖頭拒絕，把他護送上女孩的車，她開進了日落大道的車陣裡，吉姆則哼哼唱唱。

「操母親，殺父親，操母親……」

接著他清晰堅定地說：「回錄音室啦。」大力推開車門跳了出去。

他跑回去，並爬上了兩米四高的木頭大門，順勢穿過了外頭大門跟另一扇建築裡的門，回到錄音室。他喘著氣，一邊脫掉鞋子、褲子還有上衣。

「操母親，殺父親，操母親……」

全身赤裸的他猛然將煙灰筒高高舉起，接著從牆邊拔起一具滅火器，到處掃射化學泡沫，噴得主控版、牆壁還有樂器都是，弄壞了羅比的一把吉他跟租來的大鍵琴。

吉姆放下滅火器，聽見了一個聲音。

「吉姆？吉姆？是你嗎？」

是保羅的聲音，吉姆的女伴比莉‧溫特斯被丟包在日落大道區之後趕緊通知他，他們正探頭探腦地從大門走進來，吉姆跑了出去。

「嗨，老兄，很高—興—看到你！進來吧，來錄歌，來錄些歌。」

保羅說：「你給我等一下，我跟你說，我們得離開，要開派

對的話到別的地方。繼續待在這邊會完蛋，老弟，這樣也太不識相了。」

好不容易說服吉姆離開，他卻忘了一雙鞋在那，隔天錄音室主人打電話給保羅。他在一團混亂中找到這雙鞋，問難道保羅希望他找出鞋子的主人是誰嗎？保羅說把帳單寄給厄勒克特拉吧，等到門樂團當天下午再度回錄音室時，一切都打點好了，看不出、也沒有人再提起之前的慘況。

保羅說：「好，今天我們錄〈盡頭〉，我想我們可以一次搞定。」

他們錄了兩遍便完成了這首歌。

之後雷、約翰跟羅比透過保羅得知錄音室被搞得亂七糟，便取笑吉姆搞出這場不存在的「火災」，但吉姆矢口否認菸灰缸之類的事，他們為了想激吉姆一下，還問他化學泡沫是哪來的。

「不會吧，真的嗎？」吉姆說。

雷是第一個上台的表演者，點燃一枝線香。羅比跟約翰緊接在後，最後是吉姆，活力充沛、像街頭龐克一樣搖頭晃腦地出場。他們人在一間很入時的新舞廳，名叫「水仙子」（Ondine），地點接近曼哈頓的昆斯博羅橋，這間酒吧專門為上城的波西米亞一族打造，是有著布萊希特感覺的夜總會，末世狂歡的氣氛跟現場的大麻煙一樣重。這是樂團第一次離開老家的表演場次，就在紐約市！

吉姆的眼睛闔上，他的頭不羈地向後仰，一腳踩著麥克風架的底座，胯部緊貼著桿子，隨意地搖動他飄逸的深色鬃髮。在他身後的羅比開始演奏起《後門情夫》迷幻的音符。

一聲如同夜裡發情的獅吼開場，吉姆緊跟著唱：「噢，我是屬於偷情女子的情夫／男人不知道我的存在，但女孩們懂……」歌聲飄揚到街上，如同便宜又好的墨西哥麻草來到，隔天所有頭號迷弟迷妹便全部慕名而來。有個女孩跟所有朋友說：「你一定要來看這個團體表演，主唱很可口。」

　　接下來的幾週，吉姆在下曼哈頓的街道上漫遊，在包厘街喝啤酒，在下東城探頭看精品店裡頭有什麼，探索第四大道上的舊書店。此外還跟厄勒克特拉開會：與奈波音樂簽署出版協議，這間公司隸屬賈克旗下，以他十歲的兒子命名；批准專輯封面照；不情願地同意修改〈衝破拘束〉的歌詞，所以本來是「她吸嗨了／她吸嗨了／她吸嗨了」的歌詞聽起來變成「她去啦／她去啦／她去啦」。這是專輯的首支單曲，賈克很擔心跟毒品有關的聯想，會讓電台不願意播放這首歌。因為樂團沒有什麼錢，他們下午常常待在亨利哈德森飯店的房間，看著電視上播放的連續劇，抽些麻菸。有的時候吉姆覺得很無聊，便把手伸出窗台，整個人掛在上面。

　　樂團十一月底時回到洛杉磯，吉姆跟潘蜜拉開始同居。他們斷斷續續交往快一年了，現在她在月桂谷有了自己的小空間。假如潘蜜拉先前沒有完全接受吉姆不負責任的一面，她現在已經準備好聽天由命。首先，「搬過來」對吉姆來說不過就是換地方睡，因為他幾乎身無一物，沒什麼東西要帶過來。對潘蜜拉而言，更讓她煩心的重點是，即使吉姆週二到週五都在她床上度過夜晚，那也不代表他週六、週日，甚至是下週三或週四的晚上，他還會在她身邊。

　　最後的結果，兩方其實都能接受，當樂團前往紐約，潘蜜

拉一日三通電話打到旅館，最後還是連絡不到吉姆時，她放棄了，然後跟一個年輕的演員湯姆·貝克（Tom Baker）開始約會。當吉姆回來後，潘蜜拉也回到吉姆身邊，兩個男人反而變成了好朋友，發覺彼此對劇場和詩有共同的熱愛，同是軍人家庭的背景能理解四處漂泊。

接下來幾週樂團無所事事，所以他們相約在厄勒克特拉的辦公室，來幫忙準備唱片發行相關事宜。

「哈囉，你們好啊，準備完全了嗎？」老朋友比利說。

「我們一直在思考，不太確定是否樂團需要一段自介。感覺我們來自何方以及喜歡什麼顏色，跟我們的音樂無關。」雷表示。

「這樣想當然沒錯，但很快就會有人來問你們現在在思考的東西，或許先把足夠的內容先透露出來是個好主意，這樣就不用一再重複了。」比利同意之餘給了一些建議。

五位年輕男子聚在一起討論宣傳公關的問題，足足花了將近一小時，他們固然肯定成功形象營造的價值，可是其他藝人宣傳文稿的內容，實在很無聊，甚至自家公司的藝人也不例外。比利走向窗邊，望著窗外瀰漫的霧氣良久，接著說：「不如，我們現在就寫看看吧？隨便你們想說什麼，完成後直接送到紐約那邊。」

辦公室主任蘇·赫爾姆斯把所有的話速記下來，整理成打字稿徵求團員的同意，總共長達三十頁。最後面世的段落裡，有著吉姆最具想像力的招牌金句，其後很長一段時間都定義、甚至限制了大家所認識的吉姆·莫里森。

在舞台上的門樂團，彷彿身在自己的世界中。歌曲好像

來自外太空，卻有古老的質感，像是嘉年華會的音樂。
樂音結束之時，存在一瞬的靜默，一種嶄新的感受貫穿
了聽者所在的空間。

我剛好契合我創造的作品，你可以說這一切純屬意外。
感覺好像一個拉滿二十二年的弓，箭突然放出去一樣。
我最主要的認同是美國人，其次是加州人，最後才是洛
杉磯居民。我一直都被起義反抗挑戰權威的想法吸引，
因為當你跟權威謀和時，你就會變成權威的一份子。我
喜歡關於逃脫或是推翻既有秩序的構想，反叛、失序、
混亂、特別是毫無意義的舉動，都讓我產生興趣。

跟這篇講究的宣傳文一同附上的資料頁，形式就比較傳
統。吉姆說他最喜歡的團體是海灘男孩、奇想（The Kinks）[5]、愛。
他還說自己喜歡法蘭克・辛那屈（Frank Sinatra）跟貓王，演員
方面則欣賞傑克・帕蘭斯（Jack Palance）跟莎拉・米爾斯（Sarah
Miles）。他還寫說自己沒有親人，父母雙亡。

赫爾姆斯說：「吉姆，這也太狠了，你爸媽會怎麼想？」

吉姆很堅持，誰向他提起父母，他的回答就是他們死了。
因此介紹文只能照這樣寫了。

一九六七年第一週，名為《門》的同名專輯以及單曲〈衝
破拘束〉同時發行，有一塊告示牌秀出了他們的臉還有一行
字「門：震撼大作，伴你衝破拘束」，這是日落大道一帶史上
第一塊搖滾樂廣告牌。他們還進到知名宣傳比爾・葛拉罕（Bill
Graham）在舊金山的費爾摩會堂（Fillmore Auditorium）舉辦的表

5　奇想：「英倫入侵」名家，雖然地位不及披頭四及滾石樂團，創作高峰期仍然
金曲連發，代表作為 You Really Got Me 及 Waterloo Sunset。由於喜愛在舞台上
上演全武行，遭到了嚴格的禁演處分，在美國聲勢下滑，解禁後再創高峰，Lola
是流行樂界中早期觸及到跨性別的佳作。

演，在節目單上名列第三組，排在流氓樂團還有索普威思駱駝（Sopwith Camel）[6] 之後。雖然三百五十美金的酬勞很微薄，但演出地點卻是當時全美最棒的場地。

他們提早抵達舊金山，剛好趕上週三舉辦的「人類入侵」（Human Be-In），這場活動起了相當大的催化作用，追求心靈上的高潮愉悅，當天活動還沒結束就確定已經載入嬉皮流行文化的史冊。金門公園的聚會強烈觸動了樂團裡的每個人，海特－艾許伯里區的全盛時代，那一週在舊金山正式宣告到來，門毫無例外地感受到自己也是一份子。

他們在費爾摩會堂的表演開場是單曲〈衝破拘束〉，接著是吉姆致敬瑪赫西大師的歌曲〈順其自然〉，兩首歌都是存在於當下時代的建言。通常這種演唱會上，不太有人關注節目卡司排位殿後的樂團。但第三首歌開始時，其他兩個樂團的粉絲已經蜂擁而上，想看跟聽得更清楚，接著樂團便表演了〈點燃我的火〉（Light My Fire）。

> 你知道這樣說有些虛假
> 你知道這樣我就在說謊
> 如果我跟你說
> 女孩，我們的快感無法更強烈

這首歌基本上要歸功給羅比，旋律是他寫的，歌詞也幾乎都出自他的手筆，吉姆只有幫一點小忙而已。但雷創造出一段有嘉年華感覺的鍵盤段落來替歌曲開場，很快就被視作樂團的

6　奇索普威思駱駝：洛杉磯本地樂團，以英國戰鬥機為名，發行兩張專輯反應平平，塵封多年後製作人才找到母帶，是一支被遺忘的平庸樂團。

招牌音樂形象。更重要的是，這首歌有七、八分鐘長，大部分都是純音樂間奏，證明樂團不只靠吉姆單打獨鬥。他們聲稱自己從不用同樣的方式表演這首歌，而是用歌曲的基底來作聽覺的陪襯，並加上精巧、有爵士感的即興演出，堆疊成令人頭暈目眩的聽覺高潮。

> 猶豫不決的時機結束
> 沒時間在泥沼裡沉淪
> 我們現在出擊，沉溺又如何
> 我們的愛頂多成為葬禮的火堆
>
> 來吧寶貝，點燃我的火
> 來吧寶貝，點燃我的火
> 讓夜晚燃燒起來
> 讓夜晚燃燒一起來！

費爾摩的現場觀眾如痴如醉。

第二段表演時，樂團表演了〈盡頭〉，而試著抓住麥克風的吉姆，踉踉蹌蹌地跌進鼓堆裡弄傷了背。由於時機點恰好落在剛剛嘶吼完：「母親，我想操妳！」這句歌詞之後，觀眾還以為摔跤的環節是事前編好的奇怪舞蹈。隔天晚上，已經口耳相傳到另一座城市：「去費爾摩看開場的樂團吧！」

三週後門樂團回到舊金山，再進行一輪費爾摩會堂的演出，這次仍然名列第三順位，排在死之華（Grateful Dead）[7]與朱尼爾·威爾斯的芝加哥藍調樂團（Junior Wells Chicago Blues Band）[8]後面。

7　死之華：加州搖滾樂團，以精采多變的現場演出為樂迷所熟知，曲風融合功力高深，橫跨藍調、爵士、鄉村、迷幻、福音博採精華，長段的 jam 演出影響了後世的現場演出文化。咸認最偉大的作品是現場專輯「Live/Dead」。

8　芝加哥藍調樂團：與傳奇吉他手 Buddy Gy 合作，Junior Wells 以標誌性的口琴演奏在芝加哥藍調的歷史上留下精彩一筆，兩人七〇年代也多次跟滾石樂團合作。

就如同在威士忌搖擺的時期，他們「澈底把主秀比了下去」。

接下來的兩個月直到三月中，樂團都待在加州推廣單曲，向人氣搖滾電台致電，藉由點歌在榜單上爬升，最後在洛杉磯地區這首歌來到第十一名。他們的人氣正在發威，先替南加州的FM電台KPFK作公益演出，這個電台隸屬太平洋基金會，由聽眾捐款支持營運。接著他們在原本叫紅磨坊，後來改名叫「喧嘩之音」的俱樂部表演；此外還去日落區的葛札利（Gazzari's）[9]表演了一週，針對他們的表演，洛杉磯時報刊出一篇簡短但正向的評論。二月底，另外一位時代雜誌的評論家約翰・門德松（John Mendelson）稱吉姆「有點作秀過頭、陰沉又乏味」，還說吉姆在〈盡頭〉這首歌裡「單調地念誦著沒程度又過度鋪陳的歌詞，充斥幻覺之下不合邏輯的胡謅和謬論，探索了吉姆的音樂聽起來究竟有多無聊。」大約一年之後，吉姆在電梯裡遇到這位評論家，吉姆笑著對無法閃躲的他說：「單調又沒程度，幻覺之下過度鋪陳且不合邏輯的胡謅和謬論，是這樣嗎？」

之後門樂團前往舊金山，第一次在阿瓦隆舞廳登台亮相，那裡是舊金山兩個大型舞廳裡比較時髦、比較「潮」的，門在那裡是主秀，其他演出藝人包括麻雀樂團（The Sparrows）[10]、鄉村喬與魚樂團（Country Joe and the Fish）[11]。

吉姆與潘蜜拉這時在月桂谷的羅斯戴爾小徑有了新房子，這個地方只簡單裝潢，月桂谷大道喧囂的車聲不斷，構成了背景音。吉姆常常坐在陽台上喝啤酒，看著人們進進出出五十公尺以外的小雜貨鋪「鄉村商店」。兩戶之遙的附車庫公寓裡住著友善的鄰居泰德，他是一名藥頭，以前做過DJ，潘蜜拉都找他買海洛因，她很少用這種毒品，但並沒有跟吉姆說。她會如此

9　葛札利：一九六七年開張，門及范海倫成名前的表演場所，Huey Lewis and the News 樂團曾在這裡拍攝音樂錄影帶。俱樂部也發展出樂團包票換表演機會的制度，讓洛杉磯的音樂場域變得更為競爭。一九九三年歇業。

10　麻雀：加拿大樂團，後來改組的團體 Steppenwolf 更知名。

11　鄉村喬與魚：柏克萊當地樂團，主唱的暱稱就是史達林的蔑稱，對酸性搖滾的成形影響很大，成就主要在失真器樂與吉他的創新運用，受到樂界認可。

懇求：「拜託不要跟吉姆說，絕對不要，他一定會殺了我。」

　　每晚門樂團在葛札利的表演，潘蜜拉都會在場；當樂團沒演出時，她就跟吉姆在日落區逛逛，坐在狂飲的吉姆旁邊，直到他茫起來，接著去隨便找個地方加入一個樂團的表演，等到他唱到那些人受不了為止，再走回家。他們很累，用了太多藥、喝了太多酒，精疲力竭，屆時早已是兩點後的深夜，還得走二十分鐘山路才能到家。

　　「拜託，吉姆，今晚試看看招便車吧。」

　　吉姆總是說不要，每次都用走的上山，潘蜜拉尾隨在後，手抓著吉姆，頭靠在他的右肩膀上，搖搖晃晃地打著瞌睡，她絆到的時候又會清醒過來。

　　「拜託啦，吉姆，讓我搭……」

　　「拜託，寶貝，只要再一下下就到了，只要再走幾步路……」

　　之後吉姆寫了一首歌叫《愛之街》（Love Street），便是有關於他們在羅斯戴爾小徑上的家。如同他其他有關或獻給潘蜜拉的歌一樣，總是有一分遲疑，拒絕作出最後的承諾，歌曲結尾話中帶刺：

　　　她住在愛之街
　　　在愛之街上徘徊日久
　　　她有棟房子跟花園
　　　我想試觀其變

　　　她有衣衫也有毒癮
　　　鑽石點綴偷懶的僕役

她有智慧又有想法
她擁有我也擁有你

我見你住在愛之街
有間店讓眾生於此相遇
好奇他們在那做什麼
夏季週日又過去了一年
我想我挺喜歡這感覺⋯⋯至少目前為止吧

　　每次不省人事到來，他就隨意沉睡。總是沿著日落大道蹦蹦跳跳，和馬上就被遺忘的樂團高歌，跟路上萍水相逢的朋友喝個爛醉如泥。有一晚他在好萊塢的墓園裡喝醉狂奔，想要找到影星魯道夫・范倫鐵諾（Rudolph Valentino）的墓地；還有一晚他對著疾駛的汽車比出鬥牛的姿勢；更有次他在女性朋友的家裡，放火燒了一堆他的筆記本跟詩。

　　「坦蒂・馬汀！居然是妳。」
　　吉姆很驚訝在紐約遇見高中時的女友，那時是三月中，他們再度回到水仙子表演一個星期。坦蒂告訴吉姆，她跟一個畫家結婚了，老公同時也是一份頗為成功的地下報紙《東村異人》（East Village Other）的詩歌編輯。吉姆邀請她作伴，到賈克家赴晚餐約，在介紹她時很清楚聲明這是他的舊識，不是隨便勾搭的女伴。
　　「羅比，這是坦蒂・馬汀，我跟她曾是同學⋯⋯賈克，這是坦蒂，我的高中朋友⋯⋯」。

晚餐後吉姆喝醉了。

「你老是喝這麼多嗎，吉姆？」

「也沒有啦，呃……有時候喝更多。」他笑著說。

坦蒂困惑地看著他。

吉姆終於打破沉默：「我一直都在喝酒，但我有進步。我有感覺，我，呃，可以維持判斷力讓自己保持狀態。每喝一口都是一個機會，一個能感受幸福但轉瞬即逝的機會。」

吉姆的話語傾瀉而出，有如蜜糖，一句富有詩意，另一句又牛頭不對馬嘴。他們坐在賈克家寬敞的客廳窗邊，但他講話時看著曼哈頓下城的夜景，而沒有注視著坦蒂。

「我們應當要齊聚一堂，為第二張專輯的歌曲做準備了。雖然我們已經有足夠多的曲目，但我，呃，還是想試著多寫一點。」

「你那些日記本還在嗎？就是你以前給我讀的那些。」

吉姆望著坦蒂，她對於吉姆將要說出口的話有些不安：「有些還在，可是很多都找不到了。我還很愚蠢地在洛杉磯燒掉好幾本，因為我那時嗑了藥。妳覺得用一些戊巴比妥鈉，能幫我想起來我寫了什麼嗎？」

坦蒂安靜地坐著，雙手交疊放在大腿上，專注且哀傷地看著吉姆，他們已經忘記房間裡其他人的存在了。

吉姆開始翻自己的口袋，拿出一疊厚厚的紙巾、火柴盒、還有名片。

「有人告訴我一個心理醫生的名字。」他一邊說，終於才拿出一個破損的信封袋。「是女的。」他陡然換上他那神出鬼沒的傻瓜腔調：「呃，妳覺得咧？」

「我覺得可能有幫助，也可能沒有，但去一下又何妨，對你

不會有害處。」

　　坐著的吉姆沉默片刻然後說：「噢，我才不需要心理醫生呢，我才不用搞這些東西，我又沒有酗酒問題。」然後他邀請她來水仙子聽他表演。

　　「嗨，吉姆！」雷從房間另一頭喊著：「準備去俱樂部表演了，準備好了嗎？」

　　當坦蒂抵達水仙子，吉姆忘記把她的名字放到貴賓名單上，所以她被拒於門外。吉姆接著抵達現場，坦蒂氣急敗壞對他說：「吉姆，你去死啦，吉姆！那男的對我什麼態度，你現在跟他講是你自己忘了。跟他說，他讓我看起來像個白痴一樣。」

　　吉姆跟門口看門的說：「呃，我，應該要寫上她名字的。」他轉頭貼心地跟坦蒂說：「這樣可以嗎？」然後他叫她先去休息室，他等下在那邊跟她碰頭，接著他走進酒吧，紐約那一大堆走在潮流尖端的臉孔，爭先恐後要請他一杯。

　　這些諂媚吹捧，都是因為評論家李察‧戈德斯坦（Richard Goldstein）對於門樂團，特別是吉姆這個人的肯定而來。他當時二十五歲，卻已經是全國數一數二重要的搖滾樂評之一。戈德斯坦錯過了他們在水仙子的第一次演出，但有次前往洛杉磯時，在葛札利欣賞了他們的表演，現在他是門樂團的死忠支持者，在村聲雜誌（*Village Voice*）[12] 上撰文稱他們回歸水仙子是「一場驚人的成功」，還說專輯是「一場紮實、緊湊、有張力的旅程」。關於〈盡頭〉，他認為「任何質疑搖滾文學概念的人，都應該好好地、用心地聽完這首歌」。戈德斯坦認為這首歌完全稱得上是「喬伊斯式流行樂」，他還說吉姆是個「抵達天堂後轉生成唱詩男孩的街頭驃漢」。

12　《村聲》：紐約知名文化雙週刊物，一九五五年創刊，二〇一八年停刊。多次獲得普立茲獎，是美國當代重要影樂評搖籃之一。

「欸，你們該讀一下信哦。」一週後他們回到洛杉磯，約翰跟團員說。「戴蒙帶我跟羅比到他那邊，信堆得這麼高。」

「所有人都想聽〈點燃我的火〉。」羅比補充。「戴夫說下首主打如果不是這首歌，我們肯定是瘋了。」

戴夫・戴蒙（Dave Diamond）是《鑽石寶礦》（Diamond Mine）的主持人，這個節目是洛杉磯收聽最高的搖滾節目之一，也在幾個播放這首歌的電台之列。但該怎麼發行這首歌呢？專輯的版本有足足接近七分鐘長，一般的單曲發行只容許一半的長度。

有人叫吉姆把這首歌放到四十五轉單曲唱片的兩面，這樣剛好符合傳統慣例用第一部與第二部處理長歌曲的方式，但也有人叫他不要妥協，不要做任何改動就發行，難道狄倫長達六分鐘的巨作〈像顆滾石〉（Like a Rolling Stone）沒有紅嗎？不過賈克認為一個較短的版本比較妥當，並請樂團回錄音室重錄一個版本。他們嘗試不果，最後還是請製作人羅士采德移除一段間奏當作解決方案。

幾天之後門樂團來到日落區的仙樂斯，這裡曾經是電影名流交際應酬的俱樂部，但現在是飛鳥樂團成名的根據地。吉姆為了這場演出非常用心地準備，在台上他跳了薩滿舞蹈，旋轉、拋接、搖動他的麥克風，然後舉起並撲倒在麥克風架上，爬起身撿起來之後又把它扔在一旁。一位高䠷的光頭黑人女子加入了他的舞蹈，大衛・湯普森負責俱樂部的燈光，他曾經是他們在電影學校的同學，著迷於這場演出，所以他乾脆把設備關掉，目不轉睛地看完整場表演。有個年輕男子好像被瀑布沖過來一般，從觀眾中跌出來，擁抱住吉姆，與吉姆分享他的杯中物，

吉姆便從善如流。表演結束後吉姆和團員興奮地聊天，他們在台上玩得很嗨，也讓觀眾驚喜不斷。

　　一週之後樂團再度達成這個成就，這次面對的是一萬名觀眾，他們第一場大型表演，地點在聖費爾南多谷的高中體育館，他們替舊金山出身的傑佛遜飛船（Jefferson Airplane）[13]開場，但觀眾焦點幾乎都放在門樂團上，表演一結束，三分之一的觀眾便離席走出體育場。

　　目前為止樂團的事務及邀約，大部分都還是由唱片公司跟羅比的爸爸處理，或是他們本人做決定，但當〈點燃我的火〉登上全國暢銷榜後，他們決定是時候尋找專業經紀人了。

　　這個決定的原因，並不完全因為預期成功將至，羅比回憶道：「吉姆瘋瘋癲癲的，添了很多麻煩，我們那時很努力找演出的機會，找到之後又要確保吉姆會準時出現。所以我們想，幹嘛這麼麻煩，應該要找個經紀人幫忙我們處理好一切。」

　　他們找經紀人的理由，固然還是有常見的原因：需要別人代為處理演出邀約跟聘請宣傳，需要人打點他們的生活起居並有效率地解決疑難雜症，要充當他們與表演單位、媒體、大眾的緩衝跟保護者，還有，以雷的話來說：「必須給我好好接電話。」

　　搜尋了好幾週以後，他們討論手上少數幾個人選，最後跟艾許・達恩（Asher Dann）簽約，他是一名成功的房地產經紀，向很多名流賣過房子，現在想要分食娛樂圈更大塊的大餅。他的新合夥人叫薩爾・博那菲德（Sal Bonafede），他曾經經手過成功的東岸樂團狄恩和貝爾蒙特（Dion & the Belmonts）[14]，目前正在處理萊妮・卡贊（Lainie Kazan），一名頗受大眾歡迎的性感女歌手的事務。

13　傑佛遜飛船：迷幻搖滾先驅樂團，一九六六年出道，一九六七年以 Somebody to Love 及 White Rabbit 兩首名曲一炮而紅（時間點其實晚於門樂團），是愛之夏的著名代表，也擔任胡士托音樂節的主秀。

艾許跟吉姆一樣，有著害羞的獨特魅力，加州網球風的穿著十分英俊。因為他也是個酒鬼，由他來照顧吉姆咸認再好不過了。薩爾很機智、說話快，吉姆對他無感，覺得他看起來像黑手黨老大，只不過缺了小鬍子。

薩爾跟艾許收取樂團一成五的收入並扣除必要開支，是相當標準的合約待遇，他們很快就讓團體跟表演代理以及宣傳公司接洽。陶德·席夫曼（Todd Schiffman）現年二十五歲，是一名乾淨整潔、穿著西裝打寬領帶的經紀人，他第一件做的事就是提高樂團表演的價碼。他們當時在洛杉磯一晚的酬勞大概是七百五到一千美元之間，但在紐約，接下來三週的表演行程，他們一晚要作三場秀，一週卻只拿得到七百五。陶德覺得這個價位實在太低了，所以他去找丹佛地區某位學校表演的小牌策劃人，才剛打過電話邀請傑佛遜飛船九月過來表演兩晚。憑著陶德的三寸不爛之舌，這位演唱會企劃同意改邀門樂團，價碼是七千美元。照著事態發展，九月那時這個價碼已經配不上門樂團，但四月時〈點燃我的火〉還沒走紅，這個約讓經紀人可以用對樂團比較有利的方式談到好價碼。

不過也有一個例外，五月七號在洛杉磯郊區山谷音樂廳的演出價碼仍是七百五，這是為了向戴蒙致謝，門樂團多虧他才能建立在地的歌迷群體，而當晚戴蒙作為主辦人，賺了一萬美元。

麥可·格希曼（Mike Gershman）是位長袖善舞的紐約客，他最近才搬到比佛利山莊，負責羅傑斯科萬與布雷納公司（Rogers, Cowan & Brenner）新的搖滾部門，這間公司在好萊塢公關界的地位有如通用汽車，他為了瞭解搖滾樂壇概況，到唱片行請店家給他「一打有著怪異名字樂團的唱片」。這疊唱片足以讓他為了

14　狄恩和貝爾蒙特：擁有多首經典老歌的東岸合唱團體，主唱 Dion 後來單飛，取得了更大的商業成功，是義裔美國人在歌壇中代表性的人物。

門樂團，向《時代雜誌》與《新聞週刊》海投業務開發信。

　　至此整個門樂團的團隊已經建立好了，他們有一位五十多歲的律師，雖然專業是刑法，但對娛樂圈的法律工作也很熱衷。他們有許多經理人，不是因為音樂，而是被吉姆的巨星潛質吸引。有個年輕的經紀人還有宣傳，兩個人都開始管理部門，因此急於展現自己的價值。一切純屬偶然，但是將發揮非比尋常的作用。

　　一九六七年的夏天到來，六月棒極了。三號當天，短版的〈點燃我的火〉第一次登上全國排行榜，接著門樂團第一次在費爾摩會堂擔任頭牌主秀，同日的另一嘉賓是吉姆基威斯金爵士樂隊（Jim Kweskin Jug Band）。十一號他們飛去紐約，跟厄勒克特拉新的宣傳主管丹尼・費爾茲（Danny Fields）見面，接著搭上租來的大轎車，迅速前往下東城的村莊劇院（Village Theater），出席FM電台WOR一週年台慶。其他樂團在門樂團到場之前，都已經表演過了，一群當地的爵士樂手像搖滾音樂人一般，正要結束充滿狂噪的演出。節目主持人是WOR其中一位DJ，介紹門樂團出場，順便用「點燃火焰」稍稍作了文章。吉姆雙手扯著拉起的布簾，與其一同上升，掌聲久久不息。

　　隔天樂團開始為期三週的夜總會演出，這是他們最後一次在這類場地表演，這間位於紐約的夜總會相當入時，店主很有魅力，叫史蒂夫・保羅（Steve Paul），是一位獨立企劃與布景製作人，店名很切中要害，剛好就叫「場景」（The Scene）。場景就像水仙子，是流行音樂愛好者的麥加聖地，每逢午夜就熱鬧滾滾，吸引了上城緊跟潮流的現場表演參與者，個個都穿著緊身

絲絨牛仔褲，還有倫敦卡納比街（Carnaby Street）進口的行頭。其他人從東村、西村前來，是嗑嗨的狂熱樂迷，穿著皮草流蘇、佩戴和平標誌，還有古怪的劇場戲服。

那個禮拜，很多紐約人剛好前往加州參加蒙特利流行音樂節（Monterey Pop Festival），音樂節總監約翰‧西蒙（John Simon）表示他們漏掉了門樂團，想挽回時已經來不及了，讓他們很懊惱。特別是場景閉門店休三天時，門樂團有空檔前往長島跟費城表演。

吉姆鬱鬱寡歡，喝酒喝得很凶，他大部分在午後起床，會獨自外出散步直到俱樂部開演前。有個週一晚上，他跟費爾茲還有羅士朵德一起去位於東城的「馬克斯的堪薩斯城」（Max's Kansas City），可是整晚都不願意跟任何人說話。蒙特利音樂節當週在長島的那場表演，他甚至企圖在台上脫衣服，把團員嚇壞了。

不過那場表演仍然很有看頭，吉姆的心情也因為李察‧戈德斯坦在村聲雜誌寫了一大段給門樂團褒揚的專欄而好轉，他稱吉姆是「情慾薩滿」，還說「門樂團替滾石樂團走完未竟之路」。另一位澳洲知名樂評莉莉安‧羅克森（Lillian Roxon）則說「稍縱即逝的歡愉因門樂團而持久」。

潘蜜拉之後也到紐約陪吉姆，吉姆城市漫步的夥伴就是她，還巧遇了在洛杉磯認識的老友，崔娜‧羅賓斯，她開了一間女裝店，潘蜜拉在那買過幾條絲絨喇叭褲。回到旅館後，好友湯姆打了一通電話來，潘蜜拉說吉姆那晚負責壓軸表演，問他能不能來，湯姆答應帶些朋友一起過去，他想幫他們拍部電影，這兩位就是保羅‧莫里西（Paul Morrissey）跟安迪‧沃荷

（Andy Warhol）。

　　湯姆在慶功派對上往吉姆湊近過去：「最近都還好嗎？」

　　「不錯，不錯。」

　　雷加入了他們：「對啊，披頭四買了十張專輯。」

　　吉姆補充：「嗯，我們應該是過得不錯，因為潘蜜拉在找房子啦。」

　　下一個星期，樂團又做了兩場演出，一場在紐約的森林小丘，名列賽門與葛芬柯（Simon & Garfunkel）[15]之後，另一場則高居第一順位，在康乃狄克州的格林威治市的學校禮堂。森林小丘的觀眾許多慕賽門與葛芬柯大名而來，對吉姆的舞台火花興趣缺缺，甚至對搖滾樂本來就不怎麼關心。

　　「表演如何？」丹尼‧費爾茲禮拜一在公司辦公室問吉姆。

　　「他們根本在取笑我。」

　　丹尼的聲音一沉：「什麼意思？」

　　「舞台布幕拉起來，我站在那裡，他們就開始笑。那群混帳很討厭我，我也不爽他們，真想把他們殺光，從來沒對別人這麼反感過。真的恨死他們，但還是得表演完才能下台。」

　　與此同時，〈點燃我的火〉飛速在排行榜上升，從西岸橫掃到東岸，六月第三週單曲跨越了前十名的障礙，堅持了整整一個月後還是保持緩緩向上，七月第三週艾許跟薩爾接到了唱片公司的電話。

　　話筒裡傳來的聲音說：「跟男孩們講一下，下一期告示牌，他們拿下全美冠軍單曲啦。」

　　他們辦到了！第一名近在咫尺，這個樂團真的一炮而紅了。

15　賽門與葛芬柯：反文化中最為大眾、也最為成功的重唱組合，三首傳奇金曲〈寂靜之聲〉、〈史卡波羅市集〉、〈惡水上的大橋〉對近代美國音樂有深遠影響，精選集在美國本土銷破千萬張。

《莫里森旅館》（Morrison Hotel）未選用宣傳
照，攝於加州威尼斯
（亨利·迪爾茲攝）

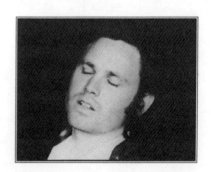

在碼頭下放鬆的樣子，攝於加州威尼斯
（亨利·迪爾茲攝）

第 5 章

_____

　　為了慶祝，吉姆出門買了套衣服，這套客製的黑色皮衣，尺寸非常緊，當他終於穿上褲子照全身鏡時，看起來好像身體泡在黑色墨水裡。他佇立在鏡前良久，擺了幾個姿勢，然後脫掉衣服，穿上自己的皮外套。最後他把外套丟在一旁，擺弄著他柔軟卻有肌肉的手臂與胸膛，擠出腹部的線條，隆起了脖子的青筋。他那波浪般的深色頭髮與凹陷的雙頰，看起來就像錯置在好萊塢的大衛王，準備跟哪個黑人小夥子幹場大事。

　　丹尼回憶道：「那年六月在費爾摩的後台看到迷妹簇擁吉姆時，我暗自決定如果要管理這位仁兄的形象，而且只能專注一件事的話，一定就是提升他對女人的品味。」七月時，丹尼在電話上介紹吉姆給葛羅莉亞‧史塔弗斯（Gloria Stavers），她是《16》雜誌的編輯。他後來發現有些安迪‧沃荷的夥伴們會待在「城堡」（演員菲利普‧勞時常閒置的房子），而且吉姆跟其中一個沃荷女孩開始越走越近。

　　妮可（Nico）似乎不會老，既神祕又富有魅力，她在德國老家時已經是封面女郎，一九五八年她在費里尼的電影《生活的甜蜜》（La Dolce Vita）中露過面，也曾是法國演員亞蘭‧德倫（Alain Delon）的情人。她跟狄倫還有滾石的布萊恩‧瓊斯（Brian

Jones）是密友，也是沃荷《切爾西女孩》（Chelsea Girls）的其中一員。現在她替沃荷怪異的搖滾創造獻聲，這個計畫名叫「爆炸的塑膠必然性」（Exploding Plastic Inevitable）。她跟吉姆一般高，不管吉姆再怎麼裝神弄鬼，她總是能一較高下，她也非常嗜酒，對吉姆而言，妮可真的難以抗拒。

就像柏格曼（Ingmar Bergman）的電影一樣，好像由布萊希特撰寫劇本、尤內斯庫（Eugène Ionesco）負責演出策劃。吉姆喝酒時發現丹尼有七克的大麻樹脂「哈希」，就拿來抽掉，後來才想起自己不但剛服用了一些迷幻藥，還混著伏特加一起吞了下去。

丹尼談起了公事：「你必須認知《16》雜誌的重要性，是取得十二歲以下聽眾的最關鍵管道。」

吉姆渙散地看著丹尼，問說：「你有強力鎮定劑嗎？」

「保持適當的形象很重要，吉姆。」

「你確定哈希都抽完了嗎？」

吉姆跟妮可站在門廊跟門口之間，端詳著這一塊空間的地板。

那天深夜，尖叫聲由「城堡」的庭院傳出，吉姆抓著妮可的頭髮，她好不容易才掙脫開來。過了幾分鐘，吉姆赤裸裸地在「城堡」的矮牆邊徘徊，月盈撒下了白色的光芒。隔天吉姆在「城堡」的游泳池水中游泳，來回一圈又一圈，像是在表演狂野的水中舞蹈。

「吉姆很瘋狂。」妮可用她華格納式的低沉嗓音說：「瘋得很澈底。」她很明顯地相當喜歡他。

隔天吉姆回去找潘蜜拉，妮可跟其他一些女生一樣，接下來的幾年會斷斷續續地反覆出現，但只有潘蜜拉是他認定的「宇宙伴侶」，這個稱呼只用在她一人身上。吉姆生命中的妮可們，短暫在好萊塢的夜晚裡與他萍水相逢，但她們是開胃菜、點心或餐前酒般的存在，只有潘蜜拉是他的靈魂糧食。

　　潘蜜拉很多方面都跟吉姆很相像，開朗、外表很迷人，而且是偏好室內活動的那種人，對體育活動不甚熱衷，喜歡躲著太陽，偏好黃昏的晦暗不明。她非常樂意嘗試不同種類的藥物，潘蜜拉比較偏好鎮定劑而非迷幻藥，這點不像吉姆，但偶爾喜歡吸一口海洛因。而且，她並不排斥跟其他人約會，甚或是跟搭訕來的對象過夜。她認為傳統的道德觀無關緊要，六〇年代的生活比那些觀念，更注重存在的意義、更為享樂主義，而不那麼拘束。

　　某些方面潘蜜拉像是吉姆的母親，吉姆曾跟朋友說過她是「築巢的人」，還很會煮菜。但她會碎碎唸，跟其他門樂團的成員很疏離，還跟吉姆說她不喜歡他選擇的事業，認為他更適合寫詩。她還跟吉姆說他實在喝得太多了，有的時候戳到吉姆的點，他會對她大發脾氣。她認為吉姆否認、駁斥時，常常導致彼此口出惡言，好比有一次他們去洛杉磯獵豹俱樂部（The Cheetah）進行返鄉演出時發生的事。

　　吉姆穿著他的皮衣，對著浴室鏡子檢查自己洗過的頭髮。他撅起自己的嘴巴讓臉頰變凹，脖子的肌肉使力，用手拍了拍臀部跟大腿，擺出了大膽又中性的姿勢。「這場演唱會精采可期。」他跟正在隔壁寢室梳妝打扮的潘蜜拉說：「我可以感覺到，獵豹這間店其實在威尼斯吧，妳懂。」

她說：「拜託，吉姆，你又要穿同一條皮褲嗎？你從來都不換衣服，簡直要開始發臭了，你都沒有感覺嗎？」

吉姆默不作聲，他們聽到樓下的汽車按了聲喇叭，這台加長禮車是來帶他們去洛杉磯海灘一帶的，那裡剛好就是吉姆大概兩年前碰到雷，唱給他聽〈月光之旅〉的地方。他們跑下樓，當潘蜜拉正準備上車時，吉姆擋在她前面。

「吉姆？怎麼……」她說。

「我想法改變了，不想要妳一起來，妳老是給我做些漏氣的事。」

吉姆上車叫司機開走，留潘蜜拉站在原地。

直到八月中〈點燃我的火〉持續是排行榜冠軍，所以門樂團開始錄製第二張專輯《怪奇時光》（Strange Days）時，抱持著強烈的信心。離他們灌錄第一張專輯時已經過了整整一年，現在日落之聲的第一號錄音室，已經可以讓音軌數目加倍成八軌，樂團充分利用這個機會探索更寬廣的可能。

詩作〈馬緯度無風帶〉是吉姆高中時的創作，這次加上了背景的樂音，由保羅跟音效工程師布魯斯・博特尼克（Bruce Botnick）以具象音樂（Musique concrète）[1]的手法呈現。在其中一軌中，博特尼克擷取了一段錄音帶唱機的白噪音，透過手動捲帶的方式讓聲音忽快忽慢，聽來就好像風聲一樣。吉姆、約翰、羅比還有雷分別用非比尋常的方式演奏各自的樂器，例如直接撥動鋼琴的弦，而鍵盤樂器原生的聲響透過電子處理，呈現不同的節拍以及效果。他們甚至把可樂瓶丟到金屬垃圾桶、用椰子殼敲磁磚地板、甚至請朋友來放聲呼號，以創造不同音效。

1　具象音樂：法國作曲家 Pierre Schaeffe 於一九四八年提出這個概念，她認為傳統音樂由樂譜轉化而來做第一手的呈現，現在應該讓音樂本身直接傳達音樂。也因此環境音及拼貼獲得了延展性，被直接應用於創作中，不強調來源及記載載體，而是直接具象的呈現，影響了後來的電子音樂。

與這些音效相輔相成，吉姆嘶吼著他的詩句，恰恰好與器樂共存共榮：

當靜止的海密謀出一套堅甲……

在標題曲〈怪奇時光〉裡，雷在錄音中加入穆格電子合成器，是搖滾史中最早應用的幾個樂手之一。專輯第四首歌〈不快樂女孩〉(Unhappy Girl)，他必須倒著演奏整首歌，約翰也得倒著演奏腳踏鈸，節奏聽起來溫溫吞吞。

還有其他種類的實驗，保羅嘗試在錄製特定的曲目時，創造特別的錄音室氣氛。針對其中一首名為〈心底看不見你的臉〉的抒情曲目，保羅用熱烈的耳語，請這些男孩假裝自己身處日本，而且「在遠處傳來日本箏的聲響」，樂團成員以躁動的謔語回應他。後來保羅還建議吉姆在唱〈妳是個迷失的小女孩〉(You're Lost Little Girl) 時，找個女孩貼在他身上，他們本來很希望法蘭克・辛那屈錄製這首慢歌獻給米亞・法羅 (Mia Farrow)。保羅很喜歡這個主意，甚至願意出錢找妓女來，但由於潘蜜拉也很欣賞這個想法，身處在控制室的她直接就地脫光衣服，輕輕地步向吉姆的錄音間。保羅邊等邊慢慢地數到六十，然後問說：「呃……你準備好的話，讓我知道，吉姆。」二十分鐘之後吉姆才步入控制室，保羅聳聳肩，說：「這個嘛……魚與熊掌不可兼得啊。」

吉姆歌詞的強度絲毫沒有減損，〈馬緯度無風帶〉以西班牙種馬溺斃為主題，描寫的是他對於犧牲之死的奇想。〈月光之旅〉

則有個令人震驚的結尾。〈人們如此陌生〉(People Are Strange)
坦率且痛苦表現出不安全感。〈音樂結束之時〉則是十一分鐘
的巨作，包含了相當憤怒的抗議：「我們想要全世界，現在就
要！」，同樣也表現了吉姆對自己會死去這件事，持續懷有的擔
憂（在我沉入大眠之前／我想聽見／蝴蝶的狂吼）。最後還有吉
姆對女性的奚落貶低，在〈不快樂女孩〉裡出現（「妳被關在牢
獄中／是因為咎由自取」），也在〈妳是個迷失的小女孩〉這個
標題裡暗示。第二張專輯沒有像第一張同名專輯一樣奇妙。收
錄一連串超然的震撼與痛苦，但還是傳達了一九六七年時空下
特有的悲哀憂慮，讓人刮目相看，尤其是其他人唱的歌，都跟
香氛和薄荷糖[2]以及果醬天空[3]之類的主題有關。這張專輯還有
一個極為不尋常的封面，圖中馬廄房小巷內，有一個大力士、
一位短號樂手、兩位特技演員、一個雜技表演者，以及兩個進
行拋接表演的侏儒，唯一提到樂團的點，只有窄巷牆上的一張
小海報。厄勒克特拉希望封面是一張有吉姆的團體照，但樂團、
特別是吉姆態度非常堅定，絕對不拍攝封面照。最後折衷的方
案是唱片內封歌詞的另一側放上一張模糊的照片。

　　一九六七年夏末，樂團持續來回往返全國各地，有一個禮
拜他們在南加州的安那翰會議中心露面，在九千名觀眾前演出，
吉姆穿了一件有油漆痕跡的無袖灰色運動衫，配上他的黑色皮
褲。表演〈點燃我的火〉時，他將燃燒中的菸蒂丟向觀眾，而
觀眾則點燃火柴以對。之後他們前往費城、波士頓以及新罕布
夏州進行為期一週的表演，並回到洛杉磯的獵豹俱樂部，跟傑
佛遜飛船合體亮相。〈點燃我的火〉取得了三週冠軍，之後由披

2　香芬與薄荷糖：出自一曲樂團 Strawberry Alarm Clock 於一九六七年奪冠單曲
"Incense and Peppermints" 的歌詞，歌曲中直接說這兩個名詞沒有什麼意義。
3　披頭四名曲 Lucy In The Sky With Diamond 的歌詞。

頭四的〈你需要的只有愛〉（All You Need Is Love）取而代之，當週厄勒克特拉發布了以下新聞稿：

> 厄勒克特拉已經要求美國唱片業協會（RIAA）替門樂團的單曲及專輯進行認證，兩者都已經達到金唱片的銷售成績。至本週（八月三十日）為止，厄勒克特拉公司總裁賈克・霍爾茲曼宣布，門樂團同名專輯出貨銷售額已經突破一百萬元，樂團單曲〈點燃我的火〉已經出貨一百萬張。
>
> 厄勒克特拉公司的銷售經理梅爾・波斯納（Mel Posner）宣布，專輯唱片以及四十五轉單曲唱片的銷售數字，幾乎同時突破一百萬張。
>
> 兩張作品都有優異暢銷表現的門樂團，已經成為流行樂壇今年以來最強勢的團體。第一張專輯將讓他們成為本年度唯一可以獲得金唱片認證的樂團，此外，一九六七年全年發片的歌手中，僅有門樂團達成百萬單曲銷售……

八月下旬還有更多「第一次」等著他們，獵豹的節目單上，他們首次取代發跡自舊金山的勁敵傑佛遜飛船，成為第一順位主秀。這也是吉姆第一次在表演中加入類似走鋼絲的環節，他在三公尺高舞台邊緣搖搖晃晃，然後中途跌落觀眾席，一切看起來就像一場意外，卻有著驚人的感染力，觀眾全部為之瘋狂。

門樂團的音樂及表演常常做出耐人尋味的停頓，已經達到

爐火純青的地步。有的時候他們歌曲演奏到一半，會突然進入一陣沉默，或者吉姆自己唱到一半，會突然在某個音節停下來，起類似的效果。奧斯利這位傳奇的迷幻藥達人，跟許多舊金山樂團都是至交，他跟門樂團說他們的暫停實在太惱人了。有的時候，觀眾席中零星幾個人會笑出來，例如有次在柏克萊就發生了這樣的情況，感覺被冒犯的吉姆說：「如果你嘲笑一個表演，你嘲笑的根本就是自己而已。」後來他解釋說：「我唯一能敞開心胸的時刻只有在舞台上。表演的保護罩給了我這個勇氣，在此處隱藏自己，進而能展露自己。這一切對我而言不只是表演，我把這件事看得很重，不是上台唱唱歌然後離開而已。所有事情都會往我心裡去，除非我們讓場內每個人都大致融合在一起，達成某種默契，否則我會感覺自己的表演不完整。有的時候我會喊停，讓一段長長的沉默傾瀉，讓所有潛藏的怨憤、不適還有緊張感釋放出來，因為我們還沒有讓所有人凝聚在一起。」

在柏克萊的演出嘗試忽然停頓後不久，吉姆在紐約的一場大學演唱會上又依樣畫葫蘆。這次他在〈盡頭〉的中間停頓了有四分鐘之久，但台下沒有人起鬨，反而讓整個體育館成了醞釀情緒的壓力鍋。壓力越來越大，溫度也漸漸升高，當觀眾終於要情緒爆發之際，吉姆向樂隊打了暗號示意，大夥繼續把這首歌表演完。

他之後表示：「這樣好像在欣賞一幅壁畫，本來有的動作片刻間凍結，我喜歡觀察他們能堅持多久，當他們受不了的時候，我就會從善如流。」

也有人問過吉姆：「如果他們真的抓狂衝向舞台，你會怎麼做？不是出於崇拜，而是想要殺了你的話。」

吉姆憶起諾曼·O·布朗的關於群眾性精神官能的理論，他看來相當自信地回答：「我總是能掌握他們何時會做這種事，這樣會讓觀眾更興奮，你知道通常會怎樣嗎？他們會被嚇到，那種恐懼是非常刺激的。人其實喜歡害怕的感覺，就像你在性高潮之前感受的片刻。每個人都想體驗那種感受，那是最歡愉的一種經驗。」

吉姆並不知道，〈點燃我的火〉成為冠軍單曲的同時，他的父親也攀向了職涯巔峰，四十七歲的喬治·莫里森成為美國海軍最年輕的上將。他現在隸屬於五角大廈，而莫里森一家搬去維吉尼亞州的阿靈頓（Arlington），現在安迪十八歲、安也二十歲了。

有天安迪的朋友來拜訪他們家，身上帶著門樂團的首張同名專輯，他說：「你看，這不是吉姆嗎？」

安迪說他已經聽〈點燃我的火〉好幾個禮拜了，以前從來不知道哥哥唱歌是這個樣子，他跟朋友借了那張唱片，晚上跟爸媽在房間一起放來聽。克萊拉把手邊的書放下，但上將還是繼續讀他的報紙。當〈盡頭〉指涉伊底帕斯的那段出現時，報紙抖了起來，一開始只是微微地顫動，但隨著樂曲的意義愈發清晰，抖動的幅度也更加厲害。時至今日，上將都沒有對兒子的音樂發表任何意見。

隔天早上吉姆的母親打電話到紐約的厄勒克特拉公司，說自己想知道兒子的下落。提供許多可信的細節後，她得到吉姆在曼哈頓飯店以及門樂團巡演經理的電話，她掛斷後立刻又打

了另一通電話到紐約。

「哈囉？我是莫里森太太，吉姆在嗎？」

「哪個吉姆？」

「吉姆。吉姆・莫里森，我是他媽媽。」

「真的嗎？」接電話的男人聽來不為所動。

另一個聲音從電話筒傳來：「哈囉？」

「吉姆？哦，吉姆啊……」

「嗯嗯，媽……」

她很緊張地跟他說，她很高興能聽到他的聲音，問他身體是否健康，責備他都沒有音信，說她很擔心，甚至曾經想找私人偵探幫忙，但是上將先生很固執，拒絕讓她這麼做。宣洩完擔憂以後，隨之而來是嘔氣，吉姆咕噥著回答她的質問跟要求。

「吉姆……」

他嚷著：「怎樣？媽……」

「請你感恩節回家，吃一頓跟往日一樣的晚餐，安迪跟安……」

吉姆說：「呃，我覺得我到時候會滿忙的。」

「盡量吧，吉姆。拜託。」

吉姆最後才鬆口，他最近會在華盛頓辦演唱會，或許她可以來看看。

「還有一件事，你可以幫媽一個忙嗎？你知道你爸的個性，回家前可不可以剪個頭髮？」

吉姆向母親道別，轉過身面對房間裡其他團員，他們剛剛站在那，全都默默地聽著。

「我再也不想跟她講任何話了。」

演唱會在華盛頓的希爾頓飯店宴會廳舉行，莫里森夫人跟安迪下午很早就到了，在大廳等待，直到聽到服務台那邊有人提到門的名字。這個人就是樂團經紀人陶德‧席夫曼，克萊拉很快地自我介紹表明來意，想見見兒子。陶德派了一個朋友到宴會廳，樂團正在裡面準備晚上的演出。那位朋友捎話回來，小聲地跟陶德說：「吉姆說：『門都沒有。』」接下來四個小時。陶德把克萊拉跟安迪支開，帶他們去吃晚餐、編了些藉口，說服他們晚上吉姆會抽空跟他們見面。

　　「大家同心協力，輪流想辦法分散她的注意力。」雷說。

　　「喔！真的全部的人都下海幫忙。」比爾‧席登斯（Bill Siddons）說，當時的他是個英俊的十九歲小伙子，擔任樂團的演出經理。

　　雷重現當時的場景：「是的，女士。他就在那邊，我剛看到他經過這……」

　　「沒啊，我看他走出去了。」席登斯順勢接話，讓欺騙可以維持下去。

　　克萊拉很早就到了演唱會場，聽到席登斯說：「PA（音控）出了點問題。」

　　克萊拉不知道PA這個縮寫代表什麼，只好問：「什麼東西出問題了？吉姆在哪啊？我兒子的PA出了什麼狀況？」

　　克萊拉和安迪當晚跟陶德站在舞台的一邊，陶德跟他們保證表演一結束就可以跟吉姆會面。吉姆那晚表演的〈盡頭〉把克萊拉嚇得目瞪口呆，安迪則覺得很難為情。在嘶吼完「母親？我想……操妳！」的那刻，他空洞地望向自己的母親，露出牙齒，又再嘶吼了一次。

表演結束後陶德護送克萊拉跟安迪到旅館房間，有人告知吉姆在那裡等他們。但一抵達房間，陶德便坦承吉姆已經動身前往紐約參加艾德蘇利文秀（Ed Sullivan Show）。

每個星期天，五十四街的艾德蘇利文戲院後台總是鬧哄哄的。有時候來賓超過一百人，節目的工作流程相當複雜。走道跟更衣室迴盪著雜耍演員、排練團體、女高音還有踢踏舞者的聲響，而節目團隊則帶著寫字夾板嘗試整頓亂糟糟的人群。

門樂團在更衣室遇到鮑伯・普列希特（Bob Precht），他是艾德・蘇利文的女婿，也是節目導播。

「我們有一點小狀況。」普列希特說，右手手指緊緊地握著。「沒什麼大不了的，只是……」

四個成員面面相覷。

「跟你們的單曲〈點燃我的火〉有關，我覺得這首歌很棒。」門樂團保持沉默。

「呃，電視台，也就是，我是說CBS，不允許你們講出「快感」這個字，我知道聽起來很愚蠢……」他用力地聳肩，還比出手勢強調：「但我們必須改詞。」他從外套口袋拿出一小張紙，讀道：「這句歌詞是：『女孩，我們的快感無法更強烈！』」

吉姆跟其他團員不是非常意外，他們公司不也把第一張專輯歌曲中的「快感」一詞改掉了嗎？吉姆還發現，上週皮特・西格（Pete Seeger）上CBS另一個節目「史莫瑟兄弟秀」（Smothers Brothers Show）的時候，歌詞也被審查了，普列希特自己也曾經阻止巴布・狄倫登上艾德蘇利文秀。

「好的，我想我們可以換成另一個版本。」吉姆說。

普列希特咧嘴一笑，跟門樂團說他們配合度很高，大步跨向更衣室門邊，請他的岳父進門，稱他是「蘇利文先生」。

「你們笑起來很好看，不用太拘束。」蘇利文說。

吉姆瞇著眼睛，打量著眼前的電視主持人，然後說：「呃，我們這個團體有點陰沉。」

普列希特跟蘇利文離開房間後，大夥互相使了眼色。沒錯，他們排練時會唱新版歌詞，但是節目直播時會忠於原味。

事發時，普列希特在控制室裡生氣地怒吼，「你們不准這樣亂搞！」他對著電視監控器上小小的圖像高呼，「你們被封殺了，永遠不准在這出現！」節目結束後，他跑去找樂團成員，咕噥著：「你們自己答應我的，小鬼們，你們自己說的……」

吉姆聳聳肩，說：「嘿嘿，我猜我們太興奮了，忘記啦！」

當週在公園大道上的高級餐廳戴爾莫尼克（Delmonico's）酒窖裡，還舉辦了一場派對，所有重量級的記者、作家跟編輯們都出現了，電台主持人也都有到場，「場景」的老闆史蒂夫·保羅還有安迪·沃荷都來共襄盛舉。費爾茲跟史塔弗斯坐著啜飲美酒，最棒跟最討厭的歌迷跟班也都過來守著，點飲料喝。吉姆喝茫了，朝著女孩們丟冰塊，丹尼提議把酒吧關起來，吉姆反對，他很清楚知道派對是誰的主場，拿瓶頸朝桌子邊緣砸了下去，開了一罐香檳；他繼續從酒架上拿下一堆上等好酒，一樣砸開瓶口，高高舉起酒瓶然後傳給在場的酒友們。

派對結束後吉姆依然我行我素。安迪·沃荷送給他一具由象牙跟黃金打造的法式電話機，吉姆、保羅、史塔弗斯還有沃荷坐上加長禮車的後座，禮車行經公園大道跟五十三街轉角時，吉姆朝窗外探出身，將電話機扔到垃圾桶並對著來車尖叫。

當時已經是凌晨三點鐘，但吉姆決定要找賈克算沒來派對的帳。賈克認為，既然自己旗下藝人的事業順風順水，就沒什麼理由需要露面。這場派對其實是為了慶祝〈點燃我的火〉的成功而舉辦的，也是門樂團正式把自己引進娛樂名人圈子的媒體派對，賈克無庸置疑立了大功，那又何必出來自吹自擂、錦上添花呢？他很快就會知道，他的判斷真的錯得離譜。

吉姆大聲地指使司機開到賈克在卻爾西的豪宅住址，威士忌喝多了，聲音含含糊糊。史塔弗斯開始發抖，丹尼懷疑吉姆意識是否清楚，而保羅則央求下車，想改叫計程車，但吉姆理都不理他們。

抵達賈克家後，吉姆堅持所有人都要跟他結伴，到賈克的豪華十房公寓門外。他試著按樓下的電鈴，沒有回應，結果便按了其他所有的電鈴，直到某個鄰居不知哪來的勇氣，下樓幫一群人打開大門。

在賈克家門前，吉姆一開始只是按電鈴，後來變本加厲，用自己喝酒喝得汗流浹背的身體撞擊鐵門。他不支倒地卻還是沒有得到任何回應後，便把走廊上一半的地毯都撕起來，吵鬧地領著同伴下了八段樓梯回到一樓的大理石大廳，小心且正對著門口吐了一地。

之後樂團再度回到西岸。

公關宣傳行業的每個從業人員，最想替客戶爭取到「A」名單上面那些作家跟編輯的關注。這些人隸屬於《時代》、《新聞週刊》、《紐約時報》這些重量級刊物，一九六七年時，名單上

還有《星期六晚郵報》(*Saturday Evening Post*)、《生活》(*Life*)、以及《展望》(*Look*)。門樂團的A名單範圍比較大，因為他們比起一般樂團有更多的潛在聽眾群。這代表他們的名單從《時代》延伸到地下媒體，從《時尚》到《16》，都是必須爭取的對象。

厄勒克特拉的宣傳丹尼說：「他讓記者可以得到很多好材料，非常聰明的一個人。他在訪談中很有料，而且有很多信手捻來的金句，記者們馬上可以開始動手寫稿。他讓那些人很享受寫他的新聞，所以不會嘲笑他，他們相當重視他的存在。」

吉姆和其他成員都希望被認真看待，他們的訪談彷彿大學生的漫談討論。十月他們從紐約回到洛杉磯，接受《新聞週刊》訪問時，便是一個很好的例子。雷引述吉姆的話：「有很多事你已經知道，但也有你不知道的事。在已知跟未知之間有個位子，那就是門，就是我們。」之後這句話的靈感會歸功給威廉‧布雷克。

吉姆說：「這是一場追尋，打開一扇又一扇門，但並沒有一個持續不變的哲理或是政治理想。感官愉悅跟邪惡是現在吸引我們的概念，但請把它看作之後隨時會蛻去的蛇皮。我們的作品、我們的表演，是一場為了蛻變而作的鬥爭。現在我對人生的陰暗面、邪惡的事物、月之暗面、夜晚這些東西更感興趣了。但在我們的音樂裡，我感覺我們像在尋找、奮戰、嘗試著要突破重圍，進到一個更純淨、更自由的疆域裡。」

「跟煉金術師的淨化儀式很相似，首先你得經歷一段混亂失序的時間，好似回到遠古災難的宰制之下。脫離之後，你嘗試淨化各種元素，找到生命的新種子，這會改變所有的生命、物質還有人格屬性，最後但願你能倖存下來，調和所有處在二元對立的事物。之後你便不再討論惡與善的問題，而是某種一體

而純淨的事物。我們的音樂與人格，在表演中看起來處於混亂及騷動，可能有一絲才剛萌芽的純粹要素在裡頭。最近我們一同亮相時，這種感覺已經開始凝聚起來了。」

接著，他說出了目前為止最有代表性的金句：「把我們看作是情色政治家吧。」

面對《時代》的記者，吉姆很高興能談他對搖滾劇場的看法，那是把音樂跟「詩劇的架構」混合在一起。他對洛杉磯的看法是：「這座城市在找尋一種儀式，來讓它的碎片重新接合在一起。我們樂團也在找這樣的儀式，有點像觸電一般的婚禮。」他又補充：「我們躲在音樂之中來展現自己。」

吉姆無時無刻都很在乎形象跟媒體，每場演唱會前他都會找厄勒克特拉的宣傳，問今天哪些媒體在觀眾群裡，而他們的文字受眾又是誰。他跟史塔弗斯合作緊密，吉姆必定過目史塔弗斯的文稿，直到滿意才放行刊登在《16》雜誌上。

吉姆跟攝影師工作的方式，也透露了很多這方面的細節與偏好。九月樂團待在紐約的時候，有三場重要的約拍。在離開洛杉磯前，他為了這些活動，去找了好萊塢最時尚的髮型師傑・塞布林（Jay Sebring）。

「你希望自己看起來如何？」傑問他。

「像這個。」吉姆秀出一張從歷史書籍撕下有幅雕像的紙頁，說：「像亞歷山大大帝一樣。」

葛羅莉亞說：「吉姆，你現在要聽我的話。」史塔弗斯請吉姆到她在東城的公寓，替《16》雜誌拍攝照片。「我要你看著相機，不是看我。把相機想像成隨便一個人或物品，你喜歡的就好——

例如一名你想要誘惑的女人、一位你想殺的男人、一個你想惹毛的母親、一個你想勾引的男孩，隨便都可以，記住這點。」

　　其他樂團成員離場，吉姆開始在寬闊的公寓中來回踱步，探頭看衣櫥跟打開的抽屜，拿出大衣跟珠寶，葛羅莉亞跟隨他，專注於他的一舉一動。他走到一面鏡子前，整理了頭髮，保持剛剛好的亂糟糟。葛羅莉亞拿起梳子想替他梳頭，他突然暴怒：「把梳子拿開！」她回歸攝影師的沉默角色，吉姆拿出她的即膝皮大衣，披在刺繡高領長袖上衣外頭，貼牆站著，雙手交握垂下。他包著一層皮革的纖瘦雙腿站得很開，在按下快門的當下，用他微閉的雙眼看著她，接著他脫掉外套跟上衣，開始試戴她的項鍊。

　　隔天樂團到喬爾・布羅德斯基（Joel Brodsky）的工作室報到，他是厄勒克特拉的攝影師。吉姆還是穿著低腰的皮褲，再次沒穿上衣。他脖子上有一串彩色小珠子作的項鍊，是昨天晚上跟葛羅莉亞借的。其他成員拿到了黑色斗篷外套，在黑色背景前拍攝，所以相片畫面上只會出現吉姆的身影跟其他三人的頭。一整個小時內，布羅德斯基讓約翰、雷、羅比盡量不動，但是讓吉姆隨意擺自己想要的姿勢。他一下子做鬼臉、一下子怒瞪，手指像在控訴般一樣指著、伸出雙手像在求助、施力鼓起，又扭著自己柔軟的身體。他開始喝酒，在變換各種姿勢的空檔灌威士忌。頭往後一擺，讓脖子像種馬一樣的肌肉線條繃起，先是學米克・傑格的噘嘴，又擺出貓王撇嘴的冷笑，咆哮、吐口水、發出噓聲、吐舌頭，怎樣就是不微笑或開懷大笑。

　　布羅德斯基說：「你請大部分的樂團到攝影棚拍照時，都會互相捉弄、說笑話，讓彼此的狀態比較放鬆。可是門樂團從來

不搞這套，他們對於他們在做的事一向都很嚴肅，而吉姆是最嚴肅的那位。」

葛羅莉亞只拍了一卷底片，當她看到印樣，立即附上門樂團的第一張專輯，寄給《時尚》雜誌的一位朋友。一週內吉姆就被請到《時尚》的攝影棚，他進去之後馬上到衣帽架旁，上面掛滿了稍早前拍攝用到的衣服，他開始試穿並跑跑跳跳。

攝影師說：「啊，這次這個人比較有活力。」

十月，門樂團先是在接近五萬人的觀眾前表演，後來又替三萬五千名往五角大廈前進的群眾演出，厄勒克特拉宣布第二張專輯的預訂量已經來到五十萬張。美國海軍陸戰隊士兵在越南因為被己方軍機誤炸，造成五人死亡、三十人受傷。約翰‧韋恩（John Wayne）開始拍攝一齣關於「綠扁帽」的電影。在舊金山進行了一場遊行，訴求是：「嬉皮之死與自由人的誕生」。瓊‧拜亞、她的妹妹米米‧法里亞、以及她們的母親，因為在奧克蘭陸軍徵召中心抗議被捕。〈人們如此陌生〉登上全國單曲榜前二十名，而一名中年的廣告業主管維克多‧蘭德伯格（Victor Lundberg）發行了一張唱片，內容是朗讀〈給青春期兒子的公開信〉（An Open Letter to My Teenage Son），配上背景音樂〈共和國戰歌〉（The Battle Hymn of the Republic），這封信的結尾是這樣寫的：

> 這個國家給了你父親養家的工作機會，給了你擁有所有東西，如果你對她毫不感激，對於繼續用這種方式戰鬥也失去足夠的光榮感，那我概括承受對於你做人失敗的責難，因為你無法理解人權與生俱來，真正價值何在。

我也要提醒，你的母親無論如何都會愛你，因為她是女人。我也愛你，我的兒子，但我同樣愛我們的國家以及我們堅守的原則。如果你決定燒毀自己的兵役卡，那也請你燒掉你的出生證明，從現在開始我沒有你這個孩子。

彼此的界線涇渭分明，一九六七年的社會中，不是「我們」、就是「他們」。十月吉姆開始創作他最激進的幾首歌，這些歌裡的第一首，歌名叫〈無名戰士〉(The Unknown Soldier)，典故來自備受尊敬的國家紀念碑，歌曲是在巡迴演出的時候製作完成，很像他們一開始在威士忌搖擺跟水仙子演出時的創作方式。兩三個月過後，這首歌進一步發展成他們最成功的「劇場感作品」之一。

> 等到戰爭結束
> 而且我們各自老了一些
> 那無名的戰士

突然間輓歌變成一場慶典，約翰跟羅比加入雷那（節拍上）既像軍歌、又像嘉年華的節奏。

> 早餐時分播報新聞
> 餵飽了電視兒童
> 來不及出生的生命，活著，死去
> 子彈貫穿了頭盔裡的頭
> 對無名戰士來說一切都已結束

一切對無名戰士來說都已經結束

　　踏正步的聲音是由吉姆、雷、羅比一同跺腳，由約翰用小
鼓加上恰恰好的行軍節奏而成。雷數著拍子。

　　喝
　　喝
　　喝呼嘿哈
　　喝
　　喝
　　喝呼嘿哈
　　喝
　　喝
　　喝呼嘿哈
　　同志們
　　停

　　跺腳聲停了下來，吉姆換上了一副囚徒受虐的姿態，即將
被開火的軍隊處決。沉默一瞬，每雙眼睛都望著他，他的手臂
在背後綁緊，頭高高舉起，胸膛驕傲地向前挺。

　　舉槍！
　　敬禮！

　　一長段的擊鼓聲後，約翰通常會因為猛敲鼓邊，折斷一根

162

鼓棒，像是在模擬槍聲。與此同時，吉姆好像被綑綁起來，猛地整個人縮在一起，重重地摔在地上。另一段更長的沉默之後，雷神祕的琴聲才重新繼續演奏，還倒在舞台地板上的表演者仍然瑟縮著，從他身上傳來莊嚴的歌聲。

　　替無名戰士造一個墓
　　依偎在你凹陷的肩膀
　　無名戰士

慶祝的氣氛又來了，吉姆起身歡欣地跳舞，嘶吼著：

　　都結束了！
　　戰爭結束了！
　　都結束了！
　　戰爭結束了！

　　吉姆第二首激進的歌曲也是在這個時期寫的，一開始聽起來像是他最激進的一首歌，但是這其實是一場誤會，因為幾乎所有人只聽了前兩段就下了定論。

　　五比一，寶貝
　　屬於五個的其中之一
　　這裡沒有人活著離開
　　你得到你應得的，寶貝
　　我也得到我的份

會成功的，寶貝
只要我們去試

老人變老
年輕人變強大
可能需要一週
也可能還要更久

他們有槍
但我們人多勢眾
會贏的，耶
我們要占領一切
來吧！

　　這首歌的歌名來自第一句歌詞，〈五比一〉（Five to One），這個數據從何而來，吉姆一直沒有解釋。保羅的理論是：「五比一，就是六個裡面有一個，剛好是美國當時黑人與白人的比例；而五個裡面有一個，這個比例據稱是當時洛杉磯吸毒的人口比例。」但每次問吉姆時，他都只簡單回答這首歌跟政治無關。

　　只要聽完這首歌，似乎可理解為調侃六〇年代末期，在大街小巷聽得到、也會在地下媒體讀到的天真革命理論。這樣的解讀，在歌曲最後一段提供了有力的支持，但這段歌詞很少被吉姆的聽眾注意到。吉姆在這段歌詞跟一批喜歡自己的年輕歌迷對話，他眼見日漸增長的那群「嬉皮與花的孩子」，在每座音樂廳外面的城市人行道上行乞。

你享樂的年華已經結束了，寶貝
夜晚即將降臨
夜的陰影爬過了歲歲年年
你行過地面手上拿著一枝花
想要告訴我沒有人懂
拿你的光陰換來一把銅板

　　吉姆並非想完全擺脫樂團一路以來的忠實支持者「愛世代」，雷說：「我們還在威士忌搖擺表演的時候，都曾深深相信，我們能接管全國，我們會翻轉一切，創造完美的社會。」

　　吉姆自己在一九六九年也說過：「從歷史的角度旁觀，我們身處的時代日後看來可能像法國吟遊詩人興盛的時期，我滿確定會挺浪漫的。我想我們會是未來的人眼中很棒的存在，因為現在有很多改變正在發生，而我們用很敏銳的洞察力面對這個世界。」照他的話來說，一切是心理與文化的文藝復興：「像是消滅歐洲一半人口的大瘟疫後發生的事。人們穿著花花綠綠的衣服跳舞，如同美好的春日時光降臨。」

　　雖然吉姆很能共情自己年輕歌迷的內心感受，在許多人格的基本原則，反而跟他們不盡相同。他不是最典型的「嬉皮」，吉姆認為占星是偽科學，反對將個性樣板化一概而論，還表達過對素食的厭惡，因為這種飲食方式常常出自對宗教的虔信。他認為這是一種教條，不需要為此而活。

　　吉姆的教育程度、智識還有背景，跟許多粉絲其實有隔閡。他是一位大學畢業生，而非中輟生，熱愛閱讀且涉獵廣泛，

品味相當受到天主教影響，絕非傳播學者麥克魯漢（Marshall McLuhan）筆下「非線性思考、不顧語意、狹隘」的人類。無論他是否接受這個事實，他很顯然是南方中上階級家庭出生的小孩：富有魅力、目標導向、許多政治取向都相對保守。比方說，他看不起大部分接受救濟的人，那種輕蔑跟他在〈五比一〉裡對長髮乞討者的感受是一樣的。

另外一個吉姆跟歌迷之間的差異是，他從迷幻藥轉向酒精的懷抱，狂飲的程度變得相當驚人。艾許・達恩有個理論：如果他跟吉姆在一場很重要的演唱會前一天晚上出門喝酒，吉姆身體裡的那種衝動會平息下來，表演的時候反而能相對清醒。十一月某天晚上，門受比爾・葛拉罕之邀，在舊金山的冬域（Winterland）演出，證明了這個理論嚴重失準。吉姆跟艾許在旅館酒吧從三點喝到八點，大概喝了十杯出頭的量。之後陶德也來加入他們，替另一輪酒買單後，才催促他們趕快上車，趕去費爾摩禮堂。整個晚上吉姆不斷口出穢言。

「你覺得他撐得住嗎？」陶德問。

艾許說：「當然呀，他喝得這麼醉的時候，表演狀態也更好。」

這只對了一半：他喝醉的時候固然常常拿出最精采的表現，但也常常做出最差的表演。

加長禮車停了下來，葛拉罕出現，大吼：「你他媽的死去哪了？」

艾許很明顯跟吉姆一樣醉，他回答：「我們來了，比爾。我們沒有遲到。」

葛拉罕的臉色大變，怒喊：「合約上寫明了樂團一小時前就

應該到場，意思是四個成員都要到，包含吉姆·莫里森！」他手指指著吉姆的方向說：「他喝醉了，對吧？」

從吉姆站上舞台那刻，一切就陷入了混亂，觀眾著了魔似的，盡顯崇拜之情，陷入恍惚。吉姆到處跑來跑去，快把燈光師搞瘋了。他從高聳的舞台邊緣跳下，在擺放燈光設備的坑裡踉踉蹌蹌地晃來晃去，像甩套索般轉著自己的麥克風線，讓它在觀眾的頭上發出尖銳的聲響。觀眾在台前擠成一團。

葛拉罕從樓上辦公室下來衝進會場，奮力擠進人群中。他揮舞著雙臂，希望吉姆注意到他，吉姆則繼續揮舞著麥克風。他的雙眼閉上，音樂猛烈地響著，最後他鬆開了手，麥克風像子彈一樣射出，不偏不倚打中了葛拉罕的額頭，倒地不起。

表演結束後吉姆在更衣室裡挑釁艾許，要艾許有種就打他，艾許還真的揍了他一頓，吉姆被打得跌坐在地，大字型癱倒在地上。

十一月時，門樂團攻占了書報攤，因為他們獲得 A 名單媒體的精華版面，諸如《新聞週刊》、《時代》、《紐約時報》、以及《時尚》。這些報導並非只是短暫提及或是話語恭維的唱片樂評，這些一線媒體都對門樂團做了詳實的調查，嘗試想定義他們的存在。

十一月六號的《新聞週刊》是這麼說的：「搖擺的門樂團大公開：冷靜堅定、撥弦奇異、萬聖綺想的世界及禁果」。十五號的《時尚》用了吉姆的相片，光著胸膛，脖子戴著他那條銀質的印第安貝殼鍊。這張圖片用來搭配一篇藝術史教授撰寫的文

章，他想跟美國中產階級說，吉姆「讓人著迷。他的歌曲都很神祕，承載著些許佛洛伊德式的象徵手法。雖然詩意，但絕對不美麗，充滿了性、死亡、超脫的聯想……吉姆‧莫里森的筆法，就像愛倫坡以嬉皮的姿態在我們的時代重生。」而二十號的《時代》則引用吉姆在厄勒克特拉藝人檔案上的一句話：「我對反叛、失序、混亂很感興趣」，還把他們的音樂描述成一種追尋，「不僅帶領門樂團穿越了青少年漂泊之旅常有的里程碑：疏離及性，還進入了潛意識象徵性的疆域，那是個奇妙的夜世界，充滿了悸動的節奏、令人打顫的金屬音色、還有不安的意象」。附圖是在後台拍攝的，吉姆穿著黑色皮衣，縮成一團，好像剛用過藥似的，相機唯一沒有拍到的，是他的臉。

「詹姆斯‧狄恩去世，還有馬龍‧白蘭度發福後，很久沒有一個性感男星代表了。」《村聲》的豪爾德‧史密斯，大多針對時下流行風潮分析撰寫文章，他說：「狄倫讓你產生的情愫是精神上的，而披頭四一向過於可愛，很難給人深刻的性感印象。此時門樂團的吉姆‧莫里森降臨在我們的面前，如果我的天線接收到的是正確訊息，我們終於等到了可以勾起大眾慾望的巨星。」

隨同這篇預言，史密斯還公開了一張喬爾‧布羅德斯基拍攝的相片，這張照片後來在厄勒克特拉被稱作「年輕獅子的肖像」，這張半身像裡的吉姆赤裸著胸膛，露出一邊肩膀，史塔弗斯的那條串珠項鍊掛在他結實的脖子上，下巴線條有如漫畫中的史蒂夫‧肯揚（Steve Canyon）有稜有角，嘴唇挑逗地微張，眼中有股灼熱的張力，而他的鬢角則襯托出了高顴骨，頭髮正是他形容過的「亞歷山大大帝」造型。

即使是最愛唱衰的評論家，都承認吉姆是文化上的超人。他擁有超脫生命的力量，感染了男男女女，能夠用性感的愉悅撩撥挑逗，也能用深度吸引知識份子。紐約的學究評論家阿爾伯特‧高德曼（Albert Harry Goldman）說他是「浪花中誕生的戴奧尼索斯」，也是「嬉皮版的阿多尼斯」；而不久後會成為《洛杉磯時報》書籍編輯的迪比‧迪埃爾（Digby Diehl），則引用諾曼‧O‧布朗的「多變且墮落的原生性慾力」去形容他。

　　門樂團再次拜訪紐約時，吉姆半夜光臨下東城的精品店，似乎精神不太穩定、喝得大醉，他上次跟潘蜜拉拜訪東岸時，曾在此跟一個老朋友訂製喇叭褲。知名漫畫家特里娜‧羅賓斯（Trina Robbins）住在後面的房間，吉姆敲打窗戶叫她起床讓他進來。「他安安靜靜地走進來，然後就開始脫衣服，全身脫光站在那邊不動。他真的很美，看起來有點害羞，但開口問我要不要也脫光。」

　　吉姆常常跟葛羅莉亞‧史塔弗斯見面，她現年三十多歲，是個通情達理的前模特兒，外表看來冷淡，但內心其實相當溫柔，現在負責編輯少女流行音樂雜誌《16》。雷、約翰跟羅比在他們第一次見面後不久，就曾警告過史塔弗斯，跟她說吉姆拿滅火器狂噴錄音室那晚的瘋狂事。「小心啊！」史塔弗斯正要叫吉姆貼牆站好拍照，羅比和她說：「他會照妳的話、照妳的話、照妳的話做一段時間，然後他就會忽然做些莫名其妙、很暴力的事。」羅比好像在談論一個他深愛、但常常疾病發作的哥哥，這份警告溫和又真摯。

　　樂團的「共有意識」還在發揮作用。史塔弗斯有次跟吉姆

169

說，她想專注在他身上，而不是給整個樂團寫文章、拍照，吉姆非常擔心其他成員的觀感，很用心地盡量把這件事處理周全。有次他們的經理跟吉姆說，如果沒有其他三個人，他會更出名而且賺更多錢，他只要找一些領薪水的樂手就好，不需要把收入均分給自己的夥伴。吉姆說他會好好考慮，但馬上就跟其他三位成員通風報信，大家一起開始考慮更換經紀人。吉姆跟史塔弗斯說：「只要看到雷，我就能知道自己有沒有做得太過火。」當史塔弗斯把這件事跟雷說的時候，他回答：「這樣啊，我很愛他呢。」

　　表演時他們的共有意識是最強大的，雷說：「西伯利亞的薩滿準備好要進入出神狀態時，整個村莊的人們都會聚集起來搖動響環、吹起口哨、還有演奏各種手邊的樂器來送他啟程。碰、碰、碰的重擊聲不斷，這樣的過程能持續好幾個小時。這種形式跟我們的演唱會很像，雖然音樂演出本身沒有那麼長，我想我們的用藥經驗讓我們加速進入那個狀態。我們知道進入狀態的徵兆是什麼，我們可以試著接近那種感覺。吉姆就像一個不斷放電的薩滿，而我們是放電薩滿的樂團，在他身後敲敲打打。有時，吉姆並不太想進入狀態，可是在後面不斷鼓譟的樂團，會讓他漸漸有感起來。天啊，我簡直能用鍵盤樂器給他一陣電擊，約翰則是用他的鼓聲，你常常看到——咻！——我敲擊一個和弦，就能讓他痙攣起來，吉姆就又能釋放能量了。有的時候真的難以用言語形容他，這個人真的棒呆了，觀眾也一定感覺得到！」
　　警察在一九六八年十二月九日那天也感覺到了，吉姆

二十四歲生日隔天，樂團來到康乃狄克州的紐哈芬市。吉姆在後台跟穿迷你裙的女孩說話，警察靠在門廳的牆上，器材經理正在搬動擴音器，像這位女孩一樣的歌迷小跟班到處都是，時間點是門上台表演的三十分鐘前。

吉姆跟女孩說：「這裡不方便說話，我們去找個安靜點的地方。」

女孩默默地點點頭，跟著吉姆的腳步，他推開門走進一個淋浴間，向裡頭瞧了瞧，便走了進去。

幾分鐘之後吉姆跟女孩開始卿卿我我。

有一位警察走了進來：「嘿，小鬼，趕快離開，後台禁止進入。」

吉姆望著警察：「誰說的？」

「我叫你趕快滾，趕快，出去！」

「吃我一拳。」吉姆掬起手掌朝他的跨下拍了過去。

警察拿出掛在腰間的辣椒水，說：「最後一次警告，最後一次機會。」

「嘗嘗看的最後機會嗎？」吉姆嘲弄著說。

女孩一見到警察向前拔腿就跑，化學噴霧就這麼灑在吉姆臉上。

吉姆把警察推開，連滾帶爬才摸索到大廳走道的位置，哀號著：「有人噴我，幹他媽的廢物警察！」一群人圍了上來，警察看到大家著急地幫忙，才發現他搞錯了。

樂團的演出經理比爾・席登斯衝了上來，在警察的協助下扶著吉姆到水槽邊，他們把吉姆的眼睛浸在水裡沖洗。警察道了歉，沒過幾分鐘表演就開始了。

表演中學生們不斷鼓掌，很多人一起跟著吉姆嘶吼：「我們想擁有世界……而且現在就要！」。當他鄙夷地朝觀眾吐口水，丟他的麥克風架時，他們以崇拜的呼聲作為回報。在〈後門情夫〉純音樂間奏時，吉姆開始說話。

　　「我想跟你們說幾分鐘前發生的一件事，地點就在紐哈芬這裡。這裡是紐哈芬吧？美國康乃狄克州的紐哈芬，對吧？」

　　觀眾鴉雀無聲地，聆聽吉姆細數方才抵達後的細節：晚餐與飲酒，和一位服務生談宗教，還有在更衣室遇到一位女孩的經過。他說他跟女孩開始聊天，伴隨著〈後門情夫〉的節奏，這段口白起了蠱惑人心的效果。「我們想要有點隱私……所以我們跑去淋浴間。我們真的沒幹嘛，你懂，只是站在那邊聊天……然後這位仁兄跑來，這位穿著小小件藍色制服戴著藍色小帽子的矮冬瓜……」

　　一排警察站在台前，面對觀眾，就跟傳統搖滾演唱會上看到的景象一樣，避免拿著傻瓜相機的瘋狂年輕歌迷擠上台。但當吉姆開始講故事後，有些警察轉過身來。

　　「你在這幹嘛啊？」吉姆引述當時警察的對話。

　　「沒呀。」

　　「可是他還是不走哦，他站在那邊，然後他轉身，從背後拿出一罐黑色的小瓶子，不知道是什麼東西。好像是刮鬍泡，然後他就對著我的眼睛狂噴。」

　　現在幾乎所有警察都轉身朝向吉姆了，他用的是「笨蛋南方佬」的口氣講這個故事，想要挖苦那位矮矮的、穿著小小件制服的男人。

　　吉姆大喊：「全世界都討厭我！他媽的世界……根本沒人愛

我。他媽的全世界都恨我。」觀眾聽得入神。

吉姆給樂團一個暗號，然後衝擊了這首歌最後一段的副歌：「哦，我是有夫之婦的情夫……」

燈光突然亮了起來，羅比走向前，在吉姆的耳中低語：「我覺得條子很不爽哦。」

吉姆問觀眾還想不想聽歌，而當鬧哄哄的回答「是」傳了回來，吉姆尖叫著說：「這樣的話把燈關掉！把燈關掉！」燈光仍然開著，一位紐哈芬警局少年處的探長走上台，跟吉姆說他被捕了。

吉姆轉身面對這位警官，穿著皮褲的雙腿站得開開，一副反抗的架式，長長的鬢髮還溼溼的，散亂地披著，他拿起麥克風朝警官的人中敲了下去。

「好啊，你這畜性。」他的聲音混合了學生的虛張聲勢，還有成人對於權威的厭惡：「來啊，換你講囉，你這傢伙！」

另一個警察上台，兩人一人出一隻手，合力把吉姆架下來，從布簾穿出去，拖著他走過一段階梯，在停車場扭打起來，將他架在警車旁拍照，推倒在地上後踢了他幾腳，然後送上車帶回警局。吉姆被控「公然做出不雅與不道德的行為」、妨害安寧以及拒捕。警察也逮捕了一位《村聲》的記者跟一位《生活》的攝影師，不經意地給了吉姆大量的媒體曝光。

幾天後吉姆坐在樂團辦公室的地板上，粉絲來信堆成好幾堆，高到倒了下來，還有兩週份的報紙與雜誌，以及樂團宣傳人員最新做的剪報集。吉姆打開《洛杉磯自由新聞社》（*Los Angles Free Press*）一位影評撰寫的文章。

一分鐘之後，他說：「嘿，你們讀過吉恩‧楊布拉德（Gene

Youngblood）對我們的評論嗎？」

房間裡其他人抬起頭來，吉姆賊兮兮地笑著。

「他是這麼說的，我原話轉述：『披頭四跟滾石讓你大吃一驚，可是門樂團要留給心飛到九霄雲外以後的時刻。』」

吉姆坐得更端正一些，好像在讀八卦小報一樣：「聽他怎麼說我們的音樂吧：『門樂團的音樂，是憤慨的音樂，沒有裝模作樣的成分。這種音樂刺探了真相背後的祕密；技法堪稱前衛，而內容的前衛則毫無疑問：談論了我們所有人內在的瘋狂，談論墮落與夢境，但是以相對常見的音樂形式來表達。這就是他們音樂的力與美──一種讓人恐懼的美。

『門樂團的音樂比起迷幻，更該說是超現實；比起音樂上的酸性元素，有著更多的苦痛；比起搖滾，更該說是一場儀式，一場精神與性的驅魔儀式。門樂團是流行文化的巫師。莫里森是一名天使，一位滅絕天使。』」

約翰從吉姆手中拿走這張剪報，瞧了一瞧，他說：「嘿，文章第一段說，他做愛做到一半，高潮的時候我們正在表演〈馬緯度無風帶〉。」

所有人都湊了上來，要來搶那張剪報。

席登斯說：「你看，他說門樂團的音樂，可以立即提升性愛技巧。」

大家笑成一團，開了約莫十分鐘的玩笑。之後的好幾個月，吉姆一直說楊布拉德是第一個懂他腦袋在裝什麼的人。不久之後，聖誕節即將到來，他們第一次在加州神殿大會堂表演前的下午，雷跟桃樂絲請吉姆跟潘蜜拉當他們婚禮上的伴郎與伴娘。

「讚欸，什麼時候啊，雷？」

「今天下午……在市政府。」

那天晚上大家必須要把吉姆拉下台,因為他想唱整晚的情歌給新婚夫婦聽。

「絕對現場演出」時拍攝
(保羅・費雷拉攝,門樂團資料庫)

第6章

———————

吉姆住在一晚十元的阿爾塔謝內加汽車旅館，這家蓋在山邊的兩層樓飯店沒有任何特色，房間都長得一樣，走到日落區有一小段陡峭的路程。在接下來的幾年間，這裡會是吉姆‧莫里森的宇宙中心。

這裡對沒有車的吉姆來說再合適不過，或許該說他是因為酒醉被吊銷駕照比較好。所有日常需要的地方走路就能到，即使以洛杉磯的標準來說也合格。厄勒克特拉的新辦公室跟錄音室，沿著拉謝內加大道走一百公尺就可抵達，這條寬敞的大道也被叫做「餐廳街」，吉姆至少在這裡吃過上百餐。門樂團自己的辦公室跟吉姆最喜歡的三家酒吧，距離飯店甚至更近。

吉姆住在二樓三十二號房，懶洋洋地癱在綠繩絨線織成的床罩下的蓬鬆雙人床上。一位約莫十七、八歲的女孩站在小台電視機旁，背對著浴室。

吉姆乾了一罐啤酒，把空罐往塑膠垃圾桶扔，旁邊是亞麻色的抽屜櫃。他沒丟準，不小心把一本書砸到地上，書名是《意識的起源和歷史》（*The Origins and History of Consciousness*）。

「操。」吉姆打了個嗝，看著那個女孩，他抬了抬下巴，示意她到床上來。她是前一晚吉姆隨便找的女生，聽完她的人生故事之後幹了她的屁股，現在覺得很無聊。

「我看看妳的手好嗎？」他說。

女孩伸出手，吉姆抓住其中一隻手腕，把她手指上的戒指扯下來，他動作很粗魯，弄得她痛得哭了出來。

「另外一隻手過來。」他在鬆開第一隻手前命令。

她猶豫了，他捏著她的手腕重複了一次命令，她只好服從，然後吉姆把其他戒指也扯下來，皮膚都被扯破了。

然後他才放開她。他一隻手抓著戒指，身體湊到床的另一邊，從紙袋裡拿出另一罐啤酒，命令女孩把它打開，她照做了。

突然有人敲門。

吉姆煩躁地問：「嗯？是誰啊？」

「祕密。」嬉笑挑逗的女性聲音傳來。

吉姆顯然知道是誰：「妳可以等下再來嗎，我現在沒穿衣服。」

「吉姆，我走這麼遠的路來看你，結果你不讓我進去。」

「潘潘寶貝，我現在很忙。」

「吉姆，我知道還有別人在裡面。我很清楚！真不敢相信你又做這種事，你真的很噁爛！」

吉姆沉默了。

「吉姆，我有一隻很棒的羊腿在烤箱裡，晚餐可以吃，我的新家……」

吉姆打岔：「呃，跟妳說，現在有個瘋女孩在我這邊，潘，她躺在我床上腿開開，我不知道要怎麼辦。」

「你真的是下三濫，吉姆‧莫里森，我要走人了！」

「可是，潘潘寶貝，她是妳姐茱蒂，妳不應該發火呀。」

吉姆轉頭跟房間裡的女孩道歉，因為這邊沒有後門可以讓

她溜走。「而且妳不能從窗戶出去，離人行道有三公尺高。」他左右環顧後說：「或許妳應該站到淋浴間裡面。」

潘蜜拉大聲地說：「我想看看她，吉姆。」

打掃房間的阿姨也來到房間外，跟潘蜜拉理論，說她講話太大聲，必須馬上離開。吉姆抓了一件襯衫跟褲子穿上，走出房門。

他手搭著她的肩膀說：「潘潘寶貝，我只是在開玩笑啦，妳姐不在裡面。」吉姆伸出手，給她看戒指：「妳看，這些戒指是給妳的，是一個粉絲送的。」

潘蜜拉拿了個藍綠色的戒指，把它戴到手上，然後把其他戒指放到口袋。他們朝潘蜜拉的車子走去，一起上了車。

這樣的場面很常見，吉姆可以在幾分鐘之內兼具溫柔跟無情。對某些人來說，他是一個「好抱的泰迪熊」，他對所有人都給出愛的誓言，至少在當下是真的，可是對包含潘蜜拉的許多人來說，承諾的可信度都尚待考驗。

為了補償，吉姆跟潘蜜拉說要帶她去賭城玩，鮑勃‧戈弗（Bob Gover）跟他的女朋友也會一起去。莽莽撞撞的鮑勃已經四十好幾，寫了一本暢銷書《一百美元的誤解》（*$100 Misunderstanding*），這本小說相當風趣，故事描述一位天真的白人男大學生，遇上一名疑神疑鬼但非常時髦的黑人妓女。《紐約時報雜誌》邀請他撰寫一篇有關吉姆的報導，闡述他如何成為不擇手段追名逐利的好萊塢式包裝產品。他認為吉姆不是靠著他人包裝走紅的，因此被踢出了採訪小組，自那時開始他倆成了筆友，發覺彼此對書、女人、酒精有共同的愛好。戈弗曾經住在拉斯維加斯，說他想帶吉姆看看觀光客不會去的地方。不

出預料，吉姆跟潘蜜拉大吵了一架，所以他就自己去賭城了。

　　吉姆跟戈佛一行人下車後，站在乾燥沙漠燠熱的夜裡，在夜總會的遮棚前張望了好一會，上面寫著：「小野貓搖擺特邀來賓全裸與車賊樂團」，吉姆笑了，從停車場大搖大擺地走過去。他從中午就開始喝，喝到現在已經晚上十點，他看了看身後的派對同伴，把手指湊近嘴唇，大聲地吸著不存在的大麻煙。

　　「想打架嗎？」他說。

　　保全反射性地後退了一步，接著向前一躍，順勢拿出警棍。「欸，等一下。」吉姆一位同伴挺身站到吉姆身前想要理論。

　　保全的警棍朝著最近的頭顱打了下來，然後轉身痛扁吉姆一頓，吉姆看起來倒不是覺得痛，更像驚訝，但血還是從側臉旁流了下來，保全又揍了他一頓。

　　警察一到場，便把在場頭髮最長的吉姆與戈佛兩人帶上警車後座。

　　「孬種。」吉姆低聲說，隨即繼續安靜地坐著。

　　「孬種。」這次聲音提高了一些，又是一陣沉默。

　　「豬頭警察。」他說。

　　「豬頭警察。」又重複了一次。

　　「懦弱的豬頭。」

　　坐在前座的警察無視吉姆的挑釁，試著想讓他安靜下來的人是戈佛。「冷靜啊，這些人可是有權力動我們的腦袋瓜的，只要他們想，我們隨時會遭殃。」

　　「不要。」吉姆說：「這是對勇氣的考驗。」

　　鮑勃被指控酒醉滋事，吉姆除此之外還加上了流浪以及無

法自證身分兩條罪名，他如同往常，口袋裡什麼也沒有，只有一張信用卡。

「嘿，誰來啦。」吉姆跟戈佛被領進來時，監獄其中一名獄警說：「一對女孩嗎？」

「對啊，看看那頭髮，嘿嘿。」

「我想這些漂亮的小傢伙得脫一下衣服，我們才好確認一下他們的性別，你說是不是？」

戈佛跟吉姆被要求脫光，檢查之後穿上衣服，暫時安置在拘留所中。這裡的鐵欄杆直抵六公尺高的天花板頂端，門鎖起來之後，吉姆像猴子一樣爬到牢籠的最上方，俯視著隔壁房的桌子跟警察。

「嘿，戈佛」他叫著：「他們這群人是不是你看過他媽最醜的狗婊子啊？」

吉姆笑了出來：「哈呵呵呵呵呵呵呵呵呵……」

其中一名警察走了過來，朝他望去。「我半夜十二點要交班，跟你約一下。房間裡只有我跟你，等會見哦……甜心。」

十一點五十五分，吉姆逃過了被揍的劫數，戈佛的朋友剛好趕到將他們保出來，吉姆繼續他的派對行。

這種狀況司空見慣，一九六八年頭幾個月，吉姆酗酒的狀況不斷惡化，其他成員已經開始有所警覺。跟隨狄倫·湯瑪斯跟布藍登·畢漢創造出來的傳統，吉姆不只是一個神話般的醉漢，還是天天喝的酒鬼。

歌手約翰·戴維森（John Davidson）家的派對上，吉姆跟珍妮絲·賈普林[1]一起醉酒暢飲。羅士朵德記得他倆勾肩搭背：「他們就像搖滾先生跟搖滾太太一樣。」可是之後吉姆突然變得暴躁

---

1 珍妮絲·賈普林：美國女歌手，二十七歲死亡俱樂部的重要角色，在蒙特雷音樂節上一戰成名，隨後從樂團單飛，生前兩張個人專輯大賣數百萬張，其後很長一段時間再無如此成功的主流搖滾女藝人。其對歌曲如泣如訴、感染力極強的演繹，至今為人津津樂道。

起來，扯著賈普林的頭髮，把她的頭按到自己的胯下不放。她好不容易掙脫，邊哭邊逃到廁所，吉姆則被扭送上車，賈普林追了出來，衝到車上，手拿南方安逸香甜酒的酒瓶對著吉姆的頭砸。車子發動離開，吉姆笑到不行。

在紐約的場景俱樂部，吉姆跌坐在賈普林的大腿上，把整桌的酒都乾了之後，受到音樂的感染，蹣跚地走上台，跌坐在吉米‧罕醉克斯的腳邊，熱烈擁抱著他的大腿，但早就不省人事了。

回到加州的巴尼小餐館（Barney's Beanery），他跟一位朋友吵起架來，也就是演員湯姆‧貝克。他之前跟沃荷合作過一部電影，曾經全裸演出，現在他罵吉姆太愛「賣弄風騷」。

「至少我坦誠相見。」湯姆說。

吉姆喝醉了，手探到拉鍊那邊，誇口說：「呃，我也可以啊，又沒什麼，這又不是藝術。」

在中西部的一座機場，吉姆又喝醉了。他堅持要某個人幫他推輪椅，但他一直從輪椅上摔下來，劇烈地抽動，好像什麼嚴重的病發作了，最後跌在地上一動也不動。他昏倒在一張長椅下，席登斯出於禮貌，用手提行李跟電吉他袋把他擋著。

吉姆用一種搖滾樂傳統中「勝者為王，隨我高興」的心態，去迎接他的成功。除了搞上越來越多女人，他也開始花錢如流水，並非買房買車，都用來支付鉅額的酒吧帳單還有訂製服裝，曾經購入一件蜥蜴皮大衣，以及一套要價兩千兩百美元的胎牛皮西裝。胎牛皮西裝後來被隨意丟棄在機場垃圾桶，因為太多人把它當成海豹皮了。他身邊開始出現一小群亦步亦趨的跟班，這群人沐浴在六〇年代流行文化巨星獨有的光芒中。吉姆不論

想去哪，他們都願意載他一程，搶著替他點上偶爾抽一根的香菸，幫他去烈酒店跑腿，瘋狂的歌迷總是充滿整個錄音間。

吉姆也組了第一個熱衷狂飲的酒友團，成員包含演員湯姆、還有當時仍沒沒無聞的艾利斯・庫柏（Alice Cooper）[2]，以及庫柏的一位樂團夥伴格倫・巴克斯頓（Glen Buxton）。別看他很隨興的樣子，吉姆現在對於喝酒相當講究，他的日子大多在旅館附近的酒吧裡度過，進錄音室的時候，也從來沒少帶過酒瓶。

酒精像是吉姆的萬靈丹，是能夠回應需要、解決問題的神奇藥水，在他眼中這件事是歷史的必然。消耗酒精這件事情，跟他的酒神形象重合，他認同、並喜歡將自己投射到這個形象上。酗酒這件事本就在美國的文化傳統裡，有根深蒂固的淵源。

第三張專輯才剛開始動工，情況就變得相當瘋狂，首先是在排練室，再來是錄音室，到處都是滿滿的歌迷，趕也趕不走。布魯斯・博特尼克回想起某晚，有個胖女孩在錄音間裡昏倒，她的裙子被掀到腰部以上，下面什麼都沒穿，所有有意思的人都來了一發。

接著有一天晚上，約翰鼓棒一丟不錄了。之前有一次吉姆喝得太醉，沒辦法在密西根大學的返校舞會上演唱，他也很不高興，拒絕表演，但這次他真的受夠了。「到此為止！」他啐了一口說：「已經忍夠了，不想再忍了。我不玩了，這次是真的，我退出！」然後他就起身離開。

雷跟羅比四眼相對，試著拉起吉姆，吉姆癱在錄音室地板上，躺在一團正在蔓延的尿漬中。雷緩緩站了起來，走回音控室，他聳了聳肩說：「我不知道……」不過隔天一切又重新照著

2　艾利斯・庫柏：驚嚇搖滾之父，出身底特律，深受當地文化地景影響。一九六四年出道，一直到一九七一年才逐漸走紅，樂團名曲有 I'm Eighteen, School's Out。爾後單飛出道，在八〇年代末再度以一首 Poison 翻紅，多變的舞台風格以及道具故事展演是他的一大特色。

計畫進行，四個人都到場錄音。

　　約翰、羅比跟雷小心翼翼地開始徵詢身邊的人，有沒有能夠以不破壞氣氛為前提，可以稍微控制一下場面的人選，羅士朵德推薦他住在紐約的朋友紐維爾斯（Bob Neuwirth），樂團成員說好，他們曾聽過這個人：「他不是狄倫巡演的班底嗎？」

　　羅士朵德向三位樂團成員解釋起來：「不止這樣，紐維爾斯有催化劑般的人格特質，很會製造場面、做事負責、外表看起來隨和好講話。他還認識所有這行裡該認識的人——你想見誰呢？馬龍·白蘭度嗎？瓊·拜亞說過狄倫名曲〈像顆滾石〉的靈感就來自紐維爾斯，而且他永遠都能鎮住吉姆，可以逗他開心，在談吐見識上也配得上他。比他更會玩樂、喝得更多、跑更多攤、睡得更少，並且還能準時抓他去表演。」

　　其他三個人表示這個人感覺很合適，羅士朵德便打電話給人在紐約的賈克，和他報告情況不斷惡化、讓人震驚，如果不找人治一治吉姆，他們第三張專輯難保不會胎死腹中，賈克說厄勒克特拉這邊願意付紐維爾斯一半的薪水。

　　因為紐維爾斯如羅士朵德所言，是個「會跑攤的藝術家」，在紐約就見過吉姆，所以兩人並不陌生，但為了讓他的角色看起來更自然，羅士朵德三月帶上他一起參加樂團演唱會。他們藉此開發了一個新計畫，要紐維爾斯製作一部關於門樂團的電影，性質偏向小型紀錄片，可以用來宣傳緊接發行的新單曲，就跟替〈衝破拘束〉、〈無名戰士〉製作的影片很像。

　　吉姆當然懂發生了什麼事，紐維爾斯說：「你很難說這是樂團在他背後偷偷下的決定，因為沒人能躲在吉姆的背後搞鬼。你要是對他有點基本的了解，就知道他沒那麼笨，馬上就能知

道事態不對勁。我的角色像是一個不插手事情的督導，對吧？但事情不能這麼辦，因為他對於每件事、每個決定都很敏感。」所以紐維爾斯說，他選擇跟吉姆建立比較輕鬆舒適的關係。一開始他想教吉姆如何彈吉他，但吉姆說他不想，太花時間了。所以他們就做紐維爾斯最在行的事：一起出門玩。

「一點都不尷尬，反而產生了相當大的火花。因為我也喜歡冰啤酒，還有龍舌蘭。講真的，沒辦法叫吉姆不喝酒，你最後只好跟他一起喝起來。」

賈克在紐維爾斯到職後不久前往錄音室探班，被鬼鬼祟祟地拉進其中一間錄音間。羅比和他說：「想請你幫個忙。」

「好啊，羅比。」

羅比跟賈克說他們想要預支一些版稅，那些錢已經入公司帳了，但撥款還要幾個月才會下來。

「你要多少呢？」

「不知道，我們想把自己從跟薩爾與艾許的合約贖出來。」

門樂團已經討論這一步長達數月之久，艾許跟薩爾固然幫過他們，找到了很好的經紀人跟有效率的宣傳公司，可是他們也慫恿過吉姆單飛，嘗試要拆散團體，而且他們在後台給吉姆準備太多酒水了。所以他們先跟羅比的爸爸談過以後，去找了他們的律師芬克。

賈克一直都不喜歡樂團的管理團隊，因為他總覺得這些人想在他跟團體之間搞破壞，之前他們堅持叫男孩們把電話號碼換掉，還叫他們別跟厄勒克特拉的人說。所以他一口答應，先提撥給樂團一部分唱片銷售的版稅，共二十五萬美元，艾許跟

薩爾從裡頭勉強地抽走五分之一。

　　門樂團決定叫之前的巡演經理比爾‧席登斯回來取而代之，他年初的時候離開他們回到學校躲避徵兵令。但樂團現在承諾給他一個月一千五百美元的固定薪資，而不是抽成，讓他覺得自己可以轉守為攻，不再靠著學生身分閃兵，能聘一名好一點的兵役律師幫忙（後來這位律師也幫羅比成功躲過兵役）。比爾現年十九歲，是加拿大公民，目前在美國是居住外國人，但他就像個完美的南加州人：高、金髮、體態良好，著迷於衝浪板、機車、迷幻藥跟美女。

　　在那段時期裡，比爾這種涉世未深的年輕新人成為一個成功的巡演經理，並不算罕見。樂團碰到麻煩，常常得找陪同演出的巡演團隊幫忙解決；此外，門實際上會自我管理，自己做創作上的決定，而比爾則負責辦公室的工作，搭起他們跟律師、經紀人、會計、還有公關之間的橋樑。

　　吉姆的心情狀態跟行為舉止都有所改善，在新開幕的紐約費爾摩東岸會堂，一連四場秀是他近來的最佳表現。葛拉罕原本強烈反對播放一部暴力的印象主義影片，這是他們為了〈無名戰士〉特別製作的，影片中吉姆被綁在威尼斯海灘的一根柱子上，鮮血不斷自口中湧出——但最後葛拉罕同意了。

　　瘋狂的少年歌迷此時青春正盛，把黑白影片裡流著愛爾蘭血液的莫里森，看作是神一般的存在。克里斯‧溫特勞布（Kris Weintraub）在一九六八年《克勞達迪》雜誌（*Crawdaddy*）夏季號裡如此描述吉姆：

　　　　他步向麥克風架，用右手握著麥克風，左手的指尖則抓

著底座，抬頭讓燈光打在臉上。世界從此刻開始成形，世上再也沒有另張相似的臉，如此的美、英俊得如此不平凡。我想這是因為只要看著他，便知道他就是上帝，他願意為我們被釘在十字架上，再可以不過，因為他就是基督。

同一雜誌另一位行文較為冷靜的撰稿人，則是如此回憶：

在他象徵性的死亡後，世人狂歡慶祝，而吉姆在背景音樂裡歇斯底里地唱著：「都結束了，寶貝！戰爭結束了！」當這部影片在費爾摩東岸會堂播放時，年輕觀眾反戰的挫敗感滿溢，演變成一場大騷動。「戰爭結束啦！」狂熱的年輕歌迷在走道間吶喊。「門樂團結束了這場他媽的戰爭！」樂團製作的小型受難劇深深吸引了觀眾，吉米跟其他男孩再度告捷。

當〈無名戰士〉登上排行榜時，另一場危機發生了。事情發生在樂團回到洛杉磯的錄音室之後，雷走向樂團這四個月的器材經理文斯・崔那（Vince Treanor），想跟他要些零錢到可樂販賣機買飲料。

文斯說：「講到零錢，你不覺得是時候該找個新的經理了？」他當然是在推薦自己，雷吃了一驚。

文斯覺得比爾對整個團體造成了嚴重的傷害，他分別跟四位成員提出了建議。之後四個人跟羅士朵德一起到控制室裡討論，比爾過了一會也來加入，他從文斯旁邊大搖大擺地經過時，

只稍微點了下頭。樂團決定繼續跟比爾合作，他們同意文斯對於電子設備可說是天才（有一晚發生了緊急狀況，他在漆黑的台上，拆解、修復、並重組了羅比的吉他擴大機）。他們也進一步同意，有了這位來自麻薩諸塞州，態度嚴肅的樂器製造師，不可能再找到比他對門還忠誠的人了。但他們覺得他的個性實在有問題，脾氣太壞、古怪的行為讓很多人無法親近。討論後他們決定，給文斯升職及加薪，頭銜從器材經理變為巡演經理，薪水調升一百元來到五百美金，作為表現良好的回報。

比較小的問題解決後，門樂團再次把注意力轉回大型的壓力來源上，也就是把專輯完成。

過程很不順利，〈蜥蜴的慶典〉本來創作得很長，後來只用了其中一小段，也就是專輯中的〈別觸地〉（Not to Touch the Earth）。吉姆擷取了《金枝》（*The Golden Bough*）的目錄，化為這首歌的前幾行歌詞：「別觸地／別觀日」。〈蜥蜴的慶典〉這首歌一開始的版本長達二十四分鐘，在錄音室裡花上了好多個小時之後，棄用了這首歌，也代表整整半張專輯歸零，回到原點。

所以樂團從他們剩下不多的早期庫存裡挖掘，錄了吉姆在威尼斯寫的一些歌，包含他們下一首大紅的歌曲〈哈囉，我愛你〉（Hello, I Love You），是賈克的小兒子亞當突然回想起來的，收錄在他們最早寄出的樣帶裡。其他歌曲的編曲在錄音室中創作完成，耗費了相當多昂貴的錄音室時間，其中一首〈我狂野的愛人〉（My Wild Love），樂團並沒有使用樂器配上音樂，而是用傳統工作歌謠的方式來呈現，所有人都被叫去錄音室，連詹姆斯年輕的兒子馬克都來幫忙拍手、踩腳，一同吟唱。

羅士朵德的完美主義又耗費了更多時間，每首收錄到專

輯的歌曲幾乎都錄了至少二十次，但無法否認大部分是吉姆的責任，光是分成兩部分錄製的〈無名戰士〉，就至少從頭來過一百三十次。五月時，專輯才終於完成。

　　吉姆用堅定的決心，一步步克服了錄製過程，但是日益流露出疲態以及不耐煩，常常忽視本業，越來越常把時間花在與音樂無關的活動上，電影就是其中之一。當法國導演尚盧・高達（Jean-Luc Godard）來到南加州大學出席《中國姑娘》（La Chinoise）的美國首映會時，吉姆拿到了第一排的位子。他的小說家朋友戈弗正在撰寫一篇劇本，互相討論吉姆參與的可能性。作家瓊・蒂蒂安（Joan Didion）曾替《星期六晚郵報》寫過一篇讚美吉姆的文章，她的作家老公約翰・格雷戈里・鄧恩（John Gregory Dunne），握有翻拍小說《毒海鴛鴦》（Needle Park）的權利，也曾想邀請吉姆跟他的朋友湯姆連袂演出主角。紐維爾斯的黑白紀錄短片《別觸碰塵世》，經過剪輯後，成了其他門樂團宣傳片的範本。

　　紐維爾斯說：「我的想法是，門樂團不用去上迪克克拉克秀（Dick Clark Show）之類的節目，只要送一段最新的影片給節目組就好了，這樣就不需要把擴大機搬來搬去，大家也不需要保持神智清醒。」紐維爾斯的影片後來沒派上用場，樂團決定不發行〈別觸碰塵世〉的單曲，紐維爾斯也因此退出了團隊。

　　紐維爾斯離開後，大夥決定拍攝一部標準時長的紀錄片，四位成員熱切地同意均攤拍攝成本，大家都相信投資拍攝這部影片，會帶來可觀的潛在報酬。如果真的能在電影院正式上映，而且跟狄倫的《別回頭》（Don't Look Back）一樣成功的話，獲利將會相當驚人，就算只賣給電視台，也應該能盈利。無論如何，

這部電影被期望能夠提升樂團的創作地位，同時也能夠增加樂團的商業價值。搖滾樂團拍攝電影這一步棋在一九六八年已經廣為大眾接受，而門樂團是最早開始展現興趣的那批人。

攝影機、燈光、錄音、剪輯設備就花了兩萬元，還聘請了三位全職的「員工」，其中兩位是吉姆跟雷先前在電影學院的同學。第一位叫保羅‧費雷拉，是一位個性圓滑的帥哥，最早是在威尼斯嶄露頭角，現在專職攝影；第二位是弗蘭克‧利斯安德羅（Frank Lisciandro），學禪的他言語溫和，但個性帶點瘋狂，他跟太太凱西（後來成為樂團的祕書）在非洲的維和部隊服務過兩年。第三位則是貝比‧希爾（Babe Hill），他是費雷拉的高中老朋友，來自加州英格爾伍德平原郊區，最近才在那邊完婚並育有兩個孩子。

接下來的三個月，三名夥伴跟著樂團跑遍了南加州，從迪士尼到聖卡塔利娜島，接著是全美國，只為了捕捉他們工作與表演的樣貌。就像其他進到門樂團日常運行軌道上的人，三人都被吉姆個性的魅力以及慷慨的程度折服，最後都成為了吉姆的密友。吉姆特別喜愛孩子氣的貝比，對於所有事物、所有人都相當心胸開闊，樂意了解不同的世界。有次吉姆是這麼說的：「我不知道他是笨蛋還是天才，但總之他很會找樂子。」

同一時間，吉姆又開始絞盡腦汁，跟自己的詩搏鬥。雖然其他成員在放棄把〈蜥蜴的慶典〉收錄到第三張專輯前，已經快受不了這首歌想除之而後快，吉姆本人還是很喜歡歌詞，覺得這首歌是「純粹的戲劇」。這首歌反覆提及了幾個他最喜歡的主題，包含監禁、瘋狂、夢境以及死亡。（遺憾的是，一百三十三句裡，只有兩句詩行被大家銘記：「我是蜥蜴王／我

無所不能」)。他也喜歡挖出自己早期替洛杉磯分校《眼》雜誌所寫的東西，例如某篇泛泛而談的文章，大致在討論詩意及富洞察力的幻覺，但實在過於艱深，編輯認為自己必須得加上一些腳注，以幫助讀者理解吉姆晦澀的引經據典。

潘蜜拉給吉姆一個加工過的皮革書套，來包著他小心翼翼、兢兢業業打字下來的詩句，另外安排他跟舊金山詩人麥可·麥克盧爾（Michael McClure）見面。吉姆說他想要看看麥克盧爾飽受爭議的新作《鬍鬚》（The Beard），潘蜜拉找了她姐的老朋友幫忙，她曾是麥克盧爾的經紀人。吉姆替一夥人弄到了幾張洛杉磯演出的門票，表演後跟他這位垮掉的一代名詩人，也是他高中時的偶像見面。這場會面對兩個人來說都不盡人意，麥克盧爾沒讀過吉姆寫的東西，而吉姆為了克服害羞，喝到醉得不可置信。但吉姆從兩人聚會溜走時，仍然相當雀躍。有一位經紀人名叫麥可·哈米爾堡（Michael Hamilburg），說他想瞧瞧吉姆的詩作，同意吉姆的搖滾巨星身分不該被用來當成宣傳詩歌作品的工具。

這個時候吉姆對於搖滾巨星的身分，已經相當厭煩了。一開始他跟雷的想法，是希望門樂團能夠運用才智，抓住轉瞬即逝的感覺，融合劇場、詩、還有精心演奏的音樂探索。吉姆認為這個概念很明顯失去初衷，開始迎合被感官至上以及性感偶像行銷宣傳，所吸引的大部分歌迷。

他現在開始展現對歌迷的鄙視與反感，好幾個月以來他都對著他們（或者對著他們手上自己的相片）吐口水，故意喝得爛醉，讓演出常常受到影響。一九六八年的初夏，吉姆的輕蔑

變得越來越直白，想藉此否定自己，拒絕那些一路以來人云亦云的錯誤肯定。

那天是五月十號，門樂團在芝加哥，吉姆從拖車的更衣室邁步走上舞台，芝加哥警察圍成的方陣保護著他，腦中可能想著從前在佛羅里達州立大學的作業，主題正好是群眾性的精神官能症。接下來發生的事，很明顯是蓄意操作，吉姆自己後來也承認不諱。樂團慫恿粉絲往舞台衝撞這件事，在當時越來越流行，吉姆則想知道他能不能讓事態更嚴重，也就是鼓吹一場暴動。

其他樂團成員已經就定位，開始演奏門樂團讓人印象深刻的招牌純音樂前奏。吉姆挺起胸膛，隨意地撫著自己的頭髮，大步邁向前。只花了六步就上到舞台中央的他，抓起麥克風，長嚎了一聲。

一種崇拜希特勒般的狂熱，在一萬五千名觀眾中引爆，為了回應他們的問候，吉姆指引樂團一連演奏了所有「激動人心」的曲目作為回報，由〈無名戰士〉打頭陣。反戰的情緒在一九六八年開始慢慢發酵，這首歌實質上幾乎被電台全面禁播，樂團替單曲拍攝的宣傳影像作品，因為暴力元素，在電視上也被全面審查。這首單曲仍然進入了排行榜前四十名，成為當時仍然滿懷希望，把那場活動稱作「革命」的戰歌。

〈衝破拘束〉則是下一首歌曲，緊接著是〈五比一〉。吉姆演唱〈音樂結束時〉吶喊：「我們想要全世界，現在就要！」，整群觀眾也跟著吶喊，表達同樣的訴求。

吉姆對這場表演用盡全力，使上了所有他會的花招：倒下再跳起來、假裝痛苦地扭曲、用力衝撞舞台地板，直到弄傷自

己的腰、把沙槌塞進他緊身的皮褲褲檔裡頭,把它丟給前排的女孩,然後解開自己的上衣,也一併拋出去。

樂團總共安可了兩次,直到比爾上台宣布:「樂團已經離場,不在這棟建築物裡了。」披頭四或滾石樂團演唱會結尾同樣會做這類宣示。

群眾踏著腳,聲音一致吶喊著:「還要還要還要還要還要還要還要……」

有個人坐在露台的欄杆上,作勢要從五公尺半高的地方朝觀眾跳下,底下的地板是堅硬的水泥。人們的竊竊私語傳了開來,接著是突然的沉默,因為體育館裡的每個人都朝著那默默無名的年輕人看,他的身體離開了欄杆,雙手張開彷彿在振翅飛翔。

觀眾紛紛閃避他的重量,他落地時發出了悶悶的「砰」聲,大家全部屏息以待,接著他站了起來,破除了沉默:「哇,太讓人激動了!」

觀眾全部沸騰起來,朝著舞台衝鋒,正對場地的邊界席捲而來。他們先是在越線三公尺處被擋了下來,但緊接著另一波的推擠,看準了台上的樂器。最後樂團的巡演團隊以及伊利諾州州長的警隊只好出場,動用警棍、約翰丟掉的鼓棒還有吉姆的麥克風架,對這些年輕人又踢又打,來讓剩下的瘋狂歌迷停止前進。吉姆可說是親眼驗證了他的理論。

對於這些數十萬計,甚至有百萬之譜的聽眾來說,吉姆是受歡迎的反派角色、性幻想對象、或蜥蜴王,浪漫得如此瘋狂。對美國中產階級來說,他是公共危險份子,淫猥又傲慢自負,

這一個面向預言了他的毀滅。

私下跟朋友在一起的時候，他會展現出他本性的純真，與之相配的是害羞的舉止跟輕柔的聲音。但他也自承自己深受極端事物的吸引：「我覺得最高點跟最低點是很重要的，在中間的事物，就只是在中間而已。我渴求嘗試所有事物的自由，每件事我都至少想體驗一次。」他可以極度的客氣有禮、甚或博學多聞，但其他時候他噁心的行為，照他喜歡的字眼來形容，很「原始」。

總而言之，吉姆‧莫里森是個深具魅力的人。

跟朋友在一起時，他彬彬有禮、讓人放心，甚至恭敬得過了頭。賈克說：「他的原則是他不會故意講些話，去傷害他喜歡的人。我想他常常在尋找一個方式，去同意你的說法，就跟日本人不會說不，而是會說：『對啊，可是……』一樣。在訪談的時候，他針對自己反對的陳述都會用：『我知道你的意思，但或許……』這樣的講法來回應。他對自己某些粉絲也同樣很有愛心，例如有次在費城他關心兩名被朋友拋下的年輕人，問他們晚上有沒有地方住。還有一次紐約的演唱會結束後，他慰問了一名受傷的年輕人。還有一次下起暴雨，他脫下外套，送給在街角一位瑟瑟發抖的年輕人。」賈克還說：「他不想讓人們猜測他的家世，但他的教養不經意地會透露一些玄機。」只要他願意，他的行為舉止可以很完美，也可以跟人對答如流。

他同樣有極富同情心的一面，有個例子跟一個年紀很小的歌迷有關，吉姆是他眼中的英雄、也是一個大哥哥，吉姆似乎很喜歡扮演後者的感覺。這位小朋友叫丹尼‧蘇利文（Denny Sullivan），他透過巡演團隊的某人認識了門樂團，在看過演唱會

後被樂團澈底征服，並且成功溜進樂團在西岸的辦公室。可能因為他只有十三歲、個子也不高，所以沒有人阻止他，不久所有樂團裡的人都知道了他的存在。比爾覺得他太常跑來了，干擾到辦公室的運作，所以請他減少出現的頻率。丹尼聽到以後非常傷心，但吉姆馬上取消了比爾的逐客令，請丹尼幫忙管理粉絲來信，那段時間來信的數量可以袋計，丹尼每幫忙回覆一封信，就能得到十分錢。

吉姆並不會輕視自己的粉絲，他真心相信丹尼會用心處理他的工作，而不會像他們一直以來考慮的外包服務那麼市儈。因此丹尼增加了來辦公室的次數，甚至學也不上了，只為了親近最吸引他的這群人。

幾週後的週五下午，吉姆隨口問丹尼為什麼他的頭髮剪得這麼短，丹尼說是爸媽要求的。

吉姆皺眉問道：「他們說的？我想他們不會再要求你這麼做了。」

「為何？」

吉姆說：「是我說的，因為我不會讓他們這麼做。從現在開始你不需要做任何你不想做的事，你不想剪頭髮，就不用剪，懂嗎？」吉姆的手指戳了戳丹尼的胸口，他知道他的關切對丹尼來說意義重大。「下次他們再煩你的話跟我說，我教你怎麼應付他們。」

他酗酒的習性仍然不見減緩，跟其他行為舉止比起來，這個習慣完全戒不掉。此外，很多人也認為吉姆承受了樂團面對的絕大部分壓力，所以只要他想要或需要，他有權利愛怎麼喝、就怎麼喝。不論他的行為實際上如何觸怒周遭的人，吉姆的地

位讓他可以為所欲為，而且他也確實隨心所欲，想做什麼就做什麼。儘管他並非有意為之，卻走上了自我毀滅的道路。

他的身體變得虛弱且浮腫，頭髮也出現了幾絡灰白。一圈肚子出現在低腰皮革牛仔褲褲頭，他只好不把上衣紮進褲子來遮掩福態。街上的粉絲跟吉姆說他變胖了之後，他馬上去買了比佛利山莊健康俱樂部的會員，但後來根本一次也沒有使用。

更糟的是，羅士朵德跟吉姆說，他的歌聲正在退化。羅士朵德從來不覺得吉姆是歌手的料，雖然他有時候會說吉姆是「辛那屈之後第一個低聲吟唱充滿魅力的情歌好手」，可是吉姆「沒有歌手該有的思維」，他用戲劇表演的方式思考，而不是以發聲的方式去理解唱歌，他喝酒的習慣也在摧毀他的歌喉。

正面的讚美當然還在。一九六八年初《村聲》雜誌的讀者票選，吉姆榮獲年度歌手。門樂團也得到了「年度新進藝人」的殊榮，雷則是音樂人票選的年度第三，排在艾瑞克·克萊普頓（Eric Clapton）及拉維·香卡（Ravi Shankar）[3]之後，而樂團的第一張專輯僅僅屈居披頭四《胡椒軍曹寂寞芳心俱樂部》（Sergeant Pepper）之後。《生活》花了七頁的篇幅，大力讚揚樂團的實力及知識造詣，並以同情的角度報導吉姆在紐哈芬被捕的事件。他們也登上了《美國名人錄》（Who's Who in America），以他們的專業領域來說，是少見的殊榮。

但評論家戴安娜·特里林（Diana Trilling）針對瑪麗蓮·夢露所述不無道理，名氣遲早會為明星帶來厄運，她把這種現象稱為「負面補償法則」。吉姆的厄運在六月一場事先安排好的會議上到來。

---

3 拉維·香卡：近代最知名的印度音樂家，以西塔琴演奏聞名。他自五〇年代開始推廣印度傳統音樂，在巡演中累積知名度，迷幻搖滾因為喬治·哈里森對他的賞識，開始大量使用印度傳統樂器「調味」。其女為知名歌手 Norah Jones.

他駕駛謝爾比GT500眼鏡蛇（他只開美國車），把車停在樂團西好萊塢辦公室旁的上空酒吧停車場。他注意到樓下排練室裡空無一人，所以他緩緩地走上外頭的樓梯，推開通往樓上的門。

　　第一個經過的房間裡有三四張普通桌子、一張廉價沙發、一台留聲機、一台咖啡機、隨意散置的粉絲來信、雜誌、報紙還有唱片專輯。角落有一小間浴室，裡面有個淋浴間。辦公室牆上掛著樂團的金唱片，目前為止累積了四張。

　　吉姆安靜地走向他後方角落的辦公桌，沒有向其他在場的同事說話：比爾、一位祕書還有樂團的其他人。他瞧了今日最奇怪有趣的粉絲來信一眼，這些信件依他要求放在一邊，接著從紙袋中拿出冷掉的漢堡咬了一口。他嚼得很慢，跟他說話及移動的速度一樣。過了一兩分鐘，他朝其他成員望過去，說他不幹了。

　　「什麼？」所有人的頭都轉了過來。

　　「我說——我不幹了。」吉姆說。

　　所有人同時開始想說點什麼，接著大家安靜下來，比爾問：「為什麼？」

　　「這已經不是我想做的事了，曾經是，但現在不是了。」

　　門樂團長期以來有一個原則，如果大家沒辦法一致同意某個決定，例如一場演唱會、一首歌之類的東西，那麼大家就一起不做這件事。一切採共識決，吉姆只有四票裡面的一票，可是他可以否決任何事。

　　其他成員跟比爾七嘴八舌地談論樂團現在的發展情況，實在無法預料他們下一步的走向，因為他們有本錢做任何想做的事。

「這不是我想做的事。」吉姆再度重申。他開始翻動他面前的粉絲來信，又咬了一口肉與麵包皮。

雷走了過來，聲音裡帶著一絲焦慮，誠懇地說：「六個月吧，再多撐六個月。」

想要跳下一列高速行駛的列車，從來不是件容易事，所以吉姆沒辦法繼續他的威脅。樂團已經開始排練他們目前為止最隆重的演唱會，這場盛會定在七月五號，地點在好萊塢露天劇場。緊接著樂團受邀在紐約的大型場館辛格體育場表演，然後開始進行歐洲巡演，七月同時發行第三張專輯以及全新單曲，之後都立刻成為暢銷作品。這樣的人氣，足以讓一個樂團繼續順利活動十年，甚至更久。

同一時間，樂團看來也嘗試想要超越自己。為了好萊塢劇場的演出，他們新聘請了三位攝影師，攝影師的編制來到五位。音效的部分，他們在舞台周邊三十公尺長的範圍，設置了五十二台擴音器，光是人聲的音控功率就有六千瓦，足夠讓吉姆的歌聲穿透場館，深入好萊塢山中。

成功的路上沒有任何阻礙，在好萊塢劇場的主場演出，讓他們得以比美披頭四，讓他們被稱作「美版的滾石樂團」，厄勒克特拉公司統計到的新專輯預定出貨量，高達五十萬張，十週之內便賣出了七十五萬張唱片[4]，將專輯推上了冠軍寶座。〈哈囉，我愛你〉也成為冠軍單曲，成為樂團第二張百萬銷售的單曲唱片。

專輯標題在長達五個月的製作期，歷經多次更迭，從《美利堅之夜》（American Night）變成《蜥蜴的慶典》，吉姆為了這個

4　在黑膠時代，百萬張的銷售數量基本上已經是年度前五名的水準。當時的黑膠專輯售價，對比一般人薪水堪稱昂貴，一直到 CD 時代才會出現千萬的專輯銷售數字。門發行的專輯除了 The Soft Parade 銷售狀況不理想外，其他在當時都算得上是暢銷作品，但吉姆去世後的數十年間，累積的銷量才最為可觀，有一九八五年的精選輯就賣破了一千萬張。

標題，還希望專輯封套用仿製蜥蜴皮的方式印刷，最後才改成《等待豔陽》（Waiting for the Sun），剛好是一首沒收錄的歌曲名稱。吉姆一度想要在歌曲之間朗誦短篇的詩作，但最後決定在唱片封套內頁印上〈蜥蜴的慶典〉，這首目前為止沒辦法配上音樂的詩。

吉姆解釋過他對爬蟲類的迷戀，他說：「我們不應該忘記，蜥蜴與蛇常常與潛意識以及邪惡之力做聯想。在人類的記憶裡，有一個深層的東西，強烈呼應著蛇，即使你從來都沒有親眼見過，我仍覺得蛇具象化了我們所害怕的事物。」那篇長詩據吉姆所言：「有點像探索黑暗勢力的邀請」，但他投射的蜥蜴王形象則否。他堅持自己只是「隨便說說」：「我不覺得大家真的了解，對此你不應該去嚴肅地解析。就像你在西部片裡演一個壞蛋，不代表你本人就是一個壞蛋，這只是為了表演而生的一個面向，我不會把它看得太認真，因為這本來就是為了諷刺而生。」

樂團繼續回到巡演的路上，從七月的好萊塢劇場演出，一路到達拉斯跟休士頓，抵達檀香山後再回到紐約。最盛大也最讓人印象深刻的一場演唱會，是八月二號在辛格體育場，剛好是之前世界博覽會的場地。葛拉罕一直希望他們重返費爾摩東岸會堂表演，但皇后區的室外場館足足有五倍大，讓他們可以跟誰樂團（The Who）共同宣傳，這個英國樂團才剛剛宣布他們的搖滾歌劇計畫。門樂團相當有自信，可以呈現一晚兼具藝術性及刺激的盛會。

「莫里森、莫里森、莫里森、莫里森……」

吉姆從黑色禮車下來，他的紀錄片工作人員輪流在他面前

向後退，捕捉著穿著皮衣的他酷炫起身的姿態。他緩緩穿過大群女歌迷，一路上表情放鬆自如，進到了後台區域，被一層紐約警察包圍著。

「莫里森、莫里森、莫里森……」

他的名字就像一串禱文，觀眾的呼聲響遍整個場館。他走上舞台的台階時表情莊重，警察在台前就定位，攝影師保羅跟貝比匆匆爬上舞台，到他身後。除了擴大機的按鈕亮光、以及雷的樂器反射焚香的光暈以外，整個舞台一片漆黑。

「莫里森、莫里森、莫里森……」

樂團成員開始演奏〈後門情夫〉的前奏，吉姆站在麥克風前，一盞聚光燈點亮，觀眾沸騰起來，吉姆用長長一聲痛苦且刺耳的尖叫，填滿了聲音所到之處，有一瞬間他呆站著不動，接著倒在地上，身體扭成一團、踢著腿。

接下來的一小時，吉姆好似一個穿著墨西哥式工作衫以及黑色皮革的幻影，單腳踩著靴子旋轉，劇烈痛苦地倒在地上，又站起身捧著自己的檔部，閉著眼皺著嘴往前一跳，彷彿身陷狂喜。觀眾裡的年輕小伙子開始往舞台蜂擁而上，彷彿飛向車蓋散熱格板的小蟲。警察被逼上台，就地組成藍色短袖制服以及深藍色褲子的人牆，把門樂團及瘋狂的觀眾區隔開來。

沒有人看得見，吉姆在他那一頭痛苦地扭曲著，雙手抵在大腿上，音樂聲震耳欲聾。

年輕歌迷爬到彼此的背上，想要一窺舞台上發生的事，但是馬上被警察抓了下來，說是被「扔」回黑暗中也不誇張。觀眾拿起好幾百張木頭折椅，用來攻擊警察，幾百名青少年都流

血了。演唱會驟然中止，這是「第二場暴動」。在那個年代，搖滾暴動在地下圈子裡蔚為風潮，甚至登上報紙頭版，使樂團的名氣更上一層樓。這樣的力量在八月時仍然持續增長，〈哈囉，我愛你〉蟬聯排行榜冠軍四週，門也登上了《時尚》雜誌，內文與搖滾劇場有關。《紐約》雜誌與《洛杉磯時報》稱第三張專輯是他們目前為止的代表作，而歐洲巡演甚至還沒起跑。

《哈囉，我愛你》是樂團在歐洲走紅的第一首歌，打好了他們為期三週演唱會的人氣爆發基礎。這首朗朗上口的洗腦歌曲在他們降落倫敦時，已經在排行榜位居高位。數百名粉絲以及格拉納達電視台拍攝團隊在機場接機，這家電視台不止拍攝他們通過海關的畫面，還負責在圓屋劇場（Roundhouse）拍攝四場演唱會中的第一場。

歐洲已經準備好迎接門樂團了，他們自己也對這件事有點概念。圓屋劇場是個與觀眾近距離接觸的小劇場，只能容納兩千五百人。比起樂團平常習慣演出的場地要小得多，兩晚共排定了四場演唱會，一萬張門票很快便告售罄。很多人在門外探頭探腦，希望至少可以聽到裡頭興奮的呼聲。DJ約翰・皮爾（John Peel）在《旋律創作家》（*Melody Maker*）雜誌的專欄裡寫道：「英國人擁抱門樂團，就如同美國人熱情迎接我們的披頭四一樣。」

圓屋劇場的表演大獲成功，觀眾表現了高度的讚賞，樂團的狀況也極為理想。在小場地的親密氣氛裡，吉姆的戲劇性比先前表現得更加狂野，每場表演觀眾都要求安可。英國媒體完全把同場的傑佛遜飛船晾在一邊，所有的報導篇幅都獻給了美

利堅的酸性搖滾之王。幸運的一萬名觀眾向其他人奔相走告，格拉納達電視台將播出演唱會內容，給未能共襄盛舉的人們欣賞。門樂團的名氣在抵達英國的一週內，便來到了傳奇巔峰。

莫里森拜訪了英格蘭，這群洋基佬們很明顯地擄獲了他們的心，接著便要前往哥本哈根、法蘭克福，以及阿姆斯特丹了。

這輪巡演唯一碰到的麻煩在阿姆斯特丹，吉姆在法蘭克福時收到了一塊哈希大麻，大概是拇指一半那麼大。一夥人隔天抵達阿姆斯特丹，從飛機下來前往海關的時候，比爾問道：「有人身上有不該帶的東西嗎？」

吉姆說：「有，我身上有哈希。」其他人則沒有違反規定。

比爾說：「那處理掉吧。」

吉姆便把它嚼一嚼吞了下去。

吉姆在飛機上喝了幾杯，到阿姆斯特丹跟演唱會主辦方共進午餐時又再喝了幾杯，之後便動身往這座城市知名的紅燈區去。比爾找了一位工作人員，跟他說：「你跟他去吧，要確定他會準時回來表演。」

吉姆整個下午喝個不停，剛入夜時一位粉絲又給了他另一坨哈希，他馬上把它吞了下去。大約九點鐘時，工作人員把他帶上計程車。

這次樂團又跟傑佛遜飛船一起表演，由他們先開場。吉姆抵達後台時他們表演到一半，聽到熟悉的歌曲中途，他突然闖上舞台，企圖又唱又跳，轉來轉去，醉醺醺地跳啊跳。

接下來究竟發生了什麼事難以確定，在場的觀眾也莫衷一

是。有人說吉姆在舞台側邊摔倒後被帶走，也有人主張他被扶回樂團的更衣室，坐在鋼琴椅上，幾乎陷入昏迷，頭盪在半空，眼神呆滯快張不開，其他人則爭論該怎麼處理眼下的狀況。

有人捎話給台上的傑佛遜飛船，請他們延長表演，兩個樂團的工作人員則被通知慢點拆掉傑佛遜飛船的器材；暫緩設定門樂團的器材。後台的大家決定好請文斯・崔那通知觀眾，吉姆身體不適，但其他三位成員不論如何，仍然願意表演。

比爾下了結論：「跟他們講，如果有人想退錢的，馬上退給他們。」

突然間，吉姆從椅子上滑落到地板，好像他無聲無息突然間沒了骨頭似的。比爾馬上跑到他面前，從口袋掏出一面鏡子，貼到吉姆的口鼻旁邊，想看看他還有沒有氣息。

「滾開！」他對所有人大吼：「我不知道他還有沒氣，都給我滾，靠！」

比爾再次把吉姆扶起來坐好，滿懷希望地看著手中的小鏡子。一位觀眾群裡的醫生氣喘吁吁地跑了過來，快速地檢查一遍後宣告：「這位先生只是昏了過去。」

聽到以後，大家放下了心上的大石，吉姆被送往附近醫院時，發自內心的擔憂變成了積壓已久的怒火。其他成員相當生氣，當晚由雷擔任主唱，好像他們從來都是一個三人組。

隔天醫院裡的吉姆展現了不可思議的復原能力，臉色已經回復光采。他跟其他一行人說：「你們真該聽聽醫生早上跟我說什麼，他問我發生什麼事，我說我可能累了吧，然後他花了二十分鐘跟我說教待在娛樂圈的危險性。他說我要小心貪婪經紀人對於藝人的壓榨。」比爾等一群人瞪著他，吉姆不好意思地笑了笑。

——傑瑞・霍普金斯攝

第7章

———

　　進行歐洲巡演時，潘蜜拉都待在倫敦氣派的公寓裡，她是在昂貴又時髦的貝爾格拉維亞區找到這間住所的。頭幾天潘蜜拉跟吉姆一起探索倫敦，穿過蘇活區，走到了卡納比街及牛津街，在那邊買了一些衣服。十月六號他們一起觀賞格拉那達電視台播出的《門開了》（The Doors Are Open）特輯，以革命的角度脈絡介紹吉姆，穿插他們在圓屋劇場的演唱會，還有芝加哥民主黨代表大會的新聞剪輯，以及最近在倫敦美國大使館的抗議鏡頭。特輯內容沒什麼驚喜，但吉姆仍然相當滿意樂團呈現的樣貌。

　　一週後詩人麥克盧爾加入了他們，他來倫敦拜訪旅居當地的美國製片人艾略特·卡斯特納（Elliott Kastner），他希望吉姆在改編自麥克盧爾劇本的電影《鬍鬚》裡飾演比利小子（Billy the Kid）一角。吉姆跟麥可很快就擺脫了生分，在倫敦度過了幾天暢飲暢談的日子，友誼亦隨之穩固。對吉姆、麥克盧爾、潘蜜拉來說，他們詩意濃厚的生活傳統，必不可少喝醉的環節，因此第一個晚上他們便喝得不醉不歸，想叫計程車往北直奔需要八小時車程的湖區，但沒有成功。那裡是蘭姆（Charles Lamb）、史考特爵士（Sir Walter Scott）、華茲華斯（William Wordsworth）、柯立芝眾詩人曾經的家。每天清晨四點他們都會被同一位當地警察攔下來，他威脅他們如果再從公寓跑出來探險的話，將逮捕他們。

早上麥克盧爾起床的時候伴著宿醉,「超級嚴重,好像麥司卡林嗑多的感覺」,他開始隨意地閱讀吉姆放在桌上的詩作——他早就知道吉姆寫詩,但從來沒有讀過——讀了之後「印象超級深刻」。他將吉姆看作是雪萊詩作《阿拉斯特》(*Alastor*)的真實版本。阿拉斯特是雌雄同體的半人妖精,居住在森林且崇尚知識之美。麥克盧爾在早餐前所讀到的詩作,都維持令他滿意的優秀水準,這些詩後來大部分都收錄在詩集《新創造》(*The New Creatures*)。

　　當吉姆出來吃早餐的時候,麥克盧爾跟他說,他覺得這些詩應該要發表出來。吉姆對潘蜜拉大剌剌地把詩稿丟在桌上的不滿,都因為詩人給予高度讚美而煙消雲散。他詢問麥可盧爾如果要個人出版,他有沒有什麼想法。

　　「如果這樣做是有理由的話,跟自費出版通常追求的虛榮感不太一樣呢。」麥克盧爾當時是這麼說的:「吉姆不希望詩集受到的關注,全部出於自己搖滾明星的身分。他希望把詩跟現有的事業分開,我跟他說雪萊也個人出版自己的作品,羅卡(Federico García Lorca)的第一本書印象中也是個人出版的,甚至我自己也嘗試過一次。」

　　關於詩作的談論,伴隨著酒飲延續了兩三天,吉姆說他會把詩集獻給潘蜜拉,因為她就像是他的編輯。吉姆咧嘴笑著說:「她把它們完整讀過後,刪掉裡面所有的『操』跟『屎』。」

　　麥克盧爾望著他說:「馬克·吐溫的老婆也是這麼做的。」

　　他稍微翻閱了一些詩,做出了評論:「你知道威廉·卡洛斯·威廉斯(William Carlos Williams)的詩〈紅色手推車〉(The Red Wheelbarrow)嗎?這首詩是客觀主義很棒的代表作,你在恩

塞那達寫的詩可以跟這首詩作連結。你寫的東西，讓我想到那首詩的具體性以及長度，雖然用的技法比較偏印象主義，如同膠捲般轉換空間，像電影一樣。」

　　回洛杉磯的第一個禮拜，吉姆拜訪了麥克盧爾的出版經紀人邁克‧哈米爾堡（Mike Hamilburg）的辦公室。他身上帶了四十二頁的詩作，還附上二十張他前往墨西哥時拍攝的相片，這就是後來出版的《新創造》。他還帶了一首長詩來，名叫〈乾涸的水〉（Dry Water），這位經紀人對詩作本身展現了高度的熱忱，也同意不應該過度強調吉姆搖滾歌手的身分。十月底時《新創造》已經成書，放在紐約蘭登書屋編輯的桌上，吉姆正規畫在洛杉磯私人出版這本書。

　　與此同時，紀錄片陷入危機，整個計畫已經砸下三萬美元，但吉姆卻想喊停。根據當時的情況來看，剪輯離完成還差得遠，而需要演出的虛構部分完全還沒動工。最後他們達成了共識，剩下的拍攝工作就此打住，保羅‧費雷拉跟弗蘭克‧利斯安德羅願意無償完成剩下的工作，而樂團則提供三到四千美元的必要預算來處理剪輯，他們希望把成品賣給電視台。

　　十月進入尾聲，吉姆遁入剪輯室，一個樂團辦公室後面的小房間。他在那裡全神貫注處理一卷又一卷的母帶，佈告欄上釘滿可能採用的標題，大部分都取自吉姆的歌詞，約翰最喜歡《喑啞鼻孔的苦痛》，但雷的建議才是最後定案的版本：取自〈音樂結束之時〉的《友之盛宴》（Feast of Friends）。吉姆坐在音畫同步裝置旁觀看毛片，對剪接提了幾個建議，還暫定了場景的順序，但他把最終決定權都交給保羅跟弗蘭克。弗蘭克是這麼說

的：「吉姆強烈感覺到電影不是在某種特定的狀態下完成的。這部影片持續進化，每個階段都加了點東西進去，一步步加強成最後的成品，他對影片剪輯展現了強烈的興趣。」

當他檢視片段的時候，吉姆有了驚人的發現。貝比、弗蘭克還有保羅在辛格體育場的演唱會上特別關注，錄下了演出的暴力場面，吉姆在舞台上裝出的痛苦扭動，以及警察把青少年歌迷扔回觀眾席，只距離吉姆咫尺之遙的場景。吉姆之後表示：「第一次看影片的時候我很吃驚，因為在台上，作為影片裡中心焦點之一的我，當時只從自己的角度看事情。現在看到事件一連串發生，那時以為自己控制得當……看到了真實的情況……某種程度上，我突然了解到，原來我也只是被很多我不理解的力量所操控的布偶。」

不論吉姆對於自己造成的混亂及暴力有多「驚訝」，十一月一號開始的巡演，是門樂團最暴動的一輪演唱會，聘請了派克偵探社四位身強體壯的保鑣，他們由品行優良的黑人男性組成，每個人至少有一一〇公斤，且合法持槍。

一號在密爾瓦基以及二號在哥倫布的演唱會平淡無奇，唯一值得一提的是吉姆唱了許多藍調歌曲，減少了樂團創作歌曲的比例，就如同在歐洲表演時的歌單形式一樣。但接下來在芝加哥、克利夫蘭、聖路易、鳳凰城的八天充滿了受傷、暴動，還有逮捕。

《鳳凰城報》的頭版標題是「體育館接近爆發暴動」，而內文則寫道：「昨晚於體育館舉辦的州博覽會，爆發了一場青年與警察間的戰爭。責任必須歸咎於門樂團，可能是這世界上最具爭議性的團體。主唱吉姆・莫里森穿著破舊的衣服上台，行為

乖張。觀眾照單全收他的瘋狂舉動，包含從台上丟東西到觀眾席，以及做出粗俗的舉動。」當晚有超過二十人遭到逮捕。

當他被問到身處於演唱會的暴力場面有何感受，吉姆的回答相當模稜兩可，他跟一位撰稿人說：「滿好玩的，挺鬧的……我們很享受，歌迷很享受，警察也很享受。很像一個詭異的三角，可是你應該要想想這件事背後的邏輯。如果警察不在那邊，會有任何人想跑上台嗎？應該問他們要跑上來的時候會做什麼？他們上台的時候都是很和平的，沒有要起鬨，唯一引誘他們跑上台的原因，是因為一道屏障擋在那。我完全相信是因為這樣，而且小朋友有機會去測試一下警察，也滿有趣的。你看警察今天那個樣子，帶著槍、穿制服走來走去，大家都很好奇你如果挑戰他們會發生什麼事。我覺得是好事，因為小朋友有機會測試當權者。」

他和另位訪問者說：「我嘗試激起小規模的暴動，幾次之後我才理解，這根本是場笑話。很快事態就發展成如果演唱會不跳起來、跑來跑去，對大家來說就算不上成功。很可笑，這樣搞不會有什麼結果。我覺得演唱會應該要做到讓大家把感覺放在心底，這樣他們離場時會把那種能量帶到街上，跟著他們一起回家。」

現在大家更清楚該從門樂團的演唱會期待什麼了，那就是暴動與超然的狀態。就算沒有達成，他們至少看到蜥蜴王無人能及、或無人有意挑戰的舞台動作。他神智過於恍惚，甚至會跌落舞台；喝得太醉，導致他用尖叫取代遺忘的歌詞；嗑得太嗨，會把擴大機背上身，在台上摔個狗吃屎，無法起身。門樂團給你的是一場秀，一場你沒看過的荒謬怪誕秀。

門樂團努力達成大家的期望，他們是目前線上最具戲劇張力的樂團，吸引很酷的地下聽眾，也同樣讓青少年樂迷著迷。吉姆有辦法撼動兩種不同的聽眾，讓他們不光只是看，而是進到直接體驗感受的場域裡，讚歎敬畏不已。

　　但當吉姆越是體會到歌詞跟音樂被忽略，他的倦怠感也越常在台上台下爆發。他也開始對觀眾期望的壓力感到厭倦，樂團剛成軍的時候帶動觀眾毫不費力，因為他們來看表演並沒有抱持著什麼前提。但現在觀眾如果沒有聽到、看到他們聽說過的場面，便不滿足，好像那些傳聞就是表演內容的擔保一樣。你該怎麼辦呢？

　　門樂團的地位形象，開始超越有限的生命，超然到他們跟觀眾之間的連結，隨著一場又一場的表演，變得越來越不實際。吉姆不僅開始覺得自己不配大家的寵愛，還越來越煩惱要怎麼面對這樣的情況。鄙視只是主秀前的餘興節目。他的想法是，或許停止迎合他的公眾形象，才是一勞永逸之道。這個解決方式沒辦法立即見效，但或許他可以一步一步慢慢來，長遠來看讓觀眾的要求緩和下來，最終可能可以澈底改善他們之間的關係。

　　十二月的第一週，樂團錄製一年多以來第一個電視節目，史莫瑟兄弟秀。之後吉姆來到西好萊塢的吟遊詩人酒吧，喝得相當醉，並說服一位女服務生跟他一起回家。前往他的「藍色淑女」愛車時，兩個同性戀走了過來。

　　「聽清楚，我沒興趣。」他冷冷地說，這兩個人還是跟了上來，想擠上來他的車子。吉姆馬上發動車子離開，把油門踩到底，往多赫尼大道（Doheny Drive）開去。他逆向行駛並持續加

速，前方有棵樹，接著傳來一陣尖叫聲，輪胎發出尖銳刺耳的聲響，喇叭大作，車子撞到路邊後停了下來，車門甩開、乘客摔了出來，但沒有人受傷，吉姆揚長而去，繼續他的夜生活。

女服務生回到吟遊詩人酒吧叫計程車，吉姆又出現了，咆哮著要她跟他上車。她拒絕，還說他太瘋狂了。吉姆飛速離開，他的狂歡便宣告結束，開著他的藍色淑女撞上了日落大道的另一棵樹。他回到旅館房間的時候不省人事，但毫髮無傷。

半小時之後女服務生打電話給他，他哀求她馬上過來找他。她衝到飯店，吉姆哭了出來：「我不想傷害任何人，我不想傷害任何人。」她問他這話是什麼意思，但他只是哭著說：「我不想傷害任何人，我不想……」

沒有人被傷害，幾天之後車子被拖去比佛利山莊的修車廠修理。

隔週的十三號星期五，好萊塢露天劇場的表演之後，他們第一次回到家鄉露面，地點在可容納一萬八千人的論壇體育館（The Forum）。樂團當天下午已經開始錄製第四張專輯的頭幾首歌，吉姆在接送禮車來的幾小時前，離開了錄音室。吉姆跟從聖地牙哥來看他的十九歲弟弟安迪同行，往一個街區外的酒鋪走去，買了一手啤酒跟一品脫伏特加。他在走回厄勒克特拉停車場的路上把所有酒都喝完，每喝完一罐就把酒瓶往牆上砸。

演唱會籌辦方做足了宣傳，電視廣告中吉姆穿著皮衣、拿著仙女棒，在開唱前強力放送了好幾週。標明日期的宣傳海把從海灘到西好萊塢的洛杉磯全部蓋得滿滿的，每個當地的搖滾電台都在播出相同的新聞：門樂團回來了！整個體育館座無虛

席，大家都非常期待演出。

雷邀請一位中國民謠音樂家進行開場表演，但觀眾完全忽視，全部都在聊天（雷上台串場介紹的時候，獲得的掌聲比音樂家演出時還多），連傑瑞·李·路易斯（Jerry Lee Lewis）[1] 表演鄉村歌曲時，都招來不間斷的噓聲。門樂團一上台，觀眾不放過任何點播〈點燃我的火〉的機會，呼聲連連。有人往台上丟了一把點燃的煙火，差點打中吉姆，他走到了台邊。

「嘿，你這傢伙，不要給我幹這種白痴事。」他向觀眾喊話，聲音從文斯架設好的三十二台全新巨型擴音器中，轟隆隆地傳了出去。觀眾們準備好了，竊竊私語響遍了全場。「閉嘴。」熱切的渴望跟笑聲混在一起，傳來了「好。」的聲音。

「你們在這幹嘛？」吉姆問：「你們今晚為什麼要來啊？」沒人應答，這不是他們要的，吉姆知道。

「呃，我們可以整晚都表演音樂，但你們不想要對不對？你們還要其他的東西，要比你們看過的更多、更震撼，對不對？」

觀眾們呼聲高昂。

「操，我們是來表演音樂的。」

樂團開始演奏〈蜥蜴的慶典〉，那稀稀疏疏、給人不祥預感的開頭，給人趁機作亂的機會，但是沒有人這麼做。表演者開始演奏歌曲的重頭戲，觀眾們都聚精會神地聽著，表演完美無瑕，用全新的熱情強調並演繹歌詞。吉姆沒有舞動，甚至沒有跳起來，一次都沒有使用吼腔。當他以沙鈴替歌曲作結後，他把它放回鼓座的台子上。整首歌持續了約四十分鐘，結束的時候觀眾一動也不動地坐著。沒有暴動，也沒有鼓掌歡呼，幾乎

1　傑瑞·李·路易斯：綽號「殺手」，搖滾樂狂野美學的奠基者。作為洛卡比里（Rockabilly）最開始的演唱者之一，他在太陽唱片公司錄製的唱片在南方取得了空前的成功（貓王同時期在同地區亦是相當具有代表性的人物），被貓王取代之後，他的事業沉寂了一段時間，隨後在七〇年代轉型鄉村樂時再度回春。晚年的他仍然偶爾發行作品，他對於演唱氣氛的調控以及鋼琴演奏最為樂壇稱道。

聽不到任何掌聲。樂團沒有鞠躬也沒有揮手道別，他們只是靜靜地走下台，往更衣室去。觀眾們坐著，驚訝得不知如何是好，之後才慢慢地走出寬敞的體育館，走入洛杉磯的夜晚。

吉姆跟潘蜜拉前往表演後的媒體派對，可是被認不出他們的保全拒於門外，他們的名字不在賓客名單上。吉姆沒有如潘蜜拉預料般大發雷霆，反而把局面搞成一齣喜劇的套路。

「可是我認識背景很硬的朋友。」吉姆跟保全說。

「還是不行，你不能進來。」

吉姆很快就被認了出來，被帶進會場。群眾包圍了他還有潘蜜拉。

派對之後，吉姆跟弟弟還有潘蜜拉在無邊無際、寂靜、空曠的論壇體育場停車場上踢足球，用的是啤酒罐。

好幾個月以來，葛拉罕都企圖邀請門樂團回到紐約費爾摩東岸會堂表演，但是比爾不斷回絕。他們下次前往東岸時，計畫是在麥迪遜廣場花園（Madison Square Garden）表演，這個場館的名號響亮，加上可容納兩萬人的大容量，一直是整座城市最享盛名、也最賺錢的表演場地。葛拉罕說：「我知道一切是你還沒來以前發生的，比爾。可是我本人才是給他們舊金山費爾摩演出機會的那個人，他們那時甚至還沒有紅任何一首歌，我給了他們嶄露頭角的機會。」

比爾回嗆：「對啊葛拉罕，我知道。可是他們唱一場你才給三百五耶。」

「你這個賤貨給我聽好……」

雙方很顯然就此不歡而散，比爾也替「花園」的演出再作

安排打算，另覓葛拉罕以外的人製作。門樂團成了第一個從費爾摩畢業，轉戰「花園」的樂團，比爾曾以為葛拉罕也想共襄盛舉。

「場域這麼大，你其實很難跟大家分享什麼。」葛拉罕對於分道揚鑣是這麼想的：「在一間水泥工廠裡，你要跟我談什麼氣氛跟共鳴？他們的事業如此成功，我很替他們開心，但我得講明我的看法，他們在這麼大的場地演出沒有好處。」

一九六九年一月中，他們真的過得很順遂，他們是「美版披頭四」，是最成功的美國樂團。他們拒絕在無法容納一萬名忠實粉絲的場地表演，每晚演出索價三萬五千美元，或者是要求六成的抽成，採價高者計。他們最新發行的單曲叫作〈撫摸我〉（Touch Me），意外地是一首傳統情歌，出自羅比之手，即將成為另一張銷售百萬的單曲。為了要重現跟錄音版本一樣的聲音，樂團帶著貝斯手跟爵士薩克斯風手到紐約，還從紐約愛樂找來一些小提琴手。當月《眼》（Eye）雜誌的讀者投票中，門樂團被票選為最佳組合，吉姆則被稱作「搖滾樂最性感的男人」。

在「花園」演唱會大獲好評的隔天，吉姆在廣場飯店的套房裡迎賓。他在加州厄勒克特拉分公司，有一個留著小鬍子的參謀，叫作大衛・安德勒（David Anderle），他跟吉姆介紹了一個吉姆會想見一見的人，黛安・加德納（Diane Gardiner）。她是紐約辦公室那邊可愛的金髮女生，是吉姆新的公關人員。黛安是個很有吸引力、好相處的二十歲大學中輟生，來自加州的她曾經成功行銷過很多藝人，比方說奶油樂團（Cream）[2]、比吉斯（Bee Gees）[3]還有傑佛遜飛船，但門樂團，尤其是吉姆・莫里森最讓她技癢難耐。吉姆越喝越醉了，正在說一些讓她難為情的笑話。

吉姆問：「聰明的侏儒跟性病有什麼不同？」

在場所有人都看著地板。

吉姆說：「嗯，前者是奸詐的小矮人[4]……」

黛安叫吉姆進臥房，說他需要打一通電話。

她一進房間就說：「吉姆，你聽好，你面對媒體時人真的很好，可是現在……靠，你真的出了點狀況，我必須把這個工作做好，吉姆，我可能會丟工作，所以……我待會出去會跟他們說，我們剛打給這位先生，你跟他約見面，所以得先走。你離開之後，我會待在這裡替你跟大家道歉。」黛安望著一語不發的吉姆：「媽的，我在幫你，回我話……拜託，吉姆。」

吉姆穿著跟昨晚在「花園」表演時相同的衣服：來自墨西哥，未經漂白的亞麻衫、黑色皮褲、還有黑色靴子。他站得離房門很近，一手隨意地搭在門把上，臀部挑逗地翹著，右手握著一杯威士忌。他歪嘴向她露出了男孩氣的笑容，向後一倒癱軟在床上。吉姆往上望著黛安憂心的臉說：「我想上妳。」一手墊著頭，另一手握著飲料放在胯下。

「好的，吉姆，好的。」黛安緊張兮兮地離開房間。

下午的時光悄悄溜走，紐約的黃昏時分到來。大家喝了很多酒，還吃了艾倫‧桑德（Ellen Sander）帶來的哈希巧克力碎片餅乾，棕髮的她雖然害羞，卻很有膽識，她在《星期六評論》的專欄中，稱吉姆是「薩德侯爵版米老鼠」。在場有股奇怪的氛圍，每個人好像生來就待在這個地方，沒人準備離去。吉姆突然跌坐在地，用雙膝移動到艾倫坐著的那張沙發旁，前後擺動，他的臉離艾倫的臉越來越靠近。

2　奶油：吉他之神艾瑞克‧克萊普頓第二個參與的樂團，讓他的知名度跨出英國，成為全球性的指標人物。雖然只成軍短短兩年多，但發行的作品幾乎都獲得了傑作的肯定。

3　比吉斯：英國三人團體，一開始以靈魂樂、軟搖滾的商業曲風，嘗試製作概念專輯，取得了一定的知名度。在加入迪斯可元素後，他們的事業一飛衝天，電影原聲帶《週末狂熱》全球狂銷三千多萬張，連續締造了六首美國冠軍單曲，記錄無人能破。

4　兩者字首互換，意思會變成「流水的屍」。

「唱首歌給我們聽吧,艾倫。」

艾倫的腳收了上去,盤腿坐著:「吉姆,我不會唱歌。我是專業的聽眾。」

「拜託啦,艾倫。」吉姆求她:「請妳唱一首歌吧。」

「真的啦,吉姆,我是作家,不是歌手。」

吉姆猛地起身大吼:「給我唱!」

艾倫再度拒絕:「我不會唱,你唱吧。你是歌手,唱點東西給我們聽吧,吉姆。」她的聲音微微弱弱,哀求著:「我只是個評論家。」

吉姆繼續搖來晃去,擺出威嚇的架式,用凶惡的目光直盯著艾倫。最後艾倫終於開口,小小聲地用害怕的聲音唱了披頭四的〈嘿,朱迪〉(Hey Jude),只唱了四句。大家接著替她鼓掌,場面也回歸正常,吉姆跑進臥房,把閃閃爍爍的電視機聲音轉大。

「薩德侯爵版米老鼠!」他對自己咕噥著。

吉姆整個週末心情都不好,在「花園」的表演很順利,整趟旅程算是大成功,可是他有些煩惱縈繞在心頭,在紐約的整個週末,他都沒有跟其他的樂團夥伴說話。事情是這樣的,他跟麥克盧爾還有潘蜜拉在倫敦的時候,當時握有門樂團樂曲出版權的賈克,收到了廣告公司的請求,請他授權別克汽車(Buick)在廣告裡使用〈點燃我的火〉,費用是五萬美元。賈克說他會詢問樂團成員,因為羅比、約翰、雷還有比爾都找不到吉姆,他們就自己投票表決了。吉姆回到美國後,聽到「來吧,別克,點燃我的火」這句廣告詞,馬上去找賈克,在大衛‧安德勒辦公室外面的陽台把他逼到牆角,表明這首歌對他來說是不可侵犯的,就算他已經表演這首歌表演得很煩也一樣。

「我要跟你說清楚，賈克，現在就跟你說清楚，不要再做這種事了。那首歌對我來說很珍貴，我不想要任何人使用它。」

歌曲後來沒有出售，但吉姆並沒有跟其他人攤牌，只跟賈克抗議，而對其他人絕口不提他沮喪的理由。

這並不是唯一讓吉姆沮喪的事。

吉姆在紐約的時候交了一個新朋友叫佛瑞德・米羅（Fred Myrow），他能言善道、外型胖嘟嘟、好相處，二十八歲的他是伯恩斯坦（Leonard Bernstein）的助手，也是紐約愛樂的駐團作曲家。大衛・安德勒特地帶著他到廣場飯店跟吉姆見面。

吉姆把右手的酒換到左手，彼此來了個正式的握手。吉姆幾乎可以說是鬼鬼祟祟，馬上就把他拉到一旁。別人已經跟他說過很多關於佛瑞德的事，稱他是前衛古典樂作曲界的明日之星。可是吉姆還聽說，他想要擺脫這一切虛名。他聽過披頭四的音樂，覺得自己做出來的東西太小眾，想要做點更流行的東西。吉姆走的路跟他完全不同，但他們的渴望十分相似，想要做出有意義的改變。

「如果一年內我找不到全新的創作發想方式，可能就只能成為人們的回憶。」吉姆一見到佛瑞德，就這麼跟他說。

佛瑞德對於這段話相當印象深刻，因為很少有藝人才剛獲得巨大的成功，就立刻想得這麼長遠。但過氣這種結局，對吉姆來說相當可怕，他從來沒有跟摯友以外的人敞開心胸，談這方面的問題，但他把自己當成革命的象徵，用反抗他父親來達到社會平衡，至少看起來是這麼回事。但吉姆自己也不願承認，他很多方面像極了父親。他們的目標或許背道而馳，但野心跟

幹勁其實別無二致。

　　吉姆並不一定想帶領革命，但如果真的有革命，他絕對會捨身赴義。雖然他聲稱有些歌曲，是在幻覺中出現，可他從來都沒有忘記，幻覺難以駕馭，而且預示了毀滅的本質。當粉絲及搖滾樂界把他認作政治社會運動發生的要角，他雖然沒有公開表明任何態度，內心卻暗自竊喜。

　　很長一段時間以來，他相信唱片可以跟先前革命中的書本以及宣言一樣，幫忙達成相同的目標。他並沒有完全否定自己的想法，可是感覺自己需要一個新方向。敲定好跟佛萊德下次見面的計畫後，他回到洛杉磯，把自己交到基進劇場理論家亞陶的門徒手中，這群人有三十二名成員，以生活劇場（Living Theatre）之名，正在全美進行巡演。

　　吉姆在佛羅里達州立大學認識亞陶的理論，之後就一直是殘酷劇場的信徒。一九六八年夏天，他曾經請教過洛杉磯自由新聞社的撰稿人約翰·卡本特，詢問他某位曾經加入生活劇團朋友的事。之後他則向麥克盧爾套出了更多的資訊，因為他發現麥克盧爾認識創團人朱迪斯·瑪麗娜（Judith Malina）還有朱利安·貝克（Julian Beck）。十一月時，吉姆反覆閱讀《堡壘》（Ramparts）雜誌中關於這個基進劇團的文章，直到他背下了其中一些段落：「［作者史蒂芬·施內克（Stephen Schneck）寫道］他們並不算是表演者，而是一群尋找天堂的流浪者，他們對天堂的定義是完全的解放，施展催眠術，並倡導即刻前往天堂的概念。他們的存在以及運作，恰好直接反對了以法律與秩序為名的極權壓迫國家。」

　　吉姆聽到他們一九六九年二月要到南加大演出，就叫樂團

的祕書預訂了五個表演場次各十六張票，還邀請生活劇場的前導宣傳員馬克・阿馬丁（Mark Amatin）到他家共進晚餐。

吉姆家現在相當舒適，遠離人煙，位在好萊塢比奇伍德峽谷（Beachwood Canyon），是他租給潘蜜拉的房子。吉姆當晚對潘蜜拉很粗魯，完全沒有把馬克介紹給在場的另一對伉儷，吃完飯後更直接把馬克以外的所有人都趕走。

吉姆又喝酒、又吞下一些白色小藥丸，他也給了馬克一些，只不過沒有認出那些藥丸就是興奮劑苯甲胺，兩人暢聊直到天明。

馬克傾吐衷腸，告訴吉姆他的改變有多大：「我看完生活劇場那晚，帶了十三個素未謀面的人一起回家，醉得失去控制，一切都發生在我跑到台上脫衣服之後。去的時候我完全沒想到自己會做出這些事，可是隔天我就發覺到，那才是生命該有的樣貌。回到平常旅遊業務的崗位上，聽到有人要我把身上的珠串拿掉，我直接跟他說去死比較快，然後走人。」

馬克後來回憶當時情境，是這麼說的：「我做的工作，就像是政治與心靈的傳教士。那是吉姆想要深入了解的事，他的作品就像一場宗教體驗，但是現在已經變質成娛樂，他對一切深感不滿。生活劇場由一群前來觀賞他們演出，之後捨不得走的人組成，吉姆很想了解那份熱情從何而來。他說他想要把政治訊息融入自己的表演，但他實在不得其法，甚至也不知道從何開始。他感覺每個人都在等候他發號施令，準備好服從他的一言一語，這是一份很沉重的責任，但吉姆真的不知道要說什麼了。」

吉姆問馬克：「生活劇場能激起這麼多熱情，到底是什麼原因？我們要怎麼感受到堅定付出以及熱愛的力量？我該怎麼做呢？」

一連串的事件是在一九六九年二月二十八號週五晚上開始的，後來直接導致門樂團的名聲受到重創。當天生活劇場上演了一齣革命性的精心傑作，名叫《立見天國》(Paradise Now)，給了吉姆一記當頭棒喝。

他跟過去一個禮拜一樣，跟友人坐在第一排。這齣戲碼由「游擊劇場的儀式」開始，演員與觀眾開始交流，說出五句淨化關鍵句的第一句。

「我沒有護照的話，不准旅行。」

生活劇場自我流放歐洲四年後，重返美國演出，這段期間團員們的創作變得國際化，親自體會到跨越國境的不便。他們邀請觀眾加入對話，適時誘導以得到回應，吼出自己的想法，宣洩苦痛與疲憊。

「我無法自由旅行，我不能照自己的意願移動。」

「我跟我的男伴分隔兩地，別人強行畫定我的界線。」

「天國之門對我緊閉。」

幾分鐘之內演員便接近歇斯底里，南加大劇場被澈底顛覆了。吉姆跟其他很多人都站起身，高喊著口號，為了將近的天國怒吼。

演員不動聲色，往後退回舞台，暫停片刻，然後繼續第二句口號：「我不知道如何停止戰爭！」

表演接著進行：用爆發的能量，說出一連串的抱怨不滿。

「沒錢你就活不下去！」

「我不被允許抽大麻！」

接著是：「我不被允許脫掉自己的衣服！」

「創造成我們的身體是禁忌！」

「我們對最美麗的事物感到丟臉,我們害怕最美麗的事物!」

「我們可能無法自然面對彼此!」

「文化壓迫愛!」

「我不被允許脫下我自己的衣服!」

演員開始寬衣解帶,卸下自己大部分的外衣,接著站在走道與看台上,只遮著身體私密處。這是對禁忌的主動示威,衣服脫到法律規定的界線時,演員再度大喊:「我不被允許脫掉自己的衣服!我被擋在天國的門外!」

此刻警察進場,阻止表演繼續進行。

門樂團隔天表定要舉行一場演唱會,這場演唱會結束後,吉姆跟潘蜜拉照計畫動身前往牙買加一週,已經有人準備好住所了。但去機場前,雙方發生了爭執,抵達機場後,兩人又吵了一架,吉姆把潘蜜拉送回家,因此錯過了航班。吉姆一邊咒罵,一邊希望身邊有酒喝,預定了另一班飛機的位子,跑去機場酒吧邊喝邊等。一上飛機他便想盡辦法,對頭等艙空姐施展話術,一要到酒就一飲而盡。轉機點在紐奧良,吉姆又跑去機場酒吧,再次錯過航班。等到他事情處理好,搭上另一班飛機,並且打電話通知演唱會場館,告訴團員自己稍微遲到時,他已經喝醉了。

他繼續喝酒,直到抵達邁阿密。

未選用宣傳照（亨利・迪爾茲攝）

吉姆特寫，未選用宣傳照
（保羅・費雷拉攝，出自門樂團資料庫）

221

吉姆與朋友們在墨西哥
——傑瑞‧霍普金斯攝

克雷格伉儷在墨西哥
——傑瑞‧霍普金斯攝

第三部　　　　箭落人逝

在西好萊塢門樂團工作室等候排練的吉姆，
一九六九。

──傑瑞·霍普金斯攝

第 8 章

南方的夜晚潮溼悶熱，吉姆的雙膝一軟，一手扶著右邊大型的黑色舞台音箱，另一手則拿起一罐棕色的啤酒瓶一飲而盡。他的下巴鬍子剛長，看起來有種魔鬼麥菲斯特般的剛強狠樣。黑色的無袖背心沒有紮進黑色皮褲裡，好遮掩他的啤酒肚。吉姆斜眼向觀眾看去，一片模模糊糊。

時間剛過十一點，他把最後一點啤酒嚥下，距離表定開場時間已經晚了一小時，觀眾們群起鼓譟。這是樂團第一次在佛羅里達表演，因為他們贏得了邁阿密大學的校園投票，但即使是最熱情的粉絲，也會覺得心情緊繃，因為陳舊的水上飛機棚內，塞了太多觀眾，沒有椅子與送風設備。

雷跟羅比還有約翰在黑暗中朝樂器移動，雷緊張地看著約翰，吉姆慢慢吞吞的樣子讓他頗有微詞，用力握著鼓棒的手發白起來。雷的眼睛轉向羅比，他神情放空地抱著吉他，好像對緊張的氣氛無感。

後台邁阿密的主辦方跟比爾、還有一位從紐約緊急飛來「救火」的經紀人激烈爭論。比爾之前相信主辦方的說詞，以為整場票房收入最多只有四萬兩千美元，所以同意只收取兩萬五千美元，而不是依慣例分取票房總額六成作為酬勞。當他簽字回傳合約後，主辦方居然把椅子都撤掉，多賣了七千張票。比爾覺得自己被耍了，氣急敗壞。

吉姆靠向鼓後面的混音器控制板，跟文斯再要一罐啤酒。

文斯的正式工作是監督搭建、拆卸，還有保養樂團龐大的音響設備。而他不成文的工作，是負責提供吉姆酒水，但這次他搖搖頭說不，因為他已經沒有啤酒了，那要不要來罐可樂呢？

「別搞砸啊。」文斯小聲地說：「我們第一次來邁阿密。」

吉姆轉身走回台邊，打了個嗝，凝視著躁動的黑暗，他開口問有沒有人有帶喝的東西，有人帶著一罐廉價紅酒走向前。

一開始雷叫約翰替〈衝破拘束〉起頭，這首歌通常是樂團表演的開場曲，他們光是前奏就彈了約莫十分鐘，沒有發揮作用，吉姆的心完全不在上面，他正在跟觀眾席裡的年輕歌迷講話，共用一個紙杯。樂團又陷入了沉寂，此時吉姆爬上舞台，抓起了纖細的金色麥克風。

「我不是在談一場革命！」

這一聲嚎叫相當刺耳，如同吟誦的開頭，打響了第一炮。

「我想談的是享受愉快的時光，享受今年夏天愉快的時光。你們全部都來洛杉磯吧，全部都過來。我們會躺在沙中，讓海水流過腳趾，大家都會玩得很高興的。準備好了嗎？你們準備好了嗎？你們準備好了嗎？你們準備好了嗎？你⋯⋯們⋯⋯準備～好～了～嗎？嗚呼～啊嗚⋯⋯啊嗚⋯⋯」

樂團急忙開始演奏熟悉的歌曲開頭，是收錄在第一張專輯裡的〈後門情夫〉。

「大聲點！來吧，夥伴們！更大聲！耶，耶，我──是她的後門情夫⋯⋯」

才唱了四句，吉姆又停了下來，開始聊天。他聽起來相當抱歉，他跟觀眾講話的同時，也在跟潘蜜拉喊話嗎？

225

他吼說：「嘿，聽好。我很孤單，我需要一些愛，大家。來吧，我想好好快樂一下，我想要愛——啊，愛——呀。沒人想他媽愛我一場嗎？喂。」

觀眾們倒抽了口氣。

「我需要你們，這邊有好多個你，但沒人要愛我對不對，寶貝，拜託啦。我需要，我需要，我需要，需要你，需要你，需要你。來啦！耶！愛你們！來啦。沒人要上台來愛我是嗎？好啦隨便啦，寶貝。太糟糕了，我找別人好了。」

樂手們幾乎快受不了這愛的懇求，吉姆一停頓下來，他們就開始演奏起〈五比一〉，他順勢開始演唱，第一段唱得挺有條不紊。接著他又發表了另一段演講，先談起主辦單位的貪婪，居然把這麼多人塞在一起，但也談到了《立見天國》這齣戲。

「你們真是一群天殺的白痴！」

觀眾們心又涼了一次。

「讓別人跟你說你們該做什麼！任憑擺佈，讓別人呼來喚去！你們覺得還能這續這樣下去多久？你們還要被別人支配多久？多久啊？搞不好你們其實很喜歡這樣，喜歡把自己的臉埋在大便裡……」

吉姆嘲諷著場中的聽眾，就像生活劇場的演員諷刺觀眾一樣，想要趕走他們的無精打采。

「真是一群奴隸！」吉姆喊著：「你們要怎麼辦呀？你們要怎麼做，你們要怎麼做？」他吼叫的聲音相當嘶啞，然後重新開始唱：「你享樂的年華已經結束了，寶貝／夜晚即將降臨。」

這首歌不知不覺地結束，吉姆繼續談話：「我不是在談革命，也不是在談示威抗議，更不是在講走上街頭。我談的是享

受時光，我談的是搖擺舞動，我談的是愛你周邊的人，我談的是呼朋引伴，我談的是愛，談的是愛。愛愛愛愛愛愛愛，找好你們……他媽的朋友，好好愛他吧，來吧，耶！」

接著好像在示範鼓吹似地，吉姆脫掉他的上衣，丟給觀眾，衣服好像一塊肉落在飢腸轆轆的狗群之中，消失無蹤。他一邊欣賞，一邊拇指扣著腰頭，把玩起釦子來。吉姆看了《立見天國》之後，已經計劃這一刻很久了。他小心翼翼地準備，沒有讓任何樂團成員知道。

雷示意演奏〈撫摸我〉，希望可以把吉姆的注意力拉回到音樂上，吉姆唱了兩句，又停了下來。

「欵！等一下，等一下，都等一下，都搞砸了。不，等等、等等、等等！你搞砸了，你搞砸了，搞砸了，搞什麼啊。等一下，我不接受這種爛東西，操！」他嚷嚷著。

他滿臉通紅，狂嗥的聲音轟隆隆的，麥克風撞著他的嘴巴。

「狗屎！」

觀眾們大聲呼喊。

吉姆開始解下腰帶，雷呼叫文斯：「文斯，文斯，快阻止他，別讓他幹這種事！」

文斯一躍而過他面前的聲控板，兩步便跨到吉姆身後，一手扯著他腰頭的褲子，另一手抵著他的背，不讓他把釦子解開。

「不要啊，吉姆，不要。」文斯勸他。

雖然吉姆通常不穿內褲，這天晚上他穿了一件很大的四角內褲，他把它往上拉，高過皮褲的褲頭。他的計畫是把長褲脫掉，但是不露出重點部位，挑戰《立見天國》中提到的「法律極限」。吉姆知道自己在做什麼，已經小心策劃過了，現在雷的決

定跟文斯的出手阻止，使他的計畫胎死腹中。天堂沒有來到，將得再等等了。

樂團仍然還在演奏〈撫摸我〉，令人嘖嘖稱奇，儘管早就已經亂成一團。吉姆的情緒終於緩和下來，繼續完成演唱會。

儘管啤酒早就沒了，他也沒有再去找觀眾多要酒，吉姆的醉態仍然很明顯。他沙啞的歌聲，吐詞不甚清晰，還因為忘詞而且找不到點，重新回頭唱已經唱過的部分。他嘮嘮叨叨地講了一段在佛羅里達出生跟求學的往事，態度相當冒犯：「後來我變聰明以後，就跑去了一個美麗的州叫加利福尼亞。」他在洛杉磯有位舊識，個性很特別，叫路易斯·馬文（Louis Marvin），一九六六年樂團曾受他邀請表演，是他們頭幾個參與的派對。他牽了一頭羔羊到場，上台交給吉姆牽著。吉姆說：「有點想操牠，可是還太小了，對吧。」接著他摘下一位警察的帽子，扔到前方汗流浹背的觀眾群裡……警察則把吉姆收到的一頂帽子也拿去丟給觀眾，引起了許多笑聲。

在曲目的間隔或是演唱到一半的時候，他不斷重複好幾句話。「我想看你們舞動起來，想看你們享受歡樂！」是其中一句，「沒有規則，沒有限制。」則是另一句。他的靈感來源跟動機呼之欲出，他呼喊：「你們聽好，我曾以為一切都只是個天大玩笑，只是一些笑料，可是最近好幾個晚上，我碰到了一群人，他們真的做了一些事情。他們嘗試改變世界，我想參與這樣的旅程，我也想要改變世界。」

幾乎一整個小時，吉姆都在邀請甚至糾集觀眾上台加入他。開演一個小時後，觀眾開始往前擠。主辦單位廣播警告：「可

能會有人受傷。」甚至威脅要中止表演。但是年輕歌迷還是不斷往前，現在超過一百個人到處亂竄，隨著樂團不知道怎麼繼續演奏下去的音樂起舞。

「我們沒爽到之前是不會走的。」吉姆大聲呼喊，開始跟兩三個女孩跳起舞來，舞台不斷震動，約翰跟羅比覺得它快塌了。還有更多的歌迷前仆後繼，開始攀著舞台邊緣想爬上台。最後，一位擁有空手道黑帶的主辦方保全抄進人群裡，熟練地把吉姆輕輕拋下台。吉姆落在一塊沒站人的空位，爬起身，身後拖著數百位歌迷，組成一條人蛇移動。幾分鐘之後，他重新出現在露台上，跟觀眾揮手致意，然後躲進更衣室，表演就此結束。

大概有二十多人在場工作，幾乎所有人都七嘴八舌地討論著。一些人很擔心器材遺失的規模，還有必定掛彩的觀眾，數量有多少。稍晚，比爾表示，吉姆講了一些「喔喔，我覺得我剛在那邊有暴露行為」之類的話，其他人則認為他說的是：「我們讓別克汽車使用〈點燃我的火〉吧。」也有人說吉姆笑得很開心，沒有講什麼重要或讓人印象深刻的話。氣氛大致上很愉快，有一部分是因為每次演唱會結尾，大家普遍心情都比較輕鬆，但還有一個原因是因為比爾付了點錢，補償那個帽子被吉姆搶去丟給觀眾的警察。連在場的六名警察都笑了起來，說他們玩得很愉快。

半個小時後，只剩下文斯還有巡演團隊以及幾位保全留下來，在陳舊的機棚兼演唱會會場，整理並面對這一大片混亂。舞台已經損壞，歪斜倒向一邊，相當危險。但更壯觀的景象，應當是約有一千支之譜的紅酒、啤酒空瓶，以及一大堆內衣、內褲，數量足以用來開存貨充足的內衣店了。文斯的印象是：

「每走一兩步路，地上就會出現一件衣服。」

吉姆可能被擋在天堂門外，不準脫去身上的衣物，但邁阿密的觀眾顯然沒有受到這個限制。

接下來的三天，吉姆照計畫在牙買加度假，潘蜜拉沒有跟來。邁阿密的政客、警察、還有媒體將會沆瀣一氣，暗暗注定了他跟門的未來。當地一家報紙在週日報導，吉姆把三名警察推下台，結果反而被另外三個警察制止。週一時，則引述一名警官的說法：「你必須要表揚這群年輕觀眾，沒什麼好說的，那個傢伙極盡能事想煽動大家搞破壞，可是小朋友們很自律。」代理警察局長則說，只要找到任何一位目擊到犯罪嫌疑的警察，他就會下吉姆的逮捕令。

同一天，對政治前途野心勃勃的助理市經理，也參了一腳：「市立場館裡怎麼會發生這種事？」

週二，大邁阿密地區的犯罪委員會主席，要求大陪審團進行調查，他是前任市檢察官，許多人因此紛紛加入了討伐的行列。當地一位州議員，身兼邁阿密交流俱樂部的總裁，他寫信給傑克孫維（Jacksonville）的市長，力勸他取消下週末在當地舉辦的門樂團演唱會。邁阿密市警內部安全組組長也說，他絕對會對吉姆下逮捕令。十九歲的前美式足球員麥克・李維斯克，也以當地天主教報社的辦公室為據點，開始計劃一場反對猥褻行為的公開集會。

三月五號星期三，事態終於一發不可收拾，年僅二十二歲的州檢察官辦公室書記巴布・詹寧斯（Bob Jennings），同意擔任本案原告，吉姆遭指控犯下一項重罪「淫蕩下流的行為」、以及三項輕罪「有傷風化的暴露」、「褻瀆性語言」、以及「醉態」。

這項重罪指控相當令人玩味,也引起了最多爭議,因為詳情訴狀上記載吉姆「淫蕩且下流地露出生殖器,手握生殖器並搖動它,而前述被告進一步對自己模擬自慰之動作,並對他人做出模擬口交之行為。」代理警察局長舉辦的記者會上宣布,吉姆被指控的罪名,可能會讓他在佛羅里達最惡名昭彰的瑞艾芙德監獄吃上七年又一五〇天的牢飯。隔天,吉姆與樂團的名字出現在全國各地的報紙頭版上,一時間成了眾矢之的。

　　同一時間,吉姆在加勒比海地區過得相當痛苦。以他名字承租的老舊莊園宅邸裡,他是唯一的白人臉孔。雷跟桃樂絲到法屬瓜地洛普島去了;約翰跟羅比,還有他們的女伴茉莉亞跟琳恩,也在牙買加,但房子離吉姆的居所有一段距離。吉姆後來跟朋友說,他覺得自己心神不寧,有一位黑人幫傭給了他一些大麻,他說他不敢拒絕,抽了跟一條古巴雪茄量一樣多的大麻,他隨之而來經歷了「精神崩潰,甚至包含死亡的幻覺」。之後有好幾個月,吉姆都沒有再碰大麻。

　　吉姆驚慌地離開自己的住所,去海邊找約翰跟羅比。但他對他們從事的水上運動沒有半點興趣,無聊的他臉上寫滿了沮喪,所以很快便回到了加州。

　　比爾一開始認為只是「另一場興風作浪的門樂團演唱會」,居然吸引了這麼多關注,甚至對團體造成這麼巨大的影響,令人百思不得其解。事發一週,樂團仍然把這場事件看作一場笑話,吉姆走進辦公室時,樂團宣傳里昂・巴爾納(Leon Barnard)問他:「邁阿密的表演如何?」,吉姆咧嘴一笑,馬上回說:「你一定會超愛的,里昂」。當全國各地的報紙媒體,開始報導麥克・

李維斯克，還有預計在橙碗體育場籌辦的捍衛道德集會時，門樂團還準備籌辦他們自己的大會，想邀請李維斯克從邁阿密飛過來，在玫瑰碗體育場，由吉姆頒贈給他一張高額支票。

但玩笑話就此打住，三週內情勢愈見明朗，邁阿密發生的狀況對樂團的未來正造成危害。演唱會場館經理人協會內部流通的時事通訊刊物，開始警告門樂團的不可預測性，以及吉姆被指控的數條罪名，導致團體幾乎被所有地方封殺。

開第一槍的城市是傑克孫維，緊接著是達拉斯跟匹茲堡，還有普羅維登斯、雪城、費城、辛辛那提以及底特律，連俄亥俄的肯特州立大學都取消了。更糟糕的是，好幾個城市的電台都開始把門樂團的歌曲從點播清單上移除。

媒體總是窮追猛打，相關的發展不論情節輕重，全都被大規模地報導。《滾石》上甚至印行了整頁仿西部風格的懸賞海報，門樂團出道以來，第一次被媒體捅了一刀。

橙碗體育場的集會，吸引了反同女歌手安妮塔・布萊恩特（Anita Bryant）以及演員傑基・葛里森（Jackie Gleason）站台，參加人數達到三萬人！吉姆表演造成的反應已經變成全國運動，在其他城市也開始出現小型集會，甚至得到尼克森總統的背書。

FBI在三月底也同意對吉姆提出指控，罪名是「非法逃逸」，這個指控相當荒謬，因為吉姆在任何一張逮捕令下來以前，早就離開邁阿密三天以上了。但FBI仍然派了一名特工到門樂團辦公室出示逮捕令。就在那天，整個樂團知道事態一發不可收拾了。

比爾在種種情況下，仍然發表了一篇冷靜的聲明，但這篇文稿也透露了樂團有多焦慮，希望這場莫名其妙的惡夢趕快過去：

我們無法多做解釋讓事態好轉，只好讓大家暢所欲言，讓大家發洩他們的怒氣……當事件落幕後，我們還是會走自己的路，我們沒有什麼可以補充的——不論是好是壞，或毫不在乎。

　　吉姆沒有一天不在邁阿密事件的陰影下度過。四月四號，在他的律師陪同之下，他向FBI屈服，並繳交了五千元的保釋金，重獲自由。

　　此時《友之盛宴》已經準備好要上映了，而吉姆也開始拍攝新電影的計畫。在組成自己的製作公司「嗨速公路製片」（HiWay Productions）後，吉姆延攬他的朋友弗蘭克、貝比還有保羅成為正式員工，買下了拍攝「盛宴」時使用的大部分器材，搬進名字讓人不可置信的明思大樓（Clear Thoughts）裡的兩個小房間，位置剛好就在厄勒克特拉唱片公司對街。

　　拍攝在復活節當週開始，沙漠中的死亡再次成為重頭戲，留著鬍子的吉姆漫步走出棕櫚泉附近的加州群山，搭便車到洛杉磯時，發現一隻垂死的土狼，接著似乎謀殺了第一位載他一程的司機。

　　在洛杉磯拍攝結尾的時候，吉姆打了通神秘兮兮的電話給人在舊金山的麥克盧爾，他應聲的時候，吉姆沒有表明身分。

　　「我殺了他。」吉姆說。

　　麥克盧爾認出了吉姆的聲音：「吉姆……」他覺得吉姆可能喝多了，但他不是很確定發生什麼事。

　　吉姆突然掛掉電話，走出電話亭，咧著嘴露出壞笑。

　　「我們現在去9000大樓吧。」他說。

吉姆已經不斷喝酒喝了好幾小時，但他還沒有醉。吉妮・賈諾（Ginni Ganahl）是當時樂團的祕書，跟凱西以及弗蘭克、貝比、保羅還有里昂在一塊。9000大樓位在日落大道上，他們搭電梯到十七樓樓頂時一片漆黑。拍攝的點子是，吉姆在腰上綁一條畫面裡看不到的繩子，然後在不到半公尺寬的護欄上跳舞，他跟十七層樓底下的人行道之間，完全沒有任何阻隔。繩子由朋友們拉著，以免他摔死。

　　當吉姆解釋這幕戲的想法時，大家都嚇得半死。他們知道自己勸不了心意已決的吉姆，但如果沒有表達一些反對意見，那也太不夠朋友了。

　　「你沒有真的一定要搞這個吧，對嗎？」里昂問。

　　吉姆狠狠地瞪了他一眼，似乎把這個問題看作挑釁。他一不作二不休，解開腰上的繩索，跳上了矮牆，要求保羅開始拍攝，並開始他的小舞步，並以往日落大道撒尿替表演作結。整段戲相當無厘頭，除非你知道吉姆是誰，不然整段戲只是發酒瘋罷了。

　　如果他的影像創作，反映的是他身為搖滾巨星大膽蠻勇的一面，那吉姆的書則彰顯了他的另一面，也就是詩人的人格。他對於自己已經印行的詩作相當欣喜，《諸神》（*The Lords*）的包裝極盡豪華，八十二首詩作有著韓波式的洞察，題材與幻覺和電影藝術有關，印行在紮實的米黃色羊皮紙上，開本是21.6公分寬／28公分高，放在寶藍色的盒子裡，綁上紅色的繫繩，標題燙上金箔。而《新創造》的裝幀則比較樸實，以標準開本印行的42頁，內容是較近期的詩作，採用淡黃色的紙張，如同

雜誌封面使用亮面紙，包裹在棕色硬紙板中，就像學校作業簿的封面材質，標題同樣燙上了金箔。吉姆派人兩本書各送一百本到樂團辦公室，堆在比爾的辦公桌附近，每本書封面上的名字，都是他用來寫詩的本名：詹姆斯・道格拉斯・莫里森（James Douglas Morrison）

整本《新創造》中，有關性慾衝突的字字句句，與痛苦及死亡的意象交纏，包括了地獄中的暗殺、私刑、地震、鬼孩子、牙齦潰爛、淋病、邪惡的蛇根草、在破碎骸骨上跳舞的人們、搶劫、暴動以及藝術家。詩中有股怪誕的異世感，洛夫克拉夫特（H. P. Lovecraft）以及波希的影響如影隨形，不斷提及動物，比如昆蟲、蜥蜴、蛇、老鷹、洞穴魚、鰻魚、蠑螈、蠕蟲、老鼠、野狗等等。

在薄薄的作品集中，最後一首詩與其他詩作一樣絕望，這首無題的詩描寫了末日後的世界樣貌，帶著讀者遊覽了整個荒原。

這些詩作，讓我們得以深入仔細觀照吉姆深沉絕望帶來的未癒傷口，這種絕望難以恰當地解釋或理解，但將蘊藏於吉姆的詩作中的苦痛清晰、高超地表達出來。

吉姆走進第十三台攝影棚時，四名紐約的新聞工作者來賓看來相當吃驚，他們上次在麥迪遜廣場花園看到他的時候，是五個月前，他鬍子刮得乾乾淨淨，穿著黑色皮衣。現在他留了個大鬍子，戴著飛行員款式的有色太陽眼鏡，還穿著條紋休閒棉褲，抽著長又細的雪茄，看起來活像英俊又粗壯的切・格瓦拉。吉姆一如以往魅力四射，但現在神智清醒、相當迷人，與每個人訴說他有多高興能來到教育電視台的攝影棚，在這裡沒

有審查，談話以及音樂都會被認真看待。

　　吉姆特別提到沒有審查，並非空穴來風。門樂團曾經計劃演唱一首名叫〈造我一個女人〉（Build Me a Woman）的單曲，是未經刪改的原版，但一年後的現場專輯裡，「週日的司機／基督的雜種」這段歌詞被刪去；可是在公共電視服務網播出時，這些歌詞反而被保留下來，雖然吉姆唱到那段歌詞時，刻意口齒不清帶過，以減緩衝擊。

　　門樂團也表演了一首加長版的音樂詩歌，第四張專輯的名字由此而來，叫〈輕柔遊行〉（The Soft Parade）。在與李察‧戈德斯坦十分鐘的訪談裡，吉姆拿出了一本《新創造》，並朗讀了其中一些詩句。當他被問到自己是不是不想再被看作是一個「情色政治家」時，吉姆第一次公開坦承，他說出這個字詞，只是為了給寫稿人讓人印象深刻的金句，因為這是所有記者都想要找的素材。

　　全新升級的吉姆‧莫里森，誠實、正經，禮貌拒談邁阿密事件，因為「律師很堅持」，像個大男孩一樣迷人，詩句信手拈來。但只要你認真觀察，吉姆很明顯又在玩弄媒體了，只要換套衣服、留點鬍子、強調自己的詩作、對自己操弄手法狡猾多端的過去語帶誠懇，就可以給自己建立全新的形象。這個形象更為真誠，並非說以前穿著皮衣的化身多麼虛偽，而是這個舊形象已經桎梏了他，他早就已經長大成熟了。他的新形象更容易親近，也更容易滿足大家的期待，吉姆正在學習。

　　公共電視的訪談，是吉姆在邁阿密表演後第一次公開受訪。不到一週，第二場訪談就來了，吉姆認為這位洛杉磯記者的所屬刊物──也就是《滾石》，在事件中傷害他最深。吉姆在

兩三週的時間內，和傑瑞·霍普金斯碰了四次面，催生了他有史以來最全面、也可能是最有深度的一篇訪談。他看起來相當渴望討大家的歡心、渴望讓大家了解自己，因此小心謹慎地字斟句酌，好似一個寶石工匠仔細檢查尚未切割的寶石。

一如預期，他拒談邁阿密事件，他的理由同樣是法律因素。但他出乎意料地對自己的家庭發聲了，雖然點到為止，但相當誠懇且包含了真實想法，他先前從沒能讓自己卸下心防，談論這個主題。霍普金斯問他一開始為什麼要編造故事，他沉思片刻，回答道：「我只是不想牽扯到他們，如果你真的很想找到他們的話，很容易就能找到詳細身分，因為我們人從一出生就留下了很多走過的痕跡。我想，我說自己父母雙亡，某種程度上是一個玩笑。我還有個弟弟，但我一年沒看到他了。我不會跟任何家人見面，這次是我第一次談家人談得這麼多。」

雖然沒有在回答中透露太多，但吉姆能夠承認自己原生家庭存在這件事，表示他開始能應付生命裡的其他難題。或許可以藉由比爾某次跟訪談者說的話，來看待這件事：「吉姆以前有很多小小的心魔，不斷煩擾著他，我覺得現在情況有改善，他看起來好像找到趕走他們的方法。」

他的某些回答相當精巧圓融：「我對電影有興趣，因為對我來說，不論是指夢境、還是指對世界的日常概念，電影是藝術形式裡面最為貼近實際意識流的一種。」他對如此定義「儀式」：「有點像人體雕刻。某方面像是一種藝術，因為儀式給予能量活力具體的形式；另外一方面又像風俗或習慣，是不斷重複發生的計畫，或一場擁有意義的盛會。儀式影響到所有的層面，像

是一場遊戲。」以及這些想法：「自我意識由邏輯推展即是神」
以及「在美國生活由邏輯推展是成為總統」。第三次訪談結尾
時，吉姆友好地伸伸懶腰，向霍普金斯望去，他看來已經無話
可問。

「你不想談談我的酗酒問題嗎？」吉姆問。他在椅子上挪了
挪，微笑著。

「呃，好啊，可以。」霍普金斯說：「一直以來常常有人說
你……」

「……總是喝個爛醉。」吉姆替他說完，接著說：「沒錯，
這的確是實情。喝醉酒嘛……就是喝醉酒，你本來能夠完全控
制自己……直到某一個點就沒辦法了。每喝一口，就是你做出
的選擇，喝酒代表你擁有很多小小的選擇。」

沉默良久，霍普金斯等他繼續接下去。

「就像是……可能是自殺跟慢性投降的區別吧。」

吉姆真的相信他正在緩慢地把自己喝死，並且毫不在意，
只因為這能夠實現他所仰慕那些詩人的傳統嗎？或者他僅僅為
了戲劇效果，選擇提出這是自己宿命的可能性呢？

霍普金斯決定要問個清楚：「你的意思是？」

吉姆輕鬆地一笑：「我不知道呀。我們去隔壁喝一杯吧。」

最後一次見面時，吉姆跟霍普金斯說他想要朗誦一篇長
詩，而不是回答更多的問題。當時還沒命名的詩作，後來出版
時叫作《美利堅禱文》(*An American Prayer*)。像他剛開始寫的那
些詩以及最著名的歌曲一樣，這首詩的主題是洶湧而來的美國
末日，形式又是一連串的世紀中控訴，私人化的描寫，語氣帶

著憤怒。

幾個星期之後，他手裡捧著剛出版的訪談文章（當期的雜誌封面是穿著皮褲、裸上身的吉姆，由保羅‧費雷拉拍攝），看到那篇詩居然一如他所要求，照稿全部刊出，而且著作權歸屬也標明由詹姆斯‧道格拉斯‧莫里森所作時，他喜不自勝。

「終於啊，那個破雜誌終於能分辨什麼才是真正的才華了。」吉姆跟朋友說。

樂團的第四張專輯在六月終於完成，足足準備了一年，這張專輯是目前為止最讓成員精疲力盡的一張專輯，而吉姆只貢獻了一半歌曲的素材。他的創作能量很明顯地轉移到詩，而非專注於歌詞。因為種種原因，而且吉姆不想讓人誤以為他們的下一首單曲〈告訴所有人〉（Tell All the People）由他執筆，這次詞曲作者列出了真正譜寫歌曲的人，而非先前慣例使用的「歌曲由門樂團共同創作」。

不過，如同之前的專輯，《輕柔遊行》中仍然有一些「吉姆‧莫里森式的歌詞」，這些句子太詭異、太繽紛，很難出自其他人的手裡。在〈薩滿的藍調〉（Shaman's Blues）這首歌中，有「冰冷的灰熊下巴嚼啊嚼／熱的是你的腳跟」這種意象；〈輕柔遊行〉中則呆板地念誦「地下陵寢，育幼之骨／冬之女們養育石頭／帶著嬰孩來到河邊」，最後一句讓人想問，是要幫他們洗澡，還是溺死他們呢？

〈逍遙行〉（Easy Ride）這首歌，吉姆很希望能發行成單曲，整首歌貫穿強烈易懂的歌詞。但最後一段裡，他還是忍不住來了個結局大翻轉，寫道：「終曲皇后做我的新娘／黯暗中伴我身邊發狂／在你的驕傲裡緊抓夏日不放／在你昂首的步伐裡帶走

冬日／我們出發吧」。

　　但整體來說，歌詞的震撼力不如前幾張專輯，而採用加州愛樂樂團的弦樂（文斯崔那稱為「拉謝內加交響樂團」），以及融合當地頂尖錄音室爵士樂手的管樂，進一步模糊了曾經明亮的樂團調性。

　　樂團非常需要找新工作，這張新專輯花掉八萬六千美元不說，更糟糕的是，造成收入不利影響的事件持續延燒，吉姆現在管他叫「邁阿密事件」。雷回想起當時的狀況，不得已一連取消了二十五場演唱會，約翰還說「一百萬的表演財飛了」。

　　許多城市的演唱會主辦方都跟樂團索賠，因為道貌岸然的政客們，已經動用公權力封殺門樂團，避免他們在當地演出。即使他們的最新熱門單曲〈撫摸我〉，剛好與邁阿密事件幾乎同時發行，而且賣得跟〈點燃我的火〉幾乎一樣好，但錢很快都拿來付律師費了。接下來的單曲唱片銷售遭受打擊，因為二十個重點市場區域的電台聯合起來封殺他們，但衰退很快便告一段落，新聞登上全國性的版面時，唱片銷量平穩了下來。

　　雖然〈撫摸我〉是在邁阿密事件前錄製的，但發行的時間點讓兩者看起來似乎有某種關聯。新聞裡所謂不知羞恥的裸露，跟「撫摸我」這個請求，讓歌曲攻占了排行榜，青少年歌迷頭腦單純地照單全收，粉絲對樂團感到驕傲，儘管歌曲裡的管樂、弦樂，對他們來說實在有點華而不實。

　　比爾終於帶來一些好消息：「我們拿到了幾場確定能開演的場次，芝加哥跟明尼亞波里斯分別在六月十四、十五號演出，緊接著是十六號在奧勒岡州的尤金，十七號則在西雅圖流行音

樂節亮相。」

　　吉姆從辦公室冰箱掉頭回來，手裡握著一罐庫爾斯啤酒，小聲地說：「嘿，我以為我們同意過，不再做戶外演出了。」

　　其他成員困惑地看著吉姆。

　　「這些場次已經確定了，吉姆。」比爾說：「我們真的需要開始工作了，邁阿密之後已經過了三個月，對演唱會來說是很長的空檔。」

　　「所以我們怎麼搞到連續四場演出機會的？經紀公司做了什麼保證？保證我不會脫褲子？」

　　「我們必須要付一筆保證金，吉姆。一場五千美元，如果演唱會有不雅內容就會被沒收，合約上有明文寫下來。」

　　「一條『操蛋條款』是不是？」吉姆咕噥著，他倒在沙發上，喝了幾口啤酒：「我猜這是搖滾樂有史以來的創舉。」

　　吉姆在兩座城市的表演都相當小心，沒有穿皮衣，也沒有使用任何不雅字眼，這樣的謹慎是有理由的。他們在明尼亞波里斯上台之前，場館經理跟警察已經在兩側待命，避免任何「不雅裸露」發生，後邁阿密的妄想恐慌已經開始。

　　十六號樂團飛往尤金，十七號則在西雅圖城外的音樂節現身，他們仍然保持小心翼翼的姿態（觀眾對此相當失望），但終於找回了演出的感覺。音樂節本身不是那麼讓人滿意，因為有過在好萊塢露天劇場表演的經驗，他們認為自己的音樂不適合在戶外場地呈現。儘管如此，四位成員的表演還是發揮了相當的凝聚力，這是無庸置疑的。每場演唱會都比前一場的音樂表現更棒，形式更自由，也有更多臨場發揮。吉姆在巡演時的行為舉止也變得比較收斂，先前點七份餐只為了各嘗一口的日子

已經過去了。他的時間花在讀書、看電影、以及觀光上，避開了旅館附設的酒吧以及夜生活場地。

　　他內心是滿足的，對於事情的種種發展也感到欣喜，觀眾們的期望不再那麼咄咄逼人，或許邁阿密的事件反而讓他成功了，他跟一位撰稿人是這麼說的：「我想把神話迷思貶為一場荒唐，就此破除一切。」但是仍然有特定的一群觀眾，並非為了音樂而來，而是想看著樂團赤裸地演唱〈撫摸我〉。

　　夏日來臨，安排了更多場次，他們將前往多倫多、墨西哥城、舊金山、費城、匹茲堡、拉斯維加斯、以及洛杉磯。但目前的美國，正深陷在《滾石》所稱的「妄想時代」，前一年金恩博士與參議員羅勃‧甘迺迪皆死於暗殺，警察在芝加哥的民主黨全國代表大會外發生騷亂。邪教曼森家族主導的謀殺案遭到渲染，使得曾經受到正向歡迎的青年文化，被抹上了一大汙點。門樂團也不待言成了其中一個討伐目標。

　　準備踏上多倫多表演舞台的那刻，他們便被告知市警隊隨時待命，就算吉姆只是在舞台上抽搐，他們也會立刻撲上去。在費城表演的前兩天，市長找出了一條一八七九年制定的法律，讓他有權隨時喊停任何表演，只要表演「可能含有不道德的意圖，或對公眾造成不適及損害」，在主辦方挑戰規定，並取得訴訟勝利後，有人警告樂團，他們的禮車駕駛是警方布下的眼線。匹茲堡的表演因為數以百計的歌迷衝向舞台宣告終止；拉斯維加斯的警長來到表演現場時，直接秀出四份空白的逮捕令，揚言上面填不填東西、填什麼，端看樂團的表演而定。

　　儘管壓力重重，整場表演仍然扣人心弦、熠熠發光，吉姆享受簡單唱歌、調劑氣氛的機會，甚至對現場的局勢開起了玩

笑。但他也對當局的小鼻子小眼睛頗有微詞，開始想要做些什麼來完全解決這個問題。

他們五味雜陳地期待墨西哥城的演出，表定於月底在該市最大的鬥牛場「紀念鬥牛場」（Plaza Monumental）進行。他們再次得向規模龐大的戶外觀眾演出，總數是四萬八千人，但樂團覺得這次演出吸引到的關注與意義，比實現美學上的價值更重要。由於票價的範圍是四角到一美元之間，他們相信即使窮人也有辦法共襄盛舉。此外，樂團也計畫出席聯合國或紅十字會在皇家之路飯店（Camino Real Hotel）的義演，也並不排斥到某個昂貴的高級夜總會表演。

墨西哥市表演的主辦人，是留著鬍子的年輕室內設計師馬力歐‧歐默斯（Mario Olmos），他沒辦法申請到所有必要的許可，只好找二十六歲的歌手哈維爾‧卡斯特羅（Javier Castro）幫忙，他是「論壇」（Forum）這個可以容納千人的高級俱樂部老闆，俱樂部的裝潢跟客群，約莫是紐約科帕卡巴納（Copacabana）的墨西哥版。他跟卡斯特羅說，他可以以每晚五千美元的價碼請到門樂團表演四晚，他們找了一個朋友開了一張兩萬美元的本票，拿給樂團當作保證金。隔天一早，宣傳門樂團大駕光臨論壇俱樂部的全版廣告，便登上了墨西哥城的各大報。

事前完全沒有人徵求樂團同意。當歐默斯跟卡斯特羅進到他們的辦公室，手握報紙及支票，還滿口浮誇的空話時，樂團的人都氣得半死。當晚辦公室燈光昏暗，比爾的辦公桌散落空啤酒瓶、海報以及論壇俱樂部的報紙廣告，成員們坐在一塊，神情鬱悶，聊起他們之前早該請靈媒來。亞倫‧羅內（Alan

Ronay）以及里昂‧巴爾納都曾經提過，他們預感吉姆快死了，大夥才興起這個想法。這不是他們第一次討論到這件事，但似乎早已預言了宿命的來臨。

比爾一直都對這種說法感到焦慮，一整年來的週一早上，好幾次都風聲鶴唳，謠傳吉姆因為整個週末的自我放縱，已經撒手人寰。每次比爾都如驚弓之鳥，瘋狂地四處打電話找吉姆，直到吉姆現身在辦公室收信，粉碎所有捕風捉影的傳言。

「都以為你死了呢。」比爾會笑著這麼說，顯然如釋重負。

「哦？」吉姆則會這麼回，打開比爾辦公室的冰箱，拿出一罐庫爾斯啤酒：「又來啦，這次怎麼說？」

但是沒有人跟吉姆提起里昂跟密友亞倫的預感，大夥繼續整理前往墨西哥的行裝。

「吉一姆！吉一姆！吉姆在哪？」數以千計的歌迷前來見樂團一面，歡迎他們來到墨西哥。

門樂團穿過海關，進到墨西哥城機場大廳。吉姆留著大鬍子，沒人認得出來，看起來不像論壇門口牆上的吉姆‧莫里森畫像，不滿的呼聲從他們一夥人中傳來。有人要求比爾跟吉姆談談，他雖然照做了，但吉姆還是沒有把鬍子剃掉。

演出是他們又一個巔峰，門樂團在墨西哥大受歡迎，遠遠超過他們的想像，每晚占滿俱樂部的富裕青少年歌迷，將他們推向了難得的音樂高峰，雖然他們也提到，這裡的高人氣感覺有些怪異，特別是對〈盡頭〉的反應，最讓他們感到困惑。

第一晚吉姆跟其他團員忽略觀眾們不斷重複點唱〈盡頭〉的要求，但第二晚就默默屈服了。當他們開始接近伊底帕斯的

橋段時，許多觀眾開始對彼此發出請求安靜的噓聲，聽起來就像整個場地裡充滿蛇一樣。

「爸爸？」

「是的，兒子？」

那句歌詞激發的反應讓吉姆縮了一下，每個場內年輕的男性都立刻大喊：「我想殺了你！」

吉姆望向一片黑暗，看得出來相當激動。「母親呀。」他試探地唱了出來：「我想要……」觀眾又再一次齊聲进出歌詞。

吉姆讚歎不已。

這首歌在墨西哥如此受到歡迎，甚至發行了加長版的四十五轉單曲唱片，在投幣式點唱機上播到歌詞都快聽不清楚了。後來有人和吉姆說：「墨西哥是個伊底帕斯式的國家，一切都總結在民族的大男人主義（machismo）以及教會母堂的概念裡。」

門樂團受到貴族般的款待，這一週的時間內，他們開始愛上這份行程延長所帶來的舒適。他們有空觀光，配有黑白相間凱迪拉克以及專屬司機，平時是「論壇」公關的瑪露小姐，則充當他們的翻譯及保姆。全部的資源都是二十四小時待命，飯店位在最棒的住宅區中，他們被引薦給墨西哥總統的兒子，一身穿著對應了最新的卡納比街時尚，醒著的時候身邊總有一群美國女孩圍繞，當地人都說他們是「總統級伴遊妹」（吉姆參觀人類學博物館時挑的女伴，長得很像潘蜜拉）。在後台出現的信差帶了一個大塑膠袋來，裡頭看起來像是裝了一磅古柯鹼，樂團男孩們可以盡情取用。

比爾開了整週的會，他一開始試著想在公園舉辦一場免費演唱會，但是計畫被駁回，因為政府對於一次允許如此多的年輕人聚在一起持保留態度（一年前才發生過學生暴動以及大規模罷工）。之後比爾轉為爭取電視節目的機會，最後好不容易簽下兩小時電視特輯的合約，內容跟樂團本身，還有他們的音樂及想法有關。計畫最後胎死腹中，並沒有完成。

門樂團在五場演出結束後回到飯店，吉姆的凱迪拉克司機在寬敞的林蔭大道上以時速一百三十公里疾駛，直角過彎時才減為八十公里，車速惹得大家緊張地笑了起來。

吉姆用食指與拇指比了一把槍，喉音則模仿手槍開火的聲響，他用西班牙語叫著：「駕！駕！」，門樂團轟隆隆地消失在墨西哥的夜幕中。

樂團在工作方面仍然遇到很多困難，前往墨西哥前，再度有兩場演唱會被取消，分別是聖路易與檀香山，如此一來整個七月只剩下一個確定能上的演出邀約，地點位在洛杉磯某個劇院，是他們自己的唱片公司，為了舉辦週一夜現場系列演唱會承租下來的，票在開賣後一個小時內就被一掃而空。

演唱會總共有兩場，每次開場之前，吉姆都會分送給所有觀眾一首他親自寫的印象主義詩作，跟最近剛剛去世的滾石樂團吉他手布萊恩‧瓊斯（Brian Jones）有關，標題是〈給洛杉磯的頌歌，想起已逝的布萊恩‧瓊斯〉（Ode to L.A. While Thinking of Brian Jones, Deceased）。如同先前的《美利堅禱文》一樣，詩中有喬伊斯式的文字遊戲，以及關於死亡的深切沉思。

像暴風雨一般、隨邁阿密事件席捲而來的新聞浪潮終告止歇。六、七、八三個月，門幾乎沒有任何工作機會，但在吉姆眼中比較重要的幾份刊物，陸續又刊登贊美的文章了。

　　洛杉磯其中一家報社稱他們先前在水瓶劇院的演出是「近幾年最激動人心的搖滾演唱會」，另外一家報社的頭版則是「觀眾聽見了新的吉姆‧莫里森」。邁阿密風波後首先開第一槍、醜化吉姆的《滾石》，發行了一篇對《友之盛會》的正面評價，接著吉姆登上封面，由霍普金斯超過八千字的專訪文章加持，陸續還有一篇關於墨西哥行，四千字長的特別報導。派翠西亞‧肯尼利（Pat Kennely）主編的《爵士與流行》七月號，針對門樂團現身紐約第十三台，報導贊美了一番。最後則是八月第一週的洛杉磯自由新聞上，出現了年輕劇作家哈維‧佩爾（Harvey Perr）洋洋灑灑一大篇的溢美之詞。不久哈維便會成為吉姆的朋友，這篇文章會收錄在《門樂團全集》（*The Doors Complete*）中，是一本收集了樂團所有歌曲的樂譜書。他寫道：

> 我並沒有辦法完全肯定，我是因為音樂而喜愛門樂團。有一些樂曲無可否認地疲軟，但他們對於簡約的追求，比起較少數有意識逃避簡約的藝術家，更讓人刮目相看。對我而言，如果一個樂團詩句文字的水準已經到獨孤求敗的境界，那麼他們理應享有犯下嚴重錯誤的奢侈；不管是其中哪一項，其實都很少人可以做到。就像吉姆的詩，大部分都是一個真材實料的詩人會寫出的作品，如同革命性的六〇年代裡又出現一個惠特曼，但也有一部分顯得捉襟見肘、相當不成熟。從一個藝術極端，到另

一頭的藝術極端，這件事並沒有罪，這畢竟是身為人類難以避免的瑕疵；如果沒有人性，又何談藝術？但我還是要再度重申，我如此欣賞門樂團，原因完全不是他們的音樂，或許亦非他們的詩、音樂技法、以及與眾不同的魅力，當然也不是他們的專輯或是水瓶劇院的演出，儘管這些元素全都如此詭異、美麗，又讓人激動。我從他們身上感受到的是一種氣氛，因為這種感受，我覺得他們嘗試把自己跟我們這些聽眾，帶到一個超越搖滾樂的境界，到達電影影像、劇場以及革命的場域之中。不是在台上看到吉姆・莫里森，而是在他的生活中、在比較平靜的時刻看到他：比方說在諾曼・梅勒（Norman Mailer）的劇作《鹿園》（Deer Park）的表演現場、生活劇場的每場演出、還有夥伴劇團（The Company Theatre）的《詹姆斯喬伊斯紀念流動劇場》（James Joyce Memorial Liquid Theatre）開場，每次都能看到他在天時地利之下，激情參與正面對決、而非淺嘗輒止生命的藝術。那種人不需要內心有詩，但若他有，你會情不自禁多仔細地看一點，多認真地對待一點。吉姆・莫里森以及門樂團這個例子，值得你不畏困難多多了解，不論他們有多冒犯、娛樂、甚至驚嚇搖滾樂評家，他們已經碰觸到了藝術的本真。我們該用更古老、更有深度的標準，來衡量他們的藝術。

水瓶劇院演出過後幾天的週四下午，吉姆走進辦公室，然後進到浴室裡。丹尼坐在吉姆的位子上，面前有一大堆信件，

正在講電話，嚷了一聲：「哦靠！」

「我們今天真是詩意，你也覺得嗎？」有人說。

「怎麼啦？」吉姆邊把拉鍊拉好邊問，走回了辦公室裡。

「沒事。」丹尼小聲地說，假裝自己在讀信。

「沒事是什麼意思？不要跟我說沒事。」吉姆又開始逗人了：「我好不容易忙裡偷閒，問你發生了什麼倒霉小事，甚至還可能幫你一把。結果你就這樣隨便拒絕我的好意。」吉姆看來很顯然心情不錯。

丹尼最近拚命想要弄到滾石樂團來當地演出的票，離表演只剩幾天了。好幾個禮拜前門票就已經完售，剛剛那通電話，代表他已經窮盡自己所有能搞到票的門路，對方也明確告知他已經不可能再找到票了。

丹尼扭扭捏捏地問：「你能幫我弄到滾石的票嗎？」

「你都已經有我了，還要米克・傑格幹嘛呀？」，吉姆一邊說，一邊又有點受傷。

丹尼答不出話，他不想傷害吉姆，可是他又超級想要拿到門票。他很確定吉姆打通電話就能輕鬆搞定這件事，吉姆順勢繼續逗他。

「我問問，演唱會是哪天晚上啊？不是這禮拜五嗎？我以為我們已經有計畫了耶？」吉姆說，接著瞎扯閒聊了一陣，直到有人叫他去後面辦公室開會。

隔天便是禮拜五，也就表演當天，下午吉姆走進了辦公室，丹尼依然在吉姆的辦公桌邊，仔細閱讀著當天的信件。他們都裝作若無其事，好像昨天根本沒有過那場對話，吉姆從夾克口袋掏出兩張演唱會門票。

「你看，昨天晚上有人給我這個。他沒頭沒尾地就跟我說：『嘿，吉姆，我有兩張滾石的票，想送給你。』然後他就把票交給我，你能想像嗎？」吉姆盯著票看：「靠，你看這上面寫的：第三排耶！唉，媽的，我不想花時間處理這個，我也不會去看。有人要嗎？」

除了吉姆之外，有三個在辦公室的人，前一天對話時也在現場。「好啊，吉姆，可以給我，如果你不想去看的話。」一位祕書說。

比爾說他已經有票了，雷也是。丹尼在旁安安靜靜的，看起來很困惑。

吉姆坐到丹尼面前的桌子上，把他的右手壓在丹尼正在讀的信上：「今天是你的幸運日，小傢伙，我準備好跟你談談條件啦。」

丹尼抬起頭說：「我才不想跟你談條件！」

「你連聽都不想聽嗎？」吉姆輕聲地說。

丹尼點了點頭。

吉姆繼續說下去：「好，這個條件就是，你他媽趕快把我的桌子還給我，我就給你票。」吉姆把票放在桌上。

丹尼跳起了身，在桌子旁邊又跑又跳，給了吉姆一個大熊抱，抓起了兩張票便往門邊跑去。

「喂？」吉姆大吼一聲。

「怎樣？」丹尼停了下來。

「至少跟我說聲謝謝吧。」

回到吉姆跟潘蜜拉在西好萊塢諾頓大道上的公寓，距離辦公室僅幾步之遙，服用鎮定劑的潘蜜拉心神不寧，吉姆正在講

電話，想跟貝比說上話。潘蜜拉一直想插話，電話的另一頭可以在背景聽到她持續嘮嘮叨叨的嗡嗡聲。

「啊，嗨，貝比……」

「吉姆，聽我說。」潘蜜拉說：「把電話放下來聽我這邊，這件事比你跟貝比見面還重要……」

「……抱歉，貝比，你說什麼？」

「……做你常做的事，去喝醉啊。我在跟你講話，吉姆。吉姆！」

吉姆理都不理她，整個人縮在電話旁邊，彎腰用背擋住潘蜜拉：「貝比，真的很對不起，我這邊很吵。你知道潘蜜拉的情況……」

「吉姆！你是想跟我吵嗎？」潘蜜拉的聲音瞬間高八度，大概大聲二十分貝有餘。「吉姆，幹，你每次開了吵架的頭，就跑出去一直喝，做一些不要臉的事。幹他媽的，吉姆。」

吉姆很多的朋友，對潘蜜拉來說可有可無，更準確地說，她狠狠嫉妒所能從吉姆那裡分走陪伴她時間的人。最後導致她開始強烈反彈吉姆長期作東的角色，更痛恨起他頑固的刻意沉默。吉姆的朋友們包容著潘蜜拉，因為他們了解吉姆確實深愛潘蜜拉，而她的占有慾雖然煞風景，人卻對吉姆很好，且對他有益。

很多潘蜜拉的朋友，吉姆都不喜歡，之中有些人是同性戀。潘蜜拉嘗試跟吉姆指出，其他人身上他不喜歡的點，也是他對於自己不喜歡或不能接受的點。無論如何，這些夥伴滿足了潘蜜拉的社交渴望，他們回應了她的需求、給予她同情關懷，這些是吉姆沒辦法給的，也不向她要求物質上的回報。但吉姆卻

暗暗覺得，這些人好像在利用她來接近自己。他的想法其實也有幾分道理，但他實在沒有勇氣跟她說清楚，所以只好挑起其他的紛爭。

吉姆同樣不喜歡她的用藥選擇，他覺得鎮定劑太危險了。與此同時，他也覺得有些罪惡，因為帶領潘蜜拉使用藥物的人正是他，所以他也不挑起這個爭端。他對潘蜜拉的海洛因經驗一無所悉，而她相對地，也因為隱瞞事實感到罪惡。

情侶彼此間的欺騙會導致疏離，而如果雙方個性都無法打開天窗說亮話的話，疏離感常常會變成大吵一架。導火線幾乎總是芝麻綠豆大的小事，比如說某天晚上要看哪部電影。有一次他們大動肝火，只為了爭論黃金獵犬的平均壽命到底有多長（他們有一隻叫作薩吉的黃金獵犬）。

吵架時互丟鍋子、書還有盤子很常見。有一次潘蜜拉抱怨他的書弄得亂七八糟，他直接從二樓窗戶往外丟了幾百本書。整個房子迴盪著哭喊跟尖叫，之後吉姆便會消失，或者潘蜜拉會偷偷跑去比奇伍德的同性戀鄰居朋友家，跟他們說：「今天他的態度……很糟糕。」

潘蜜拉有時候會花錢請豪華禮車作為報復，那是吉姆以前跟朋友去墨西哥旅行時用的車。只要找吉姆平常合作的司機載她去血拼，她知道尋歡作樂的花費都會算在吉姆頭上，出去揮霍每次花超過兩千美元是家常便飯。

有一次兩個人為了吉姆喝酒的問題，吵得特別凶，之後潘蜜拉發狂似地翻化妝台抽屜，拿出她想找的東西。吉姆一踏出房子，她便用剛找到的口紅在廁所鏡子上寫下：「誰是性感象徵——怎麼屌軟趴趴？」

其他爭執結束以後，潘蜜拉會使用鎮靜劑讓大腦放空，有的時候還會使用海洛因。她拋頭露面，跟比佛利山莊馬球俱樂部的酒保脣槍舌戰，躲在吟遊詩人酒吧的桌子底下，跟著有錢搖滾明星的圈子跑趴完又續攤，癱倒在豪華轎車的後座來場搖滾自我的愛撫。她有過無數的風流韻事，有一次相當認真，跟一位在北非擁有土地的年輕法國伯爵在一起，對方也同樣吸食海洛因；還有一次跟已經過世的電影大亨之子邂逅，並不單純只是玩玩而已。

　　吉姆也跟別人舊情復燃，找了以前的女伴回來，像是安・摩爾（Ann Moore）、潘蜜拉・札魯比卡（Pamela Zarubica）、還有蓋兒・伊諾克斯（Gayle Enochs）。吉姆恣意性愛的日子已經是過去式。雖然他跟三個女友一個月頂多見兩三次面，但彼此的關係相當融洽。

　　蓋兒是一位文靜的棕髮女孩，吉姆跟樂團在上教育電視台節目的時候，把她帶來紐約過。她的家離潘蜜拉在比奇伍德的房子不遠，吉姆偶爾會過去，常常暢聊整夜。其他時候他們會沿著好萊塢大道漫步，在吉姆喜歡的異國料理小餐館吃飯，或是帶一瓶酒去西大道專播外國片的電影院看電影。

　　他跟安的關係，更偏向彼此腦力激盪，她在南加大學習考古學與人類學，替青少年歌迷圈的雜誌撰稿。他們會天馬行空地談論埃及與塔木德的洪水傳說，或是金斯堡、科爾索（Gregory Corso）以及凱魯亞克。吉姆建議她讀一讀那些作家的書，在南加大也可以修電影相關的課程。

　　他跟札魯比卡比較少見面，通常在半夜的時候，去她在好萊塢的小窩，喝得爛醉的吉姆會針對詩跟她來場討論。「詩人

嗎？」她會深情地故意逗吉姆：「拜託。你說詩人？拜倫勳爵那種？那你怎麼評價自己呢，寶貝？我想以一個洛杉磯出身的男孩來說還行吧。」

吉姆很享受這樣的時光，跟其他女生一樣，潘相當深愛吉姆，吉姆跟每個人都說他愛她們。有的時候他很認真，但大部分的時候，他只想要被愛，拋開自己明星的身分，作為一個人被接納。

然而，他對潘蜜拉・科爾森的承諾是最堅定的，他依然稱她是自己的「宇宙伴侶」。八月的時候，吉姆的會計師告訴他，他的宇宙伴侶，花錢也是「天文」數字，還說吉姆最近送給她的「禮物」會讓他的經濟狀況出現危機。他告訴鮑伯・格林（Bob Greene）不用擔心，說他寧願花錢在潘蜜拉身上，也不要給律師賺走。潘蜜拉想要開精品服飾店，而吉姆則替她買單。

他們找到的地點對潘蜜拉來說很方便，位在明思大樓一樓，就在「嗨速公路」樓下，她白天可以就近看管吉姆。他們找了一位來自加州托班加的藝術家朋友來設計店內裝潢，也聘了一群木匠來施工。一開始他們想把這間店叫「他媽的棒」（Fuckin' Great），甚至還印好了一些名片，但最後店名叫做「泰美斯」（Themis），名字的由來是希臘的正義、法律與秩序女神。

樓下的木匠正在把小片的鏡子嵌入天花板，樓上的 G 號房是嗨速公路的剪輯室，吉姆坐著抽一根細細的雪茄，腳放在桌子上，談論上禮拜發生的莎朗・蒂謀殺案。被謀殺的傑・塞布林一九六七年曾經替吉姆剪「亞歷山大大帝」的髮型。

才過兩年而已，吉姆身上發生了許多變化。他的頭髮已經不捲了，不再刻意弄得蓬亂，他的臉頰不再枯瘦，體態也不再

像是打結拉緊的繩子一樣精瘦有肌肉。皮衣跟珠串不復見，現在的吉姆看起來相當平凡，像是英俊愛喝啤酒的大學生，頭髮長長的，下巴線條有稜有角，最近開始他更常微笑了。

吉姆在洛杉磯市中心的唐人街
（亨利·迪爾茲攝）

儘管宿醉仍然微笑，攝於洛杉磯中國城
（亨利·迪爾茲攝）

第 9 章

————

　　雖然吉姆跟潘蜜拉的關係，在夏天結束時，不再如此劍拔弩張，但他跟潘蜜拉最不喜歡的一群人相處的時間越來越長：那就是弗蘭克、貝比還有保羅。吉姆跟他們一起替三月時在棕櫚泉拍的電影收尾，目前名稱定為《HWY》。

　　他最大的失望來源，常常來自他對於電影的興趣。幾個月來他跟弗蘭克、貝比、還有保羅計劃過很多專案，還跟心理學家提摩西‧李瑞（Timothy Leary）洽談，想拍攝記錄他的加州州長競選活動，但隨後李瑞就被逮捕了。他們跟卡洛斯‧卡斯塔尼達會面，希望可以取得《巫士唐望的教誨》電影改編版權，可是他們來遲了一步。有位美國劇作家向吉姆徵詢，請他替一部義大利電影配樂，可是吉姆一聽到他也需要入鏡，扮演一位在阿爾伯特音樂廳（Albert Hall）做出脫序行為的搖滾明星時，便打了退堂鼓。

　　他在威士忌搖擺的老友瓦倫泰，後來介紹他給史提夫‧麥昆（Steve McQueen）認識。麥昆的製片公司正在替《上午六點的亞當》（Adam at 6 A.M.）選角，他跟吉姆才見一次面，便斷然拒絕了他。吉姆很顯然太多話了，對電影該如何拍、劇本該如何改寫指指點點。雖然他為試鏡刮了鬍子，但是看起來狀態不佳：體重過重、臉色因為夜生活相當蒼白。瓦倫泰回憶道：「他們很怕他的酗酒習慣，那是最糟糕的一件事。」

吉姆後來跟奧布瑞（Jim Aubrey）見了一面，他是CBS電視台的傳奇前總裁，人稱「笑面眼鏡蛇」，賈桂琳・蘇珊（Jacqueline Susann）的暢銷書《愛情機器》（*The Love Machine*），便是以他為靈感來源。當時奧布瑞跨足多個演藝商業帝國，很快就要入主米高梅了。

　　他先審視了吉姆拍過的兩部電影，然後在比佛利山莊的夏威夷派對餐廳安排了冗長的午餐，奧布瑞健談的私人助理比爾・貝拉斯科（Bill Belasco）當時也在場。他們一跟吉姆道別，奧布瑞便轉頭跟貝拉斯科說：「吉姆・莫里森會是接下來十年最炙手可熱的電影明星，這個傢伙會成為七〇年代的詹姆士・狄恩（James Dean）。」他叫貝拉斯科不計代價，一定要把吉姆簽下來。

　　吉姆離開飯局時，心裡則覺得不太踏實，跟好友安德羅說：「那些人說他們想把我跟麥克盧爾寫的劇本搬上銀幕，但我覺得他們其實只是想要利用我的名氣。」

　　吉姆碰到的法律問題也越來越多，佛羅里達嘗試以荒謬的「逃犯」罪名引渡他，而FBI針對他的背景展開了全面性的調查，傳喚了他以前在佛羅里達州立大學時的同學跟老師。

　　一九六九年十一月九日，吉姆出現在邁阿密法官莫瑞・古德曼（Murray Goodman）的庭上，正式提出了無罪答辯，保釋金為五千美元，法官表示庭審會在隔年四月開始。

　　十一號他回到洛杉磯，吉姆跟潘蜜拉大吵了一架，幾個小時之後接近黃昏時分，吉姆進到樂團辦公室四處張望。

　　「嗨，里昂……弗蘭克，你想不想去鳳凰城看滾石樂團的表演？」

　　比爾還有樂團的推廣人員李奇・林內爾（Rich Linnell）負責

宣傳這場演唱會，吉姆拿到了四張前排的票，他打電話給湯姆，四個人買了一手啤酒，還有一瓶拿破崙干邑，在前往機場的路上暢飲。

「我是莉娃。」空姐說，準備開始起飛前的說明。

湯姆大叫：「如果你叫莉娃，那你爸一定叫〈奧爾曼河〉（Old Man Riva）。」

吉姆、里昂還有弗蘭克跟著湯姆唱起那首撞名歌曲的副歌：「『莉娃的爹地』啊，他不斷地流著……」

看得出來空服員很不高興，但她還是繼續解釋如何使用氧氣罩，當面罩從她手上掉下來的時候，湯姆又叫著說：「我女朋友也有這個，可是她說這個叫子宮帽！」

湯姆接著跑去廁所，回來的時候往吉姆的飲料裡丟了一塊肥皂，吉姆按鈴叫空姐過來後，大發牢騷：「他把肥皂放在我的飲料裡面。」

「沒關係，吉姆，沒關係，不要激動，好嗎？我再拿一杯給你。」

不過她帶來的是機長，不是飲料，機長說：「如果你們這些年輕人態度不改，我們就會掉頭回洛杉磯，請警方逮捕你們四個人。」

他們安靜了一下子，但是一名叫雪莉的空姐走過去的時候，湯姆伸手摸了她大腿。不久吉姆朝里昂丟他的飛機餐三明治，湯姆則朝吉姆丟飲料塑膠杯。空姐跟其他機組人員似乎沒有理會這些鬧事行為，但飛機一抵達鳳凰城，閃著旋轉警示燈的車子馬上包圍了機身。

飛機廣播系統傳來通告：「先生與女士們，大陸航空在此向

您致歉……下機的程序會耽誤幾分鐘。」

接著機長便出現在吉姆與湯姆面前。

「我是本架飛機的機長,以此身分我將要逮捕你們二位,其他的旅客會先行下機,你們會交由FBI處理。」

FBI?他們嚇壞了。

「為什麼?我們做了什麼?」

「嘿,你應該宣讀我的權利。」湯姆對著轉身離開的機長嚷著。

「你指控我們什麼?」里昂又問了一次,想要擔下責任。

湯姆離開飛機時頭低低地,別開了臉,眼睛不願直視照相機。吉姆的態度則截然不同,理直氣壯地走下飛機,抬頭挺胸,臉上掛著自豪的笑。

在拘留所度過一整晚以及隔天幾乎整天的時間後,吉姆跟湯姆被指控酒醉鬧事以及妨礙航空器飛航作業,後者違反最新的劫機相關法令,可能被處以一萬元的罰鍰以及十年徒刑。吉姆還沒滿二十六歲,如果真的要吃上這麼久的牢飯,再加上邁阿密事件可能得背的三年刑事責任,代表他接下來的十三年可能都要待在監獄。

厄勒克特拉唱片公司正在催促門戶樂團盡快製作另一張專輯,雖然離上張專輯《輕柔遊行》才半年不到,公司希望在聖誕節前發行一張現場專輯。樂團九月開始排練新歌,十一月時已經開始錄母帶了。

邁阿密事件令人沮喪的後續效應,讓新歌的力量以及活力聽來有些諷刺。這張新專輯的歌詞,是吉姆近年來最精采的作品,而雷、羅比以及約翰以他們有史以來最堅強的助攻,迎接

了挑戰。

　　他們重新找到創作活力的部分原因，是因為吉姆在春天時經歷了一段創作力極為旺盛的時期。處理電影相關計畫的時候，他也持續創作歌曲還有一些詩作。看起來他終於跨過心裡那道障礙，接受能讓他留名青史的是音樂、不是電影的這個事實。承認這件事，成為了他創作的動力，讓他在害怕自己靈感「枯竭」一年後，寫出了如此優秀的歌詞。

　　《莫里森旅館》（Morrison Hotel）這張專輯的名字，來自一家營業中的旅館，位於洛杉磯市區龍蛇雜處的貧民區，一晚只索價兩塊半美金，雷跟桃樂絲有次週末出門兜風，在城市裡發現了這個地方。專輯裡有許多引人入勝的歌曲，對一九六九年的美國有重要的影響。有一首歌的兩句歌詞影射了吉姆的兒時回憶，這首歌叫作〈和平之蛙〉（Peace Frog），悶燒的旋律非常吸引羅比、約翰還有雷，還沒有歌詞之前，他們甚至就已經錄製了這首歌。之後雷在吉姆的一本筆記本裡，找到一首名叫〈墮胎故事〉的詩，他們幾乎全部都使用在這首歌裡，吉姆寫的歌詞如此貼合其他人所寫的音樂，真是讓人驚訝。

　　　　街道有血，淹過我的腳踝
　　　　街上有血，淹過我的膝蓋
　　　　街上有血的是芝加哥城
　　　　血越漲越高，跟隨我而來

　　某次排練時，吉姆即興修改了接下來的兩句歌詞：

街道的血流成了悲傷的河
街道的血淹到了我的大腿
河從城市的腿流下
女人們哭出了啜泣的河

歌曲再次過門的時候，他唱道：

她進了城又揚長而去
陽光在髮間

歌曲剩餘的部分重新回到本來的詩詞，開始的兩句歌詞，
靈感來自於小時候，目擊一卡車印第安工人的車禍事件，他的
歌聲轉為鬱鬱不樂：

印第安人倒落在黎明時分的公路流著血
鬼魂簇擁年輕孩子脆弱的蛋殼心靈

接著唱：

街道的血在紐哈芬城的街上
血弄汙了威尼斯的屋頂以及棕櫚樹
血在我那差勁夏日的愛情之中
奇異的洛杉磯那血紅的太陽
他們切下她的手指時，血尖叫著痛苦
血將隨著國家誕生而誕生

血是神祕盟約的玫瑰

〈客棧藍調〉（Roadhouse Blues）本來是這張專輯的標題曲，這首歌由吉姆寫成，跟許多歌曲一樣，都以潘蜜拉為主題。他唱（寫）道：「眼睛看路／手握好方向盤／我們要去客棧了／將要享受好時光」，他在這裡重覆他對潘蜜拉說的話，當時她正開車，帶他去他買給她的小屋，地點位在加州新潮的托班加區。在〈藍色星期天〉（Blue Sunday）中，他再次唱出對她的愛：「我找到了／屬於我的女孩……」而潘蜜拉也是〈公路皇后〉（Queen of the Highway）的歌曲靈感來源：「她曾是個公主／公路的皇后啊／路邊標誌寫著／帶我們去馬德雷／沒有人救得了她／救救盲眼的老虎／他曾是個怪獸／穿著一身黑的皮衣……」結尾的這句歌詞，呼應他們混亂的愛，語帶自嘲：「我希望還能持續下去／再一下下就好」。

雖然歌曲創作過程順利，吉姆錄音的時候經常喝醉，一首歌常常得花整個晚上錄音。有一次潘蜜拉來錄音室探班，發現了吉姆的酒瓶，她就自己喝掉，以免吉姆繼續喝下去。錄音工程師布魯斯・博特尼克是現場唯一的外人，他說：「他們這兩個人當場崩潰，哭了起來。他很用力地搖她，我覺得他根本在耍我，她哭得完全不能自已，叫他不應該再喝下去了，所以她才把剩下的喝掉。我正在整理環境，跟他們說：『喂，時間不早啦。』他抬起頭，不再搖她，說：『對耶，好吧。』然後抱了抱她，兩個人挽著彼此的手走了出去。我感覺他完全是因為我才做這些事，我以前就看過他玩過差不多的花樣，因為他之後總是會跟

你做個鬼臉，看看你的反應。」

問題越積越多。

吉姆開「藍色淑女」時，出了另一場意外，這次他在拉謝內加大道撞倒了五棵小樹，地點靠近明思大樓。他把車丟在一邊，跑去電話亭打給芬克，跟他說他的車子被偷了。

《綜藝》（Variety）雜誌的評論，有辦法影響電影潛在的銷路，他們認為《友之盛會》令人失望透頂、浪費時間，「要不是某個更大型計畫不採用的片段拼湊而成，便是想要吸引放學回家小孩收看的試水作，只不過沒有日間電視台想買」。《滾石》的「隨筆」（Random Notes）版面中說這部電影：「老掉牙、做作、愚蠢、草率，令人傻眼地無聊，大部分都像是業餘人士第一次練習製片，做都沒做完」。如果這些都不夠打倒吉姆，那舊金山及聖克魯斯影展上的噓聲會是最後一根稻草。

樂團從《輕柔遊行》裡發行的最後一支單曲，是專輯連續第三支由羅比譜寫的單曲，向奧蒂斯・雷丁（Otis Redding）[1]致敬，名叫〈奔騰的藍調〉（Runnin' Blues），低空飛入排行榜，僅僅爬到第六十四名。

邁阿密跟鳳凰城的兩場庭審則在一旁虎視眈眈。

吉姆的搭便車電影《HWY》則舉辦了幾場首映會，普遍的反應都覺得這部電影好像……沒有完成。

吉姆一位女伴懷孕了。

吉姆的會計師跟他嘮叨潘蜜拉的奢侈浪費，給她的零用錢他可以接受，甚至狂歡的花費以及購物的開銷也都還在合理範圍裡。可是開一間服裝店實在太瘋狂，他已經在這上面花了八

1　奧蒂斯・雷丁：外號 The Big O，靈魂樂之王，也曾經在威士忌搖擺表演。從青少年時期就在家鄉喬治亞小有名氣的他，在民權運動前便突破種族藩籬，在主流市場擔任開荒者的角色。二十六歲因為空難驟逝後，代表作〔Sittin' on〕The Dock of the Bay 紅遍全球。他也是早期搖滾樂翻唱文化的重要推手，自己的翻唱作品以外，經典單曲 Respect 經由 Aretha Franklin 演繹，更上一層樓。

萬美元，而潘蜜拉人還在歐洲繼續採購。這個部分對吉姆來說最糟糕，因為他們吵架之後，潘蜜拉就啟程去找法國伯爵，她跟女性朋友說過她愛他。

吉姆喝酒的習慣不變。

他們都喝醉了，這四位當然是湯姆、弗蘭克、貝比還有吉姆一行人，賴在巴尼小餐館的酒吧不走。

「你真是個爛男人，莫里森。」湯姆說，想激他的朋友。「你天殺沒有爵位，還是個懦夫。」

吉姆不理會他的挑釁，弗蘭克跟貝比望著他們的酒飲。

「跟我們講一下啦，搖滾巨星吉姆·莫里森先生。」湯姆繼續說，聲音迴盪在整個酒吧裡：「跟我們說邁阿密那次到底發生什麼事。」

吉姆講這個話題已經講煩了，他瞪了瞪湯姆，又喝了一口酒。

「來嘛，吉姆。一次跟我們說清楚講明白。」

「好。」吉姆靜靜地說：「我做了。」

「做了什麼？」湯姆的聲音咄咄逼人，一副穩操勝券的樣子。

「我露屌啦。」

「吉姆啊，為何？我在電影裡露我自己的屌，你跟我說那不是藝術欸。」

「呃，」吉姆低聲地說，在場的所有人都必須很吃力才聽得見：「我想看看聚光燈打在那話上，看起來是什麼樣子。」

貝比跟弗蘭克同時爆出笑聲之前，大夥停住了一瞬間，接著拿酒灑得整個酒吧都是，吉姆咧嘴露出惡作劇的笑容。

艾哈邁德（Ahmet）與米卡·艾特根（Mica Ertegun）家的那

一幕則沒有那麼好笑。艾哈邁德是風流倜儻的土耳其外交官之子，他一手創立大西洋唱片公司（Atlantic），成功致富，他的太太則是曼哈頓最時尚的女當家之一。艾哈邁德知道門樂團跟厄勒克特拉的合約已經快要到期，希望可以把吉姆收入旗下，因此邀請他參加一場派對。艾哈邁德家族成員回想起當時，一致覺得吉姆前一秒還像是南方紳士，分享有趣的故事、舉止得體；接下來就搖身一變成了抓狂的醉漢，站在沙發上撕毀牆上昂貴的畫作，就像化身博士一樣有著雙重人格。

吉姆在一九六九年十二月八日慶祝他的二十六歲生日，與會的有比爾跟他的老婆謝莉（Cheri）、弗蘭克跟凱西夫婦、還有里昂，地點在比爾位於曼哈頓海灘的房子。吃完晚餐後，吉姆面前放了一瓶白蘭地，其他人的大麻也捲好了，現在大麻只會讓吉姆覺得緊張，甚至產生偏執妄想。

吉姆跟里昂隨性地聊天，談到一起創作連環漫畫，接著話題轉到米克・傑格身上。吉姆出乎意料地相當大方以對（或許也有酸言酸語的成分在），說米克是「男人堆裡的王子」，接著他誠摯地感謝所有光臨派對的人，瓶裡的酒喝得空空如也，呼呼大睡。

不久里昂大叫：「哦，天啊，看！你們看吉姆！」他從座位上彈了起來，因為癱倒在椅子上失去意識的吉姆，居然把陰莖從褲子裡抽了出來，對著地毯撒尿。「我的天！」比爾急忙從房間另一頭衝過來，抓了個水晶高腳杯，接在水流底下。令他訝異的是，吉姆一下就尿滿了，比爾只好從桌上再拿了一個，第二個裝滿後又再拿了第三個。

里昂、弗蘭克、凱西還有謝莉都笑倒了。隨後弗蘭克跟凱

西把吉姆帶到樂團辦公室，把還睡著的他丟在沙發上。

　　壓力漸漸增長到無法忍受的地步，吉姆的行動總是被支配或是被迫轉向。弗蘭克、保羅還有貝比想要更多經費完成電影，而樂團則希望電影停止拍攝，認為這個計畫榨乾了吉姆本來該奉獻在樂團上的精力。他們還希望吉姆刮鬍子，稍微減重幾公斤，因為紐約一連串的演唱會，再幾週就要開始了。潘蜜拉則時不時要求吉姆放棄門的歌唱生涯，跟她一起共度居家生活，在她的想像裡，吉姆能夠平靜地專心寫詩。與此同時，至少有二十個生父確認的官司還沒處理。吉姆知道這輪演唱會中觀眾會想要看到出格的表演，但他目前只想好好站著唱歌而已。他的律師禁止他談論邁阿密事件，但他非常渴望能夠替自己的清白說幾句話，也想批評整起事件偽善地讓他噁心，而文斯最近又開始發動「換新經紀人」的攻勢。吉姆還清楚感覺到，自己已經沒辦法走在街上不被人認出來，所以留了大鬍子，他對一切的不便越來越有感。

　　吉姆坐在沙發上喝啤酒，他的生日派對昨天才剛結束，比爾還有其他人進來的時候，他正在把所有要求都列成一張表。每個人進來時，他便漫不經心地點頭，接著他的目光轉向一直放在桌上的《洛杉磯時報》。他茫然地盯著報紙看，「越南化」正在東南亞持續著；印第安人已經占領惡魔島三週之久了；昨天——也就是他的生日！洛杉磯警方跟黑豹黨發生了長達四小時的槍戰；大陪審團已經起訴犯下莎朗‧蒂殺人案的查理‧曼森一夥人，共五名嫌犯。

　　吉姆放下報紙，挪動身體然後清了清喉嚨。

他慢慢地說：「我覺得，我精神崩潰了。」

大家都衝過來安慰他，急急忙忙地想說些鼓勵他的話，但同時也相當恐懼，他是不是終於真的要撐不住了。比爾往門邊走去，打電話叫文斯從樓下排練室上來。

吉姆凶惡地看著比爾：「你昨天晚上在我面前放一瓶干邑，意思其實就是：『這是給喝酒的人特別準備的哦。』我必須得全部喝完。」

他轉頭跟走進房間的文斯說：「我知道我在幹嘛，文斯。在邁阿密的時候我有穿四角褲。你是沒看到還是怎樣？我知道自己在做什麼，可是你跑來阻止我。」

他接著對里昂回憶起在9000大樓頂樓的那一幕，那時里昂要他從護欄上下來。「你是看不出來嗎？」吉姆問：「我必須做，我停不下來。」

他的哀求如此出乎意料且害怕，這些人從來沒看過他這麼直接地展現出自己的脆弱。

一週之後他們雇了另一個人來照顧吉姆，這位南加大的黑人美式足球選手身高一九三公分，曾經在滾石樂團最近的巡演上，擔任過米克‧傑格的貼身保鑣。吉姆馬上就喜歡上東尼‧方奇斯（Tony Funches）這個傢伙，跟他說：「我們去喝一杯吧！」

「好啊，吉姆，你說的都可以。」東尼使了個眼色：「那些上空舞者搞不好會讓我興致大開。」

吉姆在墨西哥跟弗蘭克度假，其他樂團成員在紐約，不安地等待他出現。在一番交涉後，根據「操蛋條款」設置了一筆保證金，他們得以獲邀在知名的菲爾特會所（Felt Forum）演出。

比爾的飯店房間電話響起。

「呃，我錯過班機了。」

「天啊，吉姆。」比爾馬上回想起吉姆之前錯過前往邁阿密班機時，也曾打電話過來。

「吉姆，你人清醒嗎？」

「呃……」

一月十七號還有十八號兩晚，將各舉辦兩場演唱會，這次演出比爾相當看重，其他成員還有唱片公司也是。為了完成去年夏天就開始準備的現場專輯，這些演出都會錄製下來。紐約是最多編輯還有記者工作的地方，這次菲爾特會所的公開演出，被當作是門還有能力以完整樂團演出的重要指標。如果人消失未到，更有甚者，做出像佛羅里達演出時的行為，那便是自毀前程。

比爾用爸媽生氣的口吻跟吉姆說：「吉姆，你重訂了沒？」

吉姆說有，然後把航班號碼告訴比爾。

「我們安排了一台禮車等你，吉姆。」

「呃……比爾？呃……航班會在邁阿密中途停留。」

「吉姆？可不可以拜託你待在飛機上？」

掛電話之後，比爾打電話給東尼。「你現在搭飛機立刻趕去邁阿密，把吉姆攔截下來。去找他搭的那班飛機，降落的時候確保吉姆待在上面。我們會幫你訂票，讓你跟他一起回紐約。」

演唱會相當成功，大部分表演的是早先的歌曲：〈月光之旅〉、〈後門情夫〉、〈衝破拘束〉、〈點燃我的火〉、〈盡頭〉。表演有幾幕令人印象深刻，其中一場表演上，一匙愛樂團（The Lovin'Spoonful）[2]的約翰・塞巴斯蒂安（John Sebastian），還有克羅

2　一匙愛樂團：六〇年代暢銷流行搖滾樂團，主唱於東岸成長，在格林威治村民謠復興的地景下成長，跟吉他手先跟媽媽與爸爸合唱團的成員組成過團體，但不成功。雙方拆夥之後終於在新編制之下各自走紅，一九六六年是他們最鼎盛的一年，豪取一首冠軍單曲 Summer in the City 及兩首亞軍單曲。

斯比、史提爾斯、納許與楊四人組[3]的鼓手達拉斯·泰勒（Dallas Taylor），上台加入門樂團，助陣了幾首歌。有個年輕的同性戀扯著吉姆不放，手腳並用扒著吉姆的膝蓋，在他終於被拉開帶走後，吉姆隨口說：「這就是紐約，衝到台上的都是男的。」這句話會被用在現場專輯中（沒有解釋脈絡）。還有一句話沒有用上，有人朝吉姆丟了些大麻，大小粗細跟鉛筆芯差不多，吉姆說：「我喜歡紐約的大麻，還能用來剔牙咧。」

　　門樂團在紐約的時候開了幾場會，有些是用來討論新專輯《莫里森旅館》的廣告宣傳，樂團必定受邀參與。吉姆很討厭開會，很少參加。他偏好讓其他人替他做決定，可是他的形象成為會議主題時，他還是出現在厄勒克特拉的辦公室，現場傳下來一份備忘錄，提議一個全新的公關計畫。他癱在沙發上，聽到公關部門認真討論「文藝復興人吉姆·莫里森」這個提案時，忍不住用他有羊毛內襯的麂皮外套搗住了耳朵。

　　在一份四頁長的備忘錄裡面說得非常清楚，應該要考慮吉姆的感受：

> 吉姆·莫里森是一位尋求擴展自己藝術疆域的公眾人物，所有公眾人物都應擁有自己的公眾形象。最出色的公眾形象，應該要讓大眾及藝術家本人都能開心地接受。公眾人物本人應該是最優先考慮的對象，因為他必須得跟這個形象朝夕相處。由於文藝復興人的概念，隱含不斷追尋所有可能的創造過程及企圖，我覺得莫里森本人能輕鬆符合這個概念。只要這個框架建立得宜，他可以嘗試、實踐、體驗任何他喜歡的事物，而不會危及、或是

3　克羅斯比、史提爾斯、納許與楊四人組：民謠超級組合，原本團體只有前三位成員，後來尼爾楊加入後，簡稱為 CSNY。他們以高超複雜的合聲最為聞名，由於全部成員皆是搖滾樂界重量級的人物，也各自以個人身分發行作品，他們的活動相當隨興，最近一次聚首演出是二〇一五年。所有成員皆是美國和平反戰運動的要角，他們彼此間的關係以及政治表態一向是媒體焦點。

受到名聲好壞的困擾。

　　此外，備忘錄補充：「這個世界現在沒有達文西，連在波啟浦夕那樣的小鎮人們，都會喜歡這個主意。」吉姆不喜歡自己的形象被任何一間公司干涉。此外，厄勒克特拉也推翻了簽約三年以來的宣傳原則，開始推廣吉姆‧莫里森個人，多於整個樂團。他隔天在厄勒克特拉的派對上，展開了他的反撲。

　　這種派對是公司獻殷勤儀式的一部分。許多唱片公司在續約的時間點將至時，都會替旗下最成功的樂團，舉辦精心策劃的派對。這場派對特別盛大，準備了阿拉斯加帝王蟹、墨黑魚子醬、香檳王等食材，廣邀了數百位賓客，包含了英格麗‧褒曼的女兒皮亞‧林德斯特倫（Pia Lindström）、還有一群異裝的沃荷御用班底，全部齊聚四十四樓的豪華公寓會場中，往窗外望出去，曼哈頓的美景盡收眼底。晚會結束時還播放了希區考克的電影《國防大機密》(The 39 Steps)。

　　當時是凌晨兩點，吉姆跟潘蜜拉正要離開，當他們經過厄勒克特拉總裁賈克身邊時，潘蜜拉丟下一句不留情面的退場台詞，賈克很確定是吉姆慫恿她這麼說的。

　　「該怎麼說呢？我們明年有可能簽給大西洋，所以謝謝你盛大的派對啦。」潘蜜拉親切地說。

　　吉姆只是笑了一笑。

　　文藝復興人這個宣傳計畫就這麼終止了。

　　二月的第一週新專輯上市，演唱會的進行出奇地順利，分別在長堤的圓形劇場以及舊金山的冬域舉行。門票全數售罄，

大獲好評，吉姆剃了鬍子，穿上黑色的牛仔褲跟襯衫，演唱保持在最佳狀態。吉姆與貝拉斯科還有麥克盧爾的約也終於簽好了，敲定了《內行人》（The Adept）的製作。吉姆的公司嗨速公路、加上貝拉斯科的公司聖瑞吉製片（St. Regis Films），共同拿到麥克盧爾尚未出版小說為期一年的選擇權，並預付了五千美元總價裡的五百美元給他。

三月時，各大業內商訊皆報導了門樂團在厄勒克特拉發行的第五張專輯，《莫里森旅館》，取得金唱片認證的新聞。新聞指出，他們是第一個連續取得五張金唱片專輯的美國硬式搖滾樂團，雖然水牛城的一場演唱會取消，他們仍然前往鹽湖城、丹佛、檀香山、波士頓、費城、匹茲堡、哥倫布還有底特律進行了巡迴演出。

雖然《莫里森旅館》沒有產生暢銷單曲，這張專輯卻重新建立了評論界對門的寵愛，在所有重要音樂媒體上，幾乎都取得了正面評價。不只是沒有弦樂及管樂，樂團還在巡演途中先行抽空構思了幾首單曲，才開始正式錄製——自從第一張專輯以來，很少有專輯這麼奢侈、獲得了這麼多寶貴的製作時間。結果不負苦心，《莫里森旅館》擁有一種前兩張專輯缺乏的凝鍊。吉姆的聲音更成熟了、變得更深沉，其他樂手們也有成熟的表現。這是一場藝術性的回歸，門樂團把一系列擁有驚人力量的歌曲成功凝聚在一起。

當時是《克里姆》（Creem）雜誌編輯的知名權威樂評戴夫・馬許（Dave Marsh）寫道：「門樂團向我們呈現的音樂，是我所聽過最震懾人心的搖滾音樂。當他們狀態好時，他們完全無懈

可擊。我想這是我聽過最好的唱片……至少到目前為止。」

《搖滾雜誌》（Rock Magazine）同樣也盛讚：「莫里森不再性感了，這是你們說的；他變老又變肥。我想說的是，你在唱片上聽不到鮪魚肚，但能聽到男子氣概，而門樂團的第五張專輯，是他們所有唱片裡最具雄性美、最棒的一張。」

一九七〇年五月號的《馬戲團》（Circus）雜誌也呼應了相似的感受：「《莫里森旅館》或許是門樂團最棒的一張唱片，莫里森教將會因為這張專輯獲得新信徒，並讓那些對前兩張專輯感到失望的老歌迷心安。這樣的搖滾夠硬、夠邪門，這是十年來最精采的專輯之一。穿著皮褲的莫里森萬歲！」

只有《滾石》吝於讚美，堅持門樂團的前兩張專輯才是真正的佳作。目前為止，他們只能向私心喜愛門的歌迷真心推薦《莫里森旅館》。

這段期間吉姆維持分心的狀態，他的精力都集中在即將到來的鳳凰城審判，以及他可能會面臨到的重刑：施暴的指控至多會判三個月的徒刑、罰金三百美元；在商業航班上干擾機組人員的聯邦罪名則可能獲判十年徒刑以及罰金一萬美元。吉姆、弗蘭克、湯姆以及里昂在三月二十五日週三飛去鳳凰城，和比爾及吉姆的律師芬克進行開庭前的簡單會面。酒飲是透過客房服務點來的，如同往常，吉姆跟湯姆開始爭搶。

湯姆發起狂來，他想要到外面喝酒。「去他的狗屁，為什麼要躲在房裡喝酒，吉姆走啦！」吉姆說好，東倒西歪地站了起身，比爾請他們留下來，因為他不希望吉姆拋頭露面，特別是今晚。他非常肯定如果他出去，一定至少會因為醉態被逮捕，

那在審判當天可就會是一條大新聞了。

突然里昂站到了一張茶几上，對吉姆大吼：「爛貨！爛貨！爛貨！」

吉姆問：「幹嘛這樣講話？你在跟我耍什麼幼稚？」

「因為你的行為本來就跟小孩沒兩樣！」

弗蘭克跑來房間，叫里昂他媽的管好自己就好了，這時突然有人敲門，打斷了他們的爭吵。其中一人過去開門，一位空靈的金髮女孩走了進來，說：「我正在找吉姆。」

吉姆很快就跟她交纏在一起，嘴向下游移到她的上衣，其他人躡手躡腳地離開了房間。

隔天一早吉姆跟湯姆都穿著白色襯衫、打著領帶、還有雙排釦的西裝外套，長髮梳到耳後。里昂跟弗蘭克則被傳為證人，空服員莉娃·米爾斯以及雪莉·安·梅森亦同。雪莉的證詞說服了法官，她說，儘管她已經數度警告對方，請他把手拿開，但整趟航班上，其中一位被告還是不斷對她伸出狼爪。她指認吉姆就是那位襲擊者。

吉姆很困惑，雪莉口中他所做的行為，其實都是在描述湯姆的動作。她把兩位當事人搞混了，好像是愛麗斯夢遊仙境裡發生的情節。後來起訴檢察官請他的證人不要以湯姆跟吉姆兩人的名字直接敘述事發經過，改以「坐在座位A的人」以及「坐在座位B的人」稱呼。吉姆在聯邦重罪方面證明是清白的，但在「攻擊、恐嚇、脅迫及干擾」兩位空服員「勤務執行」方面則有罪，湯姆則逃過了所有的指控。預定兩週之後會進行最終的刑期宣判。

吉姆、里昂、湯姆、弗蘭克、比爾、芬克還有當地協助這

個案件的律師一起回到飯店，在雞尾酒吧留步。驚喜來了！兩位空服員還有逮捕湯姆跟吉姆的機長也在。比爾跟里昂過去致上友善的問候，吉姆則點了他的第一杯雙份烈酒。

比爾的魅力折服了他們，彼此相談甚歡約半小時，之後帶著兩位女生回到他那一桌。雪莉坐在吉姆旁邊，他此時已經叫了四次雙份烈酒，他跟雪莉說，他覺得她很美。

他說：「妳知道，其他的狀況下，我們本來可以很合得來的。」

過了一會，更多的黃湯下肚，吉姆決定開金嗓。他踉蹌地從椅子上站起身，往鋼琴酒吧跌跌撞撞地走去。

「我跟著唱你不介意吧？啊？」吉姆問受驚的鋼琴手。

酒吧的經理快速地一躍而上，就像橄欖球員朝漏接的球撲過去一樣：「不可以，不行不行不行！很抱歉，莫里森先生，但是不可以。」

吉姆被權利的魔手搞得一把火上來。

「幹你他媽的，你這傢伙，幹，幹你娘，幹！」

芬克跟另一位年輕律師把吉姆從房間裡拉出來，派對上的其他人全部跟了過來。湯姆在大廳裡挑釁吉姆，要他跳到外面的噴泉裡。

吉姆醉醺醺地瞪著湯姆，然後轉身奔向噴泉。

現在換比爾負責阻止吉姆，在大夥協助之下，把他抓進電梯。門一關上，吉姆又開始大吼大叫：「操！」

隔天早上大家一起回到洛杉磯，吉姆跟湯姆找了一些女生跑去棕櫚區的酒吧，其中一個是吉姆從鳳凰城帶回來的，不知

道怎麼辦到的，另一位則是熟面孔迷妹。他們狂飲一陣，打起了撞球。湯姆喝醉了，把撞球桌都翻了。酒吧老闆打電話給警局，吉姆跟貝比把湯姆扭送回附近的門樂團辦公室。

一路上湯姆不斷嚎叫：「吉姆，你他媽的沒有任何優點！全世界都恨死你！恨死你！你爛透了！」

回到辦公室後，吉姆、貝比跟其他在場的人都叫湯姆離開。最後吉姆終於解釋了他不爽的原因：他支付了湯姆在鳳凰城的所有花費，包含機票、旅館、飯錢、酒錢、律師費，全部都是他出的。甚至罪名也是他替湯姆擋掉的，結果他得到的回報就是一頓羞辱。

吉姆向湯姆衝過去，想把他趕出門。湯姆笑了起來。吉姆低聲說：「你給我離開這裡，這裡是辦公的地方。」

湯姆的朋友這時出現，朝吉姆撞過去，東尼隨後到場，抓著湯姆的朋友。貝比也來助陣東尼，揮拳揍湯姆的朋友。吉姆脫身，溜進了比爾的辦公室叫警察來。馬上就有一台警車抵達，剛好是接到上通電話，在棕櫚區處理完他們的警員，直接順道過來。

「你現在是跟我說，是你叫警察的嗎？」湯姆問。他站在離大家都有一段距離的地方，表情相當吃驚。

「你是說，報案的人是你嗎？」警察也大吃一驚地問。

貝比開始咒罵前來的警員，但他們理都不理他就走了。湯姆坐上朋友的車揚長而去，剩吉姆、貝比、還有東尼站在人行道上。湯姆十分鐘之後掉頭回來，朝樂團辦公室的窗戶扔石頭，但吉姆這時已經跑去巴尼小餐館繼續喝酒。接下來幾乎有一整年吉姆沒再跟湯姆·貝克見面。

整個四月下來，吉姆花了更多心思處理他的法律難題，在六號回到鳳凰城以前，他自己審核過芬克替邁阿密事件所寫的文件，長達驚人地六十三頁。吉姆對於芬克在鳳凰城法庭上滔滔不絕的口條感到很滿意，他說他「活脫脫就是漫畫裡的佩瑞·梅森」。而且他看到訴狀時相當高興，因為裡面挑戰了逮捕他所據法條的合憲性。

　　前十頁中解釋了芬克（以及吉姆）眼中的「當代社會態度以及社群準則」：「年輕人（還有相當多的成年人口）都對偽善、虛假、社會『百合般純白』的表面以及底下的腐敗揭竿而起。錯誤且不堪一擊的維多利亞式概念，面對知識、科學發展以及教育，早就已經消失……」

　　芬克援引為判例的法院案例，牽涉到電影《好奇的是我（黃色）》(I'm Curious /Yellow) 和《午夜牛郎》(Midnight Cowboy)，還提及了亨利·米勒的《北回歸線》(*Tropic of Cancer*)，以及高更、畢卡索以及米開朗基羅的畫作。很多篇幅都在論述第一及第十四條修正案對戲劇表演的保障，訴狀內還重新回顧了歷史上「對劇場政治潛力的恐懼」，也引用了美國最高法院保障言論自由的判例。芬克最後則分別針對各項指控提出抨擊，認為他們要不是直接違反了第一、第八或第十四條修正案，「不合憲地模糊」，要不然便是與事實並不相符。訴狀中指出，吉姆被控違反的這四條法律，最近期制定的一條已經是一九一八年的事了。

　　四月六日當天，吉姆跟芬克為了違反劫機法的刑期宣判，回到鳳凰城。當芬克告訴庭上，名為雪莉的空服員搞錯了，想要更改證詞時，法官隨即延遲量刑，重新安排吉姆當月較晚的

日期再度出庭。

　　七日，西蒙與舒斯特出版社送來了第一批印刷好的書籍，吉姆手捧著薄薄的書本，萬分寶貝。書封寫著《諸神與新創造》（*The Lords and The New Creatures*），底下印著一行字「詩選」。吉姆不太喜歡他名字呈現的方式，雖然他要求要印成詹姆斯·道格拉斯·莫里森，出版社仍然使用吉姆·莫里森這個名字。他們還在封面封底上，使用了「年輕獅子」那張照片，並在書衣折口上撰文，提及他的搖滾事業，還稱他的歌迷是「小伙子們」——以上的決定他一個都不喜歡。書衣折口上對吉姆詩作的介紹，絕對是最膚淺的那種，寫道：「他看見並談論當代美國——城市、藥物使用、電影、金錢勾當，那些舊有的煩惱以及在愛情裡找到的全新自由……」

　　儘管如此，吉姆還是打了封電報到紐約給自己的編輯，開頭是這麼寫的：「感謝你還有西蒙與舒斯特，這本書超乎我預料的好。」對麥克盧爾則是這麼說的：「第一次沒有人搞我。」麥克盧爾發誓，當時吉姆眼裡含著淚。

　　隔天，貝比從還在行駛的車上摔下來，頸椎有兩節碎裂，他跟吉姆剛剛才在電話亭酒吧喝了一輪。隔天晚上吉姆在波士頓的舞台上，依然喝得醉醺醺的。

　　演唱會延後結束，持續到凌晨兩點，場館經理決定直接拔插頭，切斷樂團的電源。但神祕的是，吉姆的麥克風居然還能運作。吉姆眨了眨眼，接著把架子上細細的金色麥克風取了下來，用大家都聽得到的聲音咕噥著：「吃你的屎去吧。」

　　雷迅速跳向前，他跟其他人都害怕這種狀況發生。他迅雷

不及掩耳地用一隻手搗住吉姆的嘴，另一手把他架起來，好像在搬一座雕像似的，把他帶下台。

觀眾們全部都在跺腳，希望還有音樂可以聽。

過了一會吉姆從雷的控制中掙脫，重新出現，他搖搖晃晃地走向台前，大聲嚷嚷：「我們應該聚在一起，好好享受一下……因為如果你順了他的意，他們就贏了！」

吉姆隔天早上起床時，當晚鹽湖城的演唱會已經宣告取消。鹽湖城的場館經理昨晚就在波士頓的觀眾群中，很不喜歡自己看到的場面。邁阿密造成的疑神疑鬼仍然持續發酵，幾乎每場演唱會上，只要吉姆說了一些「爭議性內容」，場館經理就會來請文斯切斷聲音。每天樂團都想知道，他們下一場演唱會能不能順利開演，一切得要表演前一刻才有答案。

邁阿密事件影響了整個業界，其他樂團在許多城市的表演，簽署演唱會合約時，都寫入或事後加上了反淫穢條款，樂團必須先墊付一筆保證金，如果他們在台上做出「非法、不得體、淫穢、猥褻、或是不道德的行為」時就會被沒收。

四月十七日及十八日，門戶樂團前往檀香山，於一座大型的會議中心進行表演。演出後，其他成員留在當地享受短暫假期，吉姆跟比爾飛回鳳凰城找芬克以及空服員雪莉。雪莉在二十號撤回了她的證詞，撤銷了對吉姆的最後一項指控。

吉姆前一年九月開始，跟紐約的樂評編輯派翠西亞‧肯尼利通過電話跟郵件。三月跟她重新連繫上之後，四月她便在主編的《爵士與流行》雜誌中評論了吉姆的詩集，吉姆向她派電報以表感謝之意。

派翠西亞剛剛開始她的見習女巫生涯，是一團女巫集會的女祭司，吉姆對這種事物相當著迷，他發出電報後隔天，她正在費城拜訪其他女巫。門當天也在費城表演，她蒞臨光譜中心參加他們的演唱會，還跟吉姆在後台簡短聊了一下。他跟她說樂團隔天行程在匹茲堡，可是之後他會自己去紐約一趟。到紐約之後，吉姆花了半個禮拜的時間在納瓦羅飯店（Navarro Hotel）陪潘蜜拉，另一半則在派翠西亞的小公寓中共度。

　　吉姆、潘蜜拉一對出門逛逛的時候，貝拉斯科常常也會一起跟來，一行人在第五大道逛街購物，然後在呂肯德國餐廳（Lüchow's）以及萊昂內媽媽義式餐廳（Mamma Leone's）用餐，都是娛樂圈名人經常光顧的用餐地點。跟派翠西亞在一起的時候，吉姆則前往費爾摩東岸會堂，觀賞傑佛遜飛船的表演，跟艾倫·金斯堡一起坐在燈控台上。

　　傑佛遜飛船的格蕾絲·斯里克（Grace Slick）現在對壓制起鬨的觀眾有新一套的處理方式，有人大叫：「唱〈白兔子〉（White Rabbit）啦，格蕾絲！」

　　「哦，我看到吉姆·莫里森今晚有來哦。」格蕾絲冷笑著回道，吉姆喃喃地抱怨：「謝囉，格蕾斯。」然後就離席了。他本來就很不情願用演唱會當作約會見面的開場，之後跟派翠西亞說，他覺得：「傑佛遜飛船是我這一生中聽過最無聊的樂團。全部的元素都擠到最前面，演奏時都在比大聲，結果沒有人有機會秀出真材實料，他們根本沒有我的樂團那種微妙的交互作用。」

　　五月底的時候，《娛樂事業》（*Amusement Business*）雜誌刊

出另一則對樂團不利的負面報導，這份雜誌是演唱會宣傳人員及場館經理圈子裡最受歡迎的刊物。刊物用清教徒般的口吻，痛訴樂團自紐哈芬淫穢逮捕事件一路以來的「豐功偉業」，封面故事用大字寫著「吉姆‧莫里森跟門樂團又想到新花招惡整場館經理」。雜誌請底特律可博會堂（Cobo Hall）的經理現身說法，門樂團曾經光臨過他的場地，他說樂團「簡直占領了整個場地，因此他們被禁止在我們這裡演出。」但該晚的演唱會對樂團以及歌迷來說，都具有特殊的意義。

吉姆看來已經擺脫了差點爆發的「精神崩潰」，他給人的印象是疏離且輕鬆自在的。五月的最後一週，他跟貝比一起去舊金山參加一場新戲的首演，還到北灘某幾個上空酒吧，跟前來支援的小咖樂團一同歡唱。接著他前往溫哥華，在當地過了幾天，跟伊戈爾‧托多魯克（Ihor Todoruk）一起漫遊城市。托多魯克是一位畫家，同時也是加拿大一本流行雜誌的編輯，一個月前還策劃了一場吉姆‧莫里森影展。吉姆對托多魯克不斷提及巴黎，說他非常想要去那裡，只要該解決的事都解決完了，就會即刻動身。

溫哥華的演唱會糟透了，而西雅圖的表演還算成功，吉姆的行程並非由演唱會劃分，而是由出庭的時間決定。邁阿密的審判定在八月，他的律師正在努力進行最後一搏，希望可以倖免於這場法律戰。六月九日他們向聯邦法院聲請暫停審判，理由是三條用來指控吉姆的法令相當模糊，而且受罰的行為不在警察執法範圍之中。這份聲請遭到駁回，三天之後律師團又到邁阿密另一間法院，請求陪審團審判。

兩次開庭日期之間，吉姆的行事曆上都安排了一場《HWY》

的放映會，給代理商還有朋友欣賞。這部電影播出好幾次了，但唯一一次公開播放是在溫哥華的電影節上。大部分播出都是在希納能戒毒所（Synanon）還有私人放映廳所舉行，最後有一對年輕製作人，名叫鮑比·羅伯茲（Bobby Roberts）及哈爾·蘭德斯（Hal Landers）跟吉姆接觸，想請他一起跟媽媽爸爸合唱團的前團員蜜雪兒·菲利浦斯（Michelle Phillips）合作拍一部電影。吉姆沒有直接答覆，而是請他們先看一遍《HWY》這部作品，兩人馬上便討論起如何提供經費，把這部作品發展成長片。吉姆感覺到這是另一場利用他的計畫時，他果斷取消了所有的協商討論。弗蘭克跟他爭論過一番，可是他不為所動。

跟米高梅的協商看起來比較有機會成功，吉姆跟貝拉斯科還有奧布瑞固定見面討論《內行人》（The Adept）的計畫，他們說服他可以用讓人滿意的方式縮短劇本。吉姆語帶挖苦地說，他們意圖想把它「從一棵紅杉截成一根牙籤」。

貝拉斯科跟吉姆尋覓新的導演，最後終於拍板由特奧多·弗利克（Ted Flicker）執導。弗利克以帶領一個叫「前提玩家」（Premise Players）的即興表演劇團聞名，還跟演員詹姆士·柯本（James Coburn）合作過，拍攝了一部被低估的諷刺喜劇，名叫《中央調查局》（The President's Analyst）。合作慢慢地談成了，奧布瑞想要吉姆參演電影，不僅僅在《內行人》軋一角，還希望他在另一部叫科基（Corky）的電影中亮相。吉姆不喜歡劇本（奧布瑞希望他出演的角色，後來由羅伯特·布萊克［Robert Blake］詮釋），但同意為了自己的電影稍稍減重（畢竟從沒有人聽說過長得胖胖的古柯鹼毒販？），並且還會剃掉鳳凰城審判之後放任留長的鬍鬚。

六月中，米高梅大致上已經給了吉姆他想要的所有東西：首先是劇本撰寫完成的酬勞三萬五千美元，如果劇本順利獲得採用，他作為聯合製作人（和貝拉斯科偕同）及主要演員，可以再獲得五萬美元。以好萊塢的標準來說，這個數字不算龐大，但吉姆已經很滿意了。他吩咐自己的律師團繼續處理合約事宜，並授權支付聯邦航空總署索求的六百元罰款，這筆款項跟鳳凰城那班班機有關（但無關於現在的法院程序）。他開始收拾一卡皮箱的行李，準備到法國跟西班牙旅行。

第 10 章

　　派翠西亞慌了。她跟吉姆起床的時候，吉姆輕微發燒接近三十八度，她待在家裡照顧他沒去上班，只出門一次採買病人需要的食物，像是一些湯跟薑汁汽水。兩小時之後，吉姆的體溫上升到超過三十八度半，她給他吃了一些阿斯匹靈、四環素，讓他喝了些水後，用酒精擦了擦他，想連絡里昂。她自己的醫生雖然就住在兩個街區外，可是不提供到府看診，此時吉姆的體溫已經接近四十度。

　　吉姆前一天才到紐約，正在前往歐洲的路上，同行的人有里昂和他的一位朋友，里昂還帶著全新現場專輯完工版的母帶。雖然派翠西亞到飯店見他的時候，吉姆喝得相當醉，但他們仍度過了一個愉快又平靜的夜晚。他們一起看了米克·傑格的新電影《奈德凱利》(Ned Kelly)、還看了柏格曼的新作《安娜的情慾》(The Passion of Anna) 整整兩遍。唯一值得一提的事，只有吉姆在上床以前，拿出了派翠西亞的子宮帽，像扔飛盤一樣一丟，飛過了房間。此刻在派翠西亞的公寓裡，抵達紐約隔天的陰沉下午，吉姆感覺自己好像要死了一樣。

　　兩點鐘的時候，派翠西亞決定在叫救護車之前，再替他量一次體溫。突然間高燒開始消退，十五分鐘內體溫從超過四十度降到三十八度出頭。三小時之內吉姆便能起身到處走動，好像什麼事都沒發生過一樣。他回到自己的飯店裡換裝，之後里

昂過來加入他和派翠西亞，大夥一起吃了晚飯，看場電影，並到布倫塔諾書店（Brentano's）買了一些書。

隔天晚上，吉姆跟派翠西亞結婚了。

當時二十四歲的派翠西亞，是一本搖滾雜誌的主編，也是門樂團在東岸搖滾樂評圈建制裡，最忠誠的支持者之一。打從十八個月以前，也就是他們第一次在廣場飯店為了訪談見面時，派翠西亞就愛上了吉姆。她一進到房間裡，吉姆便起身迎接，聽她自我介紹，吉姆還正式地跟她握了手。她還記得當時的場景：「我腦中只有：『天啊，他媽媽有教他規矩，而且他還記得耶！』我們的手一碰在一起就產生了火花，我踩在地毯上的靴子有靜摩擦力沒錯，但是真的是童話故事中寫的那種火花。吉姆也愛那種感覺，他說：『好像某種兆頭。』一點也沒錯。」

從那之後，派翠西亞就常常在她的雜誌裡寫到吉姆還有門樂團，行文風格成熟又具有批判性，包含了相當多的文學典故及引言。她一直以來都認真地看待吉姆，評論聚焦在他的作品，而非形象。她有次曾經寫道：「如果 T.S. 艾略特是一個搖滾樂團的話，就會是門，並做出《輕柔遊行》這張作品。」在《諸神與新創造》的一篇評論裡，她指出：「儘快重讀亞里斯多德的《詩學》，若重讀華茲華斯《抒情詩選》的序言則更好，或許能幫助我們重新審視，創作詩歌時最迫切、該優先考慮的事情。」

派翠西亞對於每個主題，幾乎都有思緒清晰、周全的觀點。流暢且切中要害的愛爾蘭式辯才，是她跟吉姆的共通點；出眾的外表，留著長長的赭色頭髮，棕色的眼珠，身材豐滿；對於神祕學有深入的了解，還有著傑出的說故事天賦。

他們的關係在很多層面上，對吉姆來說相當稀鬆平常。除

了潘蜜拉以外，沒有一個女生能夠常常跟他見面，或者說有機會可以跟他相處超過幾天。在他們見面後的幾個月內，吉姆跟派翠西亞只共處一室不超過七八次，他們也沒有很常打電話聯絡。他們彼此間除了一疊特別私人的信件、互贈珠寶、稀有書籍、以及吉姆致贈給她三本自己的成書作品以外，沒有什麼東西可以讓人聯想到激情的熱戀追求。

吉姆在派翠西亞面前的行為舉止，也跟與其他人相處時差不多。跟她在一起時，吉姆當然也大口喝酒、意識模糊，然後無止盡地耍他的花招。派翠西亞是這麼回憶的：「我們坐在酒吧裡，他會講一堆前言不搭後語的話，其實根本沒有特別想要跟我說什麼，比方說：『有個滿月的夜晚我在月光下睡著了，我起床的時候睜開眼一看，是媽媽的臉低頭看著我。妳覺得呢？妳覺得這代表什麼意思？』他永遠都在測試別人，永遠都在試探你能容忍他到什麼程度、是怎麼回應他的一舉一動的。他不信任任何人，我說我愛他的時候，他看起來從沒相信過。我猜大概每個跟他睡過的女人都這麼跟他講過吧，可是我其實是認真的。儘管我都想清楚了，我還是覺得對他說我愛他，就好比交給他一把可以用來對付我的武器、可以利用的把柄。我第一次表白心裡對他的感受時，他只說：『呃，既然妳愛我的話，那我應該永遠擺脫不了妳吧。』我就問他：『那你想擺脫我嗎，吉姆？』他笑了笑，閉上他的眼睛說：『沒啦。』然後跟我說他也愛我，可能真的是認真的吧。」

一九七○年的仲夏夜，蠟燭在派翠西亞的維多利亞時代哥德式公寓裡點亮，結婚典禮的進行方式已經解釋好了。女巫及威卡信仰並不是撒旦教，他們崇拜的是古老的自然力、三相女

神、大地女神、以及大地女神的男性配對版本：角神。這個宗教傳統在基督及猶大信仰之前就已存在，很多學者都認為這是最古老的普世信仰中，倖存下來的一部分。

派翠西亞解釋，威卡式婚禮是靈魂在業力與宇宙平面上的混合，會影響雙方以後輪迴的結果。死亡不代表分離，而許下的誓言會「永遠在女神的視線範圍之中」。派翠西亞告訴吉姆，根據某個傳說，亨利八世可能出於相似的理由，和安妮·博林透過女巫儀式結婚。

派翠西亞一名也是女巫會祭司的朋友，在一位大祭司的協助之下，替他們完成了這場儀式。他們帶著吉姆跟派翠西亞走過立下婚約的傳統流程，輔以祈禱文還有召喚女神的咒語，祝福新人並在兩人手腕及前臂劃開兩道小口，將他們的血滴進祝聖過的酒杯裡，讓他倆喝下。還有一個儀式是要踩過掃帚，互相交換誓詞，並對女神的降臨做出最後的祈求。

對派翠西亞來說，這場典禮完全合乎她的宗教信仰，沒有什麼加油添醋，但吉姆對這樣的儀式完全入迷了。他給派翠西亞一枚銀製的克拉達戒指，是愛爾蘭傳統的婚戒，上頭的圖案是雙手捧著心；而她則回以一個樣式相同的金製戒指。主持的女祭司跟派翠西亞兩人手寫了兩份文件，一份以英文寫成、另一份則以神祕的女巫符號寫成。每個在場的人都簽上自己的名字，吉姆跟派翠西亞必須替自己的簽名蓋上血章。這一對伴侶宣布完婚後，吉姆昏倒了。

週六吉姆與里昂動身前往巴黎，他們入住拉風的喬治五世飯店六十美金一晚的房間，並開始探索這座城市：在一家接一

家的路邊咖啡館暢飲，造訪左岸存在主義者的出沒地帶，跟蒙馬特街頭表演的吉普賽人廝混，朝聖巴爾札克故居、拿破崙陵寢還有巴黎的地下墓穴。之後里昂前往哥本哈根，而吉姆則巧遇他的朋友亞倫‧羅內，他大約一週前才剛開始他在巴黎的年度假期。

亞倫常常跟吉姆談到巴黎，其實他就是吉姆來到法國的原因之一。吉姆的兩部電影《友之盛宴》、《HWY》都交由亞倫工作的公司後製，在洛杉磯分校結識後，他們許多年來都保持聯繫。亞倫是吉姆的「神祕」友人之一，關於他倆關係的資訊不多。亞倫傾心仰慕吉姆，雖然他被迫得跟弗蘭克及貝比還有其他人共享吉姆，但至少他不需在同一地點、同一時間把吉姆讓給別人。除了吉姆跟貝比半夜三點喝醉，闖進來騷擾他那幾次之外，亞倫通常單獨跟吉姆見面。

吉姆做了一整週典型的美國觀光客，不修邊幅地在夏天的雨中跋涉，但在回家的前一天，他又開始感覺發燒了。

「肺炎？老天，他在哪邊？狀況還好嗎？芬克知不知道？我們最好延遲開庭。」

比爾緊張地把弄手上的鉛筆，一邊聽著電話上貝比的聲音。貝比告知，吉姆已經從巴黎回來了，他跟潘蜜拉現在待在諾頓大道的公寓中，他罹患肺炎，但狀況還行。當天稍晚比爾跟吉姆說上話，吉姆說他在巴黎跟亞倫分道揚鑣後，前往西班牙跟摩洛哥，有時候坐火車、有時候自己開租來的車。他說離開紐約之前，身體就有狀況，在歐洲時又淋了很多雨。

吉姆離開了差不多三個禮拜的時間，他一回到洛杉磯，邁

阿密的聯邦法院便駁回根據憲法理由終止審判的聲請。法官表示吉姆如果被定罪的話，上訴時才得包含這一部分的理由，審判也會如期舉行，不因吉姆的健康狀況順延。一如往常，吉姆很快就康復了，而現場專輯在七月底時也剛好推出，他回到日落區以及聖塔莫尼卡大道的酒吧，在那一帶徘徊出沒。

八月四號，吉姆獨自一人跑到一家叫「體驗」（The Experience）的俱樂部，打烊後，他問店主馬歇爾・布列維茲（Marshall Brevitz）能不能載他回家。一年前的吉姆不管多醉都會開車上路，但現在他真的醉到不能走了。

布列維茲把吉姆送上車，一邊跟他說：「我以前在邁阿密有個俱樂部，我的兩個合夥人，就是那兩個表演時想坑你，還給你惹出一堆麻煩的人，你對這件事應該會有興趣。他們就是我離開邁阿密的原因。」

吉姆點了點頭，口齒不清地說：「這裡……左轉，應該吧。」

布列維茲左轉後繼續說：「你知道這群人在某個旅館裡開禮品店嗎？他們搞了一個防曬乳的公司，還有一個看板……我們應該快到你家了吧？」

吉姆咕噥著什麼，聽起來很像：「這裡……左轉，應該吧。」

載著他轉了超過一小時，在街上東繞西繞十幾個街區後，吉姆終於發現他試圖尋找的那棟西洛杉磯的小房子，或許該說，他以為他找到了。

「就是這裡。」他說。

布列維茲陪吉姆到門邊。

吉姆用氣聲說：「噓，這裡有個妹子，她生我的氣……噓！」

吉姆輕輕地敲了敲門。

一片沉默。

吉姆稍微敲得更大聲一些。

還是沒有回應。

吉姆更大力地敲起門。

布列維茲緊張兮兮地說：「嘿，吉姆啊，我們之後見，好嗎？」然後他便趕緊逃之夭夭，獨留吉姆倒在房子的前門邊。

隔天早上，六十八歲的女屋主在門邊發現身體蜷成一團、呼呼大睡的吉姆。看到留著鬍子跟一頭長髮的男人，老太太直覺想到查里・曼森事件，趕緊打電話給附近的分局，吉姆被逮捕並被指控在公共場所酗酒。

那是週四早上發生的事。

週五吉姆便飛去邁阿密受審。

「你們看！」吉姆指著頭上一台拖著布條標語的小飛機，上面寫著「我們熱愛斯皮羅・阿格紐（Spiro Agnew）[1]。」

「有人相信預兆的嗎？」吉姆問。

氣溫來到三十八度，加上溼度接近一百，沒了富裕的冬季旅客，邁阿密空空如也，在海灘上偌大的飯店，看起來像塊墓碑石。吉姆站在卡里倫酒店（Carillon Hotel）前，這塊「墓碑」價格中等，大廳由米色的大理石裝潢而成，掛著水晶吊燈，還有一塊活動看板在泳池邊。在佛羅里達待的這幾天目前平靜無波，週日他本來動念想看場壁網球比賽，後來得知夏天的時候球場關門，所以只好去看賽狗。其他的時刻，他都沒有離開飯店周遭，躺在泳池邊，在開著空調的酒吧裡喝酒，到屋頂的桑拿房裡烤烤身子。跟分克開會的過程裡，他們討論是否要讓全

---

1 斯皮羅・阿格紐：尼克森副手，雖然未受水門案波及，卻也醜聞纏身，先於總統辭職下台。本來是中間派與尼克森互補的他，後來爭取到許多保守選民的同情與支持。

部的樂團成員作證，做出「要」的結論以後，隨意聊起是否要舉辦一場免費的演唱會。關於審判本身沒有談得很多，但大家都開了些小玩笑來加油打氣。

八月十號星期一，等候計程車準備前往法庭的時候，吉姆開了阿格紐布條的玩笑。他穿著牛仔靴、黑色牛仔褲、還有墨西哥式工作衫，帶著一本粗皮革封面的校園筆記本。「好啦，走吧。」他終於開了口，跟貝比、他的律師芬克、還有他的公關格希曼（Mike Gershman）上車。其他三位成員跟東尼則坐第二輛計程車。

半小時之後，吉姆已經深入戴德郡都會區司法大樓，站在D處外頭，翻動一疊共一五〇張的照片，是他在邁阿密聘請的律師巴布‧喬瑟夫斯堡（Bob Josefsberg）提供的。他很喜愛這些相片，偶爾停下解釋其中某一張的情境給貝比和其他在場的人：「你看，我這張像是在幫羅比的吉他吹，對吧？還有這張有小羊的相片……那隻羊一動也不動，我跟你發誓，混亂當中牠一直發出呼嚕嚕的聲音，我看起來有點像是惡魔，好像要把那隻羊宰掉。對，然後樂團繼續演出。你知道嗎？我都開始覺得自己是無辜的了。」

他仍然談笑風生，但心裡相當擔心。他嘗試想在大眾面前保持一樣地隨性跟沉著，堅持自己為了捍衛藝術自由而戰，可是心裡的恐懼、或是憤怒仍然揮之不去。他們已經在佛羅里達五天了，得知了很多邁阿密當地的政治狀況，也開始了解案件背後潛藏的微妙心理因素。法官莫瑞‧古德曼是被指派來填補法院空缺的，他將在十一月第一次面臨選舉的考驗，衡量時機點，給莫里森定罪可以為這位法官帶來支持度。古德曼可能對

吉姆在邁阿密僱用的律師喬瑟夫斯堡懷有敵意，因為喬瑟夫斯堡先於古德曼被徵詢替補的意願，但是他拒絕了。佛羅里達州對上吉姆・莫里森，卷宗號碼69-2355這樁案件看起來又是一場「他們與我們」之間的殊死戰。

芬克的媒體戰線就定調在那些主軸上，前一週他才說，他將要求陪審團觀賞音樂劇《毛髮》（Hair）的現場表演，還有到劇院看《伍茲塔克》（Woodstock）紀錄片，這樣他們才能用正確的脈絡來看吉姆的演出。現在他又表示：「你們要接受這個事實，像門樂團、也就是莫里森的樂團這群人在抗議的世代差距，都是上一代人製造出來的問題。」

芬克說他預計審判流程會持續六到十週，一部分是因為他計劃要找一百位目擊證人協助辯護。好幾個月以來，他請了一位叫戴夫・塔蒂夫（Dave Tardiff）的年輕律師，跟潛在的目擊證人面談，他們全部都已經準備好了，能提供吉姆並沒有裸露的證詞。他們還準備好了一群專家證人團隊，包含兩位邁阿密大學的心理學教授，來討論當代社群準則的概念。一位英語系的助理教授則會來分享他對詞源學的見解，這個語文學的分支，主要是在探討字詞的起源及演變。另外，還請了邁阿密與邁阿密海灘報社娛樂版的編輯，來證明吉姆的行為在當地的脈絡下沒有問題，作證當地飯店裡的喜劇演員口無遮攔，可是表演依然順利進行。

接著古德曼法官宣布，他的待審案件表太滿了，沒有辦法在週三前開庭。所以週二當天，雷、羅比和約翰租了一輛車跑

去西嶼（Key West），而吉姆則待在房間看書。

芬克兩天後問所有候選陪審員：「如果證據表明，莫里森先生做的事情，先前在暢銷書跟舞台劇中都有描述過，你們是否認為他跟其他人一樣，理應享有同等的法律保障？」以及「如果莫里森先生使用的俚語表達方式，你們個人覺得相當粗俗——例如某些四字詞語，這一些言語跟肢體上的表達，在這個國家中是異議活動的一部分，很多劇本、書籍、甚至本國的年輕人都能幫忙作證，你們會覺得相當驚訝嗎？」這些問題的實質效力如何，有待商榷，週五宣誓的四男二女陪審團中，有一位現職機械技工的退役軍廚、一位地板材料公司的貼磚工人、一位海岸防衛隊中有二十三年資歷的修理工、一位小學美術老師、一位來自邁阿密海灘育有二十三歲兒子跟三十歲女兒的家庭主婦、還有一位曾任保險承銷商的家庭主婦。喬瑟夫斯堡馬上就對整個陪審團名單提出異議，認為如果吉姆若真的要找同輩審理，所有陪審員都應該在三十歲以下。法官嘲諷地笑了笑，將其列入評議事項中，開庭則延到週末。

吉姆離開法庭的時候，年輕的檢察官泰倫斯·麥克威廉斯（Terrence McWilliams）湊了過來，他穿著橄欖綠西裝跟橘色的襯衫，看起來有些不好意思跟猶豫。最後他問吉姆身上是否剛好有一張新專輯，其他專輯他都買了，可是當地附近的商店裡都已經沒有《絕對現場演出》（Absolutely Live）了。他的語調已經解釋了一切，他不想要辦這個案子，他只是被指派的，這是他的工作。

這不代表麥克威廉斯會減輕自己專業攻擊的力道，他對這個案件的真實感受，可能在他之後傳給吉姆的紙條上展現得更

292

2　清水樂團：全名為克里登斯清水復興合唱團，靈魂人物為主音兼吉他手約翰弗格蒂，在舊金山發跡的他們，曲風偏向南方搖滾，以相當精緻的製作及譜寫，八張黃金專輯屢屢告捷，誕生了十多首暢銷單曲。在創作力下滑之後，樂團歷經激烈爭吵解散，隨著時間，當年的反戰金曲 Fortunate Son 以及由 Tina Turner 夫婦翻唱的 Proud Mary 熱度越來越高，成功讓精選專輯銷破千萬張，一九九三年入選搖滾名人堂，位列滾石雜誌最偉大藝術家第八十二名。

清楚，是一首隨手寫的打油詩：

> 曾經有個樂團叫作門
> 唱的離經叛道不屬於多數人
> 對青年人他們抗議著
> 自居作證的目擊者
> 然而領導者卻脫下了褲子

當晚吉姆、貝比還有東尼去聽清水樂團（Creedence Clearwater Revival）[2] 的演唱會，地點在邁阿密海灘會議中心，之後前往馬可波羅酒店的駝峰廳（Hump Room），吉姆加入罐裝熱力樂團（Canned Heat）[3] 的場子，跟他們表演了四首歌曲。貝比的日記裡寫道：「之後我跟吉姆還有伊娜——哥特里布，是他們往邁阿密飛機上認識的空服員——跑去楓丹白露酒店，清水樂團住在那邊，我們打撞球還有喝酒，直到我在撞球桌旁邊的沙發上睡著。我起床的時候，發現吉姆就睡在沙發下面……」。

週一又得回到D處，檢察官當天穿著亮紅色的襯衫，站在吉姆旁邊宣讀完他的開場白，用誇張的戲劇化語調宣讀指控：「被告用淫穢猥褻的方式，露出他的下體，過程粗俗不得體，有使人觀看之意圖，確實有將雙手握在陰莖上甩動。此外，上述被告有對自己做出模擬自慰的動作，還對他人模仿口交的動作……」麥克威廉斯說完以後，緩緩從指控書上抬起目光，給吉姆的眼神並非平常的譴責怒瞪，而是因敬畏而生的目瞪口呆，吉姆回以面無表情的一望。

麥克威廉斯從記錄裡面引用了一句話，聲稱表演當下的說

---

3 罐裝熱力樂團：成軍於一九六五年的搖滾樂團，以對藍調音樂的詮釋及溯源、推廣著稱。他們的團名來自於一九二八年的藍調歌曲，講述一名酒鬼走投無路，喝起罐裝酒精燃料的故事。他們積極參與反文化活動，在六〇年代末的嬉皮重要事件中無役不與，也融合了時下的迷幻曲風即興演出。

話方式大致如此：「……你們全部都是一群天殺的白痴，你們的臉正被按壓在全世界的屎上面蹭，找好你們他媽的朋友，好好愛他吧。要看我的屌嗎？」陪審團坐著動也不動，臉上毫無表情。

中午時，芬克展開他的開場白，想塑造一個略為責備、但最後能夠寬容諒解的祖父形象，他覺得這個形象可以說服陪審團，讓他們感同身受。

「你們腦中的想像或許一發不可收拾，但檢察官的證據，還有他們的目擊證人之間有一些微小的差異。關於用字遣詞毫無疑問，今年六十二歲的我從來沒有去過這類演唱會，但這就是現下這些人說話的方式。年輕人使用這些字眼，絲毫不帶有淫穢的意圖。這是他們說話跟行為的模式，而一場搖滾演唱會，是一種表達反抗的方式。讓我們把事情釐清一遍，有二十六名員警當晚穿著制服在場，還有更多員警是沒有穿制服的，也參與了那場演唱會，沒有人因為他在台上的表演上去逮捕他。現在的搖滾歌手都非常賣力地工作，他下台的時候汗如雨下，幾乎是游回後台，加入朋友的說說笑笑。之後他就回到旅館，接著前往牙買加。沒有任何逮捕行為，也沒有任何犯罪事實。我們承認說過那些話，但那在言論自由的範圍裡，是有心去解讀，才會想得這麼邪惡。」

公訴檢察官的第一位證人，看起來有盛裝打扮過，她穿著白色的鞋子還有粉紅迷你裙，金髮往後梳成馬尾。她說她參加演唱會時才十六歲，看到吉姆把褲子脫到膝蓋，暴露長達十秒鐘後，（她停頓了一下）看到他在自摸。當被問到吉姆在台上用了什麼不該說出口的字眼時，她說：「F開頭的髒話。」問到這個經驗對她有何影響時，她回答：「我嚇壞了，真是噁心。」

輪到芬克的交叉詰問時，他問得鉅細靡遺，先是讀了一段這位女孩在四月做的宣誓報告書，她說自己看到吉姆在台上磨蹭一個女生，但不清楚吉姆的褲子有沒有穿好。「請問您的記憶近幾個月產生過變化嗎？」芬克問她，她哭了出來，古德曼法官裁定短暫休庭，給證人一點時間平復情緒。

　　在休息時間後，女孩又自我矛盾了兩次，還說她跟男朋友沒有付錢看演唱會，是男朋友的哥哥免費把他們帶進場的，因為他是警察。女孩說完之後，換她的男友上場，他證實女友的證詞屬實，而芬克則找出了證人庭上證詞，以及先前的宣誓報告裡前後不一之處，再度提出攻擊。他在後者裡表示自己對吉姆做的事只有「模糊印象」，可是現在他的記憶卻又清晰無比。檢察官問了他一題，他回答自己當時已經二十歲，所以不會感到難為情，但他的年輕女伴則會。而芬克問另一個問題時，他卻在回答中坦承自己帶女友去看過「伍茲塔克」，儘管他知道裡頭有裸露的內容。

　　接著換女孩的母親走上證人席，她雖然沒有親自到演唱會現場，可是她作證自己的女兒當晚返家時，看起來神情有異。

　　週一晚上，第二場大戲隨著派翠西亞的到來開演了，十四號週五，吉姆跟派翠西亞通過電話，才知道她懷孕了，他叫她到邁阿密找他。吉姆派了自己的宣傳人員、還有一位律師跟他的太太去機場接她。

　　兩人在旅館酒吧碰面喝酒時，吉姆展現了極大的熱情，可是只要派翠西亞想把話鋒轉到懷孕上，吉姆就開始顧左右而言他。在他的要求之下，派翠西亞帶了三十本自己最新一期的雜

誌，封面是吉姆的照片，裡頭有首新的詩作，名叫〈搖滾解剖〉
(The Anatomy of Rock)，吉姆翻看悶悶不樂的照片，然後從頭到
尾讀了一遍詩作。

最後吉姆抬頭望向派翠西亞，告訴她說，他覺得如果法官
知道他不只是個搖滾明星，還透過寫詩貢獻社會的話，或許會
對他改觀。接著他叫她先回自己房間，待會去找她，可是吉姆
食言了。

古德曼法官目前裁定隔日固定舉行審判，所以吉姆週二有
空，他依然躲著派翠西亞，打了兩通電話說會跟她見面，然後
又都沒出現，跟貝比混了整天。

週三，吉姆回到法庭，派翠西亞也來到現場，雖然心中有
怒火，但控制了下來。有家電視台的攝影小組拍到他們在大廳
吵架，正當吉姆保證今晚兩人會一起度過時，法官抵達了現場。

檢察當局今天傳了三位證人，第一位是一名女警，六月時
說過她沒有聽到任何不雅字句，但現在翻供了。當她脫口而出，
自己是在內心聽到表演的錄音播放時，檢察官都尷尬了起來。
第二位證人則是一位大學生，在現場拍攝照片，他表示自己沒
有看到任何裸露性器官的行為。這位證人挫了檢察體系的士氣，
但另一位證人站出來後，列車就回到了正軌上。二十二歲的證
人有著紅頭髮，名叫巴布·詹寧斯，是他簽下指控吉姆的刑事
控告書，他針對吉姆在演唱會上的獨白指證歷歷，還發誓吉姆
裸露性器官達五至八秒之久。他是一位可信的證人，芬克在交
叉詰問唯一能攻破的點，只有揭露這名證人過去三年，都在州
法官辦公室擔任書記的歷史，而他的母親在同一棟樓裡工作，

姊姊也是地方法官的祕書。吉姆跟朋友現在相信，這些羅織他罪名的人，要不是在那位「大人」底下工作、不然就跟他有某種關係。

回到飯店後酒過三巡，吉姆跟派翠西亞說：「回妳房間吧，我去換衣服，半小時內去找妳。」

半小時之後，承諾過很久的談話開始了：「我知道，現在這個時間點，在這邊叫你處理這件事，還要顧及開庭跟其他東西，並不是最理想的狀況，但事實擺在那邊，發生了就是發生了，現在……」

吉姆尷尬地笑了笑說：「我們會找到辦法的。」

「聽著，我對這件事也不是特別激動興奮，你知道的。可是你剛好是唯一一個我覺得夠格成為我小孩父親的男人。現在發生這件事，我不知道怎麼辦。我的確覺得除了支票簿之外，你還欠我一些東西。」

吉姆朝她看了一眼，然後眼神又飄走：「如果妳把小孩生下來，我們的友誼就毀了。一個小孩完全不會改變我的人生，但會劇烈地改變妳的人生，永永遠遠。」

「我可以把小孩帶去法庭。」

他看起來對這個主意相當訝異：「另一場官司嗎？妳當然可以這樣做，那場官司會像我們現在這場一樣，可是會花很多時間的。首先妳要把小孩生下來，這要花，呃，再六個月對吧。然後妳要先促成初步聽證，要做血液檢測還有一些雜七雜八的東西，這是為了要查明妳的指控有所根據。然後我會否認所有指控，妳必須要找證人，但可能也找不到證人，因為我把大家都買通了。就算妳真的鬧得上法院，妳可能也不會贏，然後事

情會弄得街知巷聞，妳剛好很痛恨這類的事情。就算妳最後贏了，妳得到什麼？一些錢、一些滿足感，還有滿肚子火。我不覺得妳會認為這種事值得去做。」

「真不敢相信你說出這種話。」淚水已經奪眶而出，從她臉上滑落。

「呃，妳想要我說什麼？」

「我不知道，天殺的！我想我們的小孩，也就是你跟我生的小孩，跟你還有潘蜜拉的小孩，應該對你來說都沒差別吧？」

「我——沒，沒有差別。我不會養小孩、養任何小孩，我無法負荷小孩，我也不想負責任。」

「你只是情感上沒辦法負荷而已。」她給了他一記回馬槍。

「所以現在，找一個想當爸爸的人生小孩不是比較好嗎？」

「沒錯。所以你想要怎麼解決？」

「都看妳。如果妳想要小孩，這是妳自己的小孩。如果妳想拿掉，錢我出，而且妳動手術時我會去紐約陪妳，我跟妳保證我會去。我會陪伴妳，事情不會有問題，妳會明白的。妳可以在週末的時候去做，那時不用出庭，或許我們處理完後可以一起消失。」

派翠西亞端詳她的指甲、戒指、還有及腰長的紅髮髮梢，然後抬起頭直視他的眼睛。「就這麼辦吧。」她的聲音微弱又冰冷。

接著是很長很長的沉默，最後吉姆給了她一個招牌的男孩氣微笑，然後用奇怪的聲音說：「絕對會是很棒的孩子，你看，母親的才智跟父親的詩興。」

「很有可能。」派翠西亞乾乾地回答：「但那決不會是一個

留下他的好理由，這不是觀察兩個很棒的人，是否能創造一個優秀產品的實驗，你懂。我也不是特別想要小孩，唯一一個想生的理由是因為父親是你。但不管是跟誰生，那應該都是最爛的理由。」

吉姆沒有對這段話多作反應，反而說：「妳知道，這個話題我以前從沒有想過。」

派翠西亞大動肝火：「不要跟我講這種屁話！我都知道，至少聽過四次這種事了，我還很確定蘇西‧克林姆起司（Suzy Creamcheese）[4] 還有……」

「不不不，不對，都不是事實——以前從來沒發生過。妳不覺得這對我來說，也跟對妳來說一樣艱難嗎？妳自己也說，這也是我的小孩。只要勇敢面對就好了。」

派翠西亞選擇不說話，最後吉姆提議兩人一起回去旅館酒吧，她同意了：「我只想確定我現在講清楚了：我要去墮胎，你要付錢，然後你要來紐約陪我，是這樣嗎？」

「沒錯。」

「之後你覺得我們兩個會怎樣？」

「一起哭吧，我想。」

「好吧。」她說：「我們去喝些東西吧。」

因為門樂團必須在週五及週六晚上到加州表演兩場演唱會，法官同意隔天週四繼續進行聽證的程序，然後一路休庭到下週二。這一天所有的事情都混雜在一起，最後的結果相當慘烈。派翠西亞讓吉姆跟她過夜，兩人重修舊好，或至少改善到極限了。庭上提出了總共一五〇張照片作為證據，沒有一張捕

4　蘇西‧克林姆起司：弗蘭克‧扎帕樂團計畫裡，由迷妹詮釋的角色，每張專輯都有不同的「蘇西‧克林姆起司」。

捉到他進行非法行為的當下，而唯一一位傳訊的證人也表示他沒有看到任何東西。但接著古德曼法官裁定，所有跟「社群準則」有關的證據都不能在他的庭上提出，正中了吉姆辯護團隊的要害。

吉姆的眼睛掃過兩頁的判決結果，臉色變得鐵青。他靜靜地把法庭命令放在桌上，朝芬克瞥了一眼，他正生氣地站起身準備抗議：「法官大人，是否能請陪審團離開？」

陪審團依指示離開陪審團席，芬克開始他的論證，高聲地說：「社群準則方面的證據，與我們大方承認使用的那些字詞有關，這部分被排除掉了；這些字詞，在今天這個時代對觀眾會有什麼影響，這部分的專家證詞也被排除掉了，這樣子會是完全不公平的審判。」芬克奮力地主張將近半個小時，梳理了言論自由的發展史，陳述言論自由如何隨著戲劇的發展，以及藝術家、戲劇家表達看法的權利走到了今天這一步。吉姆好幾個月之後說：「這段話針對歷史的演進，是一份非常精采的總結，但就是沒用。」古德曼雙手托著下巴、牛角框眼鏡滑到鼻尖，聽完了以後，拒絕了芬克的主張還有請求，沒有多作回應。

週五早上吉姆跟隨行的一行人飛往洛杉磯，在那裡跟早幾天返回的其他樂團成員會合。接著大家一起坐巴士，到北邊的貝克斯菲爾德（Bakersfield）舉行第一場演唱會，然後隔晚再往南到聖地牙哥演出第二場。表演相當有勁，可是把吉姆累壞了。

隔天晚上，吉姆很明顯已經打起精神，他跟貝比出去喝酒。貝比回憶道：「我們醉壞了，一直笑一直笑，在街上轉來轉去。」跟他們一起出來的女服務生們則玩得不怎麼愉快，悄悄地溜走。

吉姆跟貝比繼續哈哈大笑，一直一直不停地笑。

然後他們回到佛羅里達，吉姆徹夜未眠，一邊吸古柯鹼、一邊跟劇作家朋友哈維·佩爾從午夜暢談到早上八點，佩爾現在也替厄勒克特拉負責一些公關工作。

早上八點聊完後，吉姆用客房服務點了一個西瓜，吃掉了一大半之後回到D處跟律師碰面。今天檢察機關又排定了四名證人，全部都是警察跟臥底特工，要不是指稱有聽到不雅發言、就是說他們看到吉姆裸露性器官。有一個人還說吉姆的陰莖當時「正在勃起」。

週三的時候吉姆、雷還有貝比開車前往佛羅里達的大沼澤地（Everglades），搭上汽船一遊，看到鱷魚打架的場面，還吃了蛙腿跟油炸玉米餅。週四再度回到D處，另一波檢調的證人來襲，有三名新的警察、還有一位「平民」，她的工作是替警方接線，因為她認識一名員警，所以也進了演唱會現場。他們提出了暗示吉姆有罪的供詞，針對芬克的問題「如果吉姆做了於法不容的猥褻行為，為什麼表演結束後沒有人到後台逮捕他呢？」有一位證人回答說他們擔心觀眾會暴動。

芬克追問：「哪個觀眾？在更衣室只有樂團的人還有他們的朋友，以及警察，沒有其他人。」

這個問題沒有被回答，馬上就被大家拋在腦後，因為檢調接著把觀眾席中某個人以微型卡帶錄下的一段錄音當作證據。錄音機放在陪審團席的欄杆上，按下播放按鈕後，接下來的一小時又五分鐘裡，整個法庭都是門樂團模模糊糊的樂聲，以及吉姆咆哮的聲音。

「……沒人要愛我的屁股嗎？……你們真是一群天殺的白

痴！真是一群奴隸！……我不是在談革命，我談的是享受時光……我談的是愛……我想改變世界……抱歉，抱歉，給我看到一點動作，我想看你們在這做出行動，我想看到一些人過來這邊好好玩一玩。沒有限制，沒有規則，來吧！」

佩爾說：「你看到吉姆跟芬克同意播放這些帶子，因為他們想要表達當時的每件事都有脈絡，全部都照著一個節奏進行。有點像是一首詩、一種感覺，他們說猥褻的內容跟這些東西是融合在一起的。他說『幹』的時候充滿愛意，『幹』的意思就是愛，我的意思是，他這些猥褻不當的內容，都是為了叫觀眾起身反抗才說的，去反抗售價過高的門票、去反抗體制、去愛彼此。他說『操你身邊的人』嘛，這些東西都有一個節奏在，很像他的詩作。像是用一首長篇、吵鬧不休、喝醉的詩叫大家起義，就像狄倫·湯瑪斯一樣。」

週五晚上吉姆飛往倫敦，換乘一台小飛機到懷特島（Isle of Wight）跟其他團員會合。他們胎死腹中的歐洲巡演只剩下這場表演，星期六晚上演出前，吉姆已經三十六個小時沒闔眼了。門樂團於半夜兩點鐘出場，接著是誰樂團（The Who）[5]，觀眾們保持清醒、引頸期待的卡司。門樂團在錯誤的戶外場地表演，而且現場的狀況不能再糟了，冷風一直吹、燈光不對、音效設備也出了問題。這場表演照某家英國流行報紙說的：「像是在聽門樂團的專輯，可是是在一個很差、速度又過慢的唱盤上播放的。」吉姆的表演也不是特別熱情，整場表演他都有氣無力地貼著麥克風。表演完後他在音樂節的場地閒晃了好幾個小時，跟一位英國雜誌記者做了個簡短又沒深度的訪談，但他最主要把時間都花在望著觀眾上。他回到倫敦後做了一個決定：在懷特

5　誰樂團：英國搖滾樂團，先是以出道專輯 My Generation 立下日後龐克發展的基礎，接著以搖滾歌劇的概念，前後發行了經典佳作 Tommy 以及 Sell Out。他們事業的高峰是一九七一年的 Who's Next，在老家奪得冠軍專輯寶座，並產生了兩首歷久不衰的經典作 Baba O'Riley 以及 Won't Get Fooled Again，樂團突然轉變方向，融合了在當時還很新潮的合成器，佐以深受藍調影響的專輯核心，確立了他們獨一無二的地位。

島的演出，會是他最後一場公開表演。

　　州法院傳了兩位因吉姆的不雅行為而驚嚇不已的證人之後，在週三休庭，接下來就換吉姆上場打擊，替自己辯護了。

　　喬瑟夫斯堡要求無罪開釋，理由是州檢方自己造成了合理懷疑的情形。古德曼法官不加思考便拒絕了他的主張，並對被告方設下限制。他們只能請出十七位證人，跟檢調傳喚的證人數目一樣，而且裡面不得包含任何「號稱專家」的證人。

　　當天接下來的時間還有隔天一整天，芬克跟法庭上的夥伴詢問了被告方的頭五個證人，所有人都供稱他們當天皆位在視線良好的位置，沒有看到吉姆有裸露的行為。這些目擊證人非常有說服力，但聲稱有看到吉姆裸露的檢調證人，同樣也指證歷歷。整個法庭都瀰漫著窒人的倦怠感，雖然無形，卻跟空調一樣感受得到。當天流程結束，裁定休庭十一天時，大家幾乎都如釋重負。吉姆跟貝比出發前往巴哈馬的拿騷（Nassau），在那裡跟弗蘭克及凱西夫婦碰頭，共享一整週的美酒與陽光。

　　九月十四號回到法庭上，被告方在兩個半小時內便找齊了十位證人，隔天又向五位證人提問（被告方現在已經超過法官設下的十七人限制了，但沒有人在數，因為芬克已經有在趕進度了）。這些人是家庭主婦、學生、醫生、還有警察，全部的人都呼應了之前被告方的證詞：他們沒有看到吉姆裸露重要部位。所有的陳述聽起來都相當相似，好像橫跨邁阿密有一大塊區域的人，正在替某部戲裡的同一個小角色試鏡。每次法官問麥克威廉斯是否需要進行交叉詰問時，他都婉拒了。

　　事情龜速進行了超過一整個月後，審判終於飛速地趕往終點。吉姆跟其他成員在十六日及十七日作的證詞，完全沒有令

人印象深刻的地方，吉姆之後是這麼說的：「我沒有必要提供證詞，可是我們決定，或許讓陪審團看看我是怎麼樣的人會是件好事，因為他們也就只能看著我而已，我不覺得有什麼特別的意思。」

吉姆的證詞非常沉著又理性，回答不論是芬克或泰倫斯的問題時，都保持相同的禮貌及優雅，緩慢且謹慎地選擇自己的用字遣詞，偶爾停下來沉思，手指頭順過自己的落腮鬍，口吻堅定有力、不卑不亢、相當具有說服力。

最後芬克說：「被告方答辯完畢。」

古德曼法官同意週六開庭，來聽取最後陳述，並將案件交由陪審團裁定。當天早上開庭前，吉姆在邁阿密報紙讀到吉米‧罕醉克斯於倫敦去世的消息，他這次又大聲地問道：「有人相信預兆的嗎？」

由於被告方未能提出「當代準則」，芬克跟喬瑟夫斯堡只好在總結裡，訴諸於攻擊檢方辦案。超過三小時的時間裡，芬克抽絲剝繭現有的證據，並重新回顧了互相衝突矛盾的證詞。接下來換喬瑟夫斯堡，又用了超過一小時的時間，用《國王的新衣》來引出當代新版的寓言，在結論時轉向檢察官，鞠了一個彬彬有禮的躬說：「麥克威廉斯先生現在將要抓起根本不存在的衣襬了。」

麥克威廉斯總共陳述了半小時，聽起來幾乎是心存愧疚，坐下時完全沒有看向吉姆。

週六九點，陪審團開始進行商議，十一點半時他們已經針對四項指控裡的三項做出決定。根據他們的結論，吉姆的第一條與第四條指控無罪，分別是「淫蕩下流的行為」（是一項重罪，

針對當眾自慰及模擬口交的指控）以及「醉態」（是一項輕罪），但是第三條指控「褻瀆性語言」則有罪（也是一條輕罪）。（在輪到他答辯時，吉姆被問到他是否有裸露行為，他的回答不小心說漏了嘴：「我不記得，我太醉了。」儘管如此，他仍然很諷刺地逃過了酒醉的指控。）陪審團向古德曼法官表示，他們對於第二條指控遲遲無法形成共識，也就是「有傷風化的暴露」（同樣也是輕罪），所以法官請他們退回邁阿密某間旅館，將庭審延到週日早上十點，陪審團屆時會繼續進行商議。

週日早上陪審團進場，由主席宣讀裁決時，吉姆在讀歐文．斯通（Irving Stone）的傑克．倫敦傳記，書名叫《馬背上的水手》（*Sailor on Horseback*），針對暴露的部分他也有罪。刑期預定在十月底開始，因為加州法律不允許輕罪引渡，吉姆的保釋金從五千美元升高為五萬，讓他有理由回來好好服刑。

他離開法庭時神情嚴肅，身穿黑色牛仔褲、靴子還有一件有刺繡的汗衫，是粉絲送給他的，他停下來和記者談話：「這場官司跟結果不會改變我的作風，因我堅持自己沒有做錯事。」

判決下來後的幾個月從很多面向來說，比審判本身還糟糕，如果在邁阿密的吉姆看起來正在原地踏步等待結果，那現在的他則是放縱自己走向災難。

他幾乎是一從佛羅里達回家，便陷入了絕望的恐慌中，因為珍妮絲．賈普林用藥過量的死訊傳到他耳裡。首先是吉米，接著是珍妮絲，吉姆出門跟朋友喝酒玩樂時的台詞是：「你跟第三順位的在一起喝酒哦。」接著他跟潘蜜拉大吵一架，她因此離開，無奈地打包行李飛往巴黎，去跟她的有錢法國伯爵相好重聚。

接下來的日子，白天都在酒吧，晚上則在日落大道區的飯店裡度過，吉姆跟貝比住在彼此隔壁。

　　「嘿，貝比，你看！」

　　吉姆掛在凱悅嘉寓酒店（Hyatt House Hotel）房間外面的陽台欄杆上，離日落區的地面有十層樓高，他這段時間一直喝酒跟吸古柯鹼。

　　貝比說：「希望你不要做這種事，你讓我很緊張。」

　　他走到陽台上，沿著陽台邊邊看下去，然後望著手還撐著的吉姆，說：「你引來了一大群人。」貝比又朝旁邊看去，看到飯店經理也在人行道上，揮舞著雙臂。幾分鐘之後便傳來了如雷響的敲門聲，貝比把吉姆帶回房內讓他坐好，才去應門，迎接氣急敗壞的經理還有一小群警察。

　　「是在幹什麼東西？你們他媽在想……」

　　「沒事了。」貝比指著吉姆說，警察們則都往房間內移動。他們之後聲稱，貝比開門的動作代表邀請他們進入，而他手指吉姆則代表「示意歡迎」。當他們開始搜查房間時，貝比還來得及把古柯鹼藏到梳妝台上寫著「立即前往彎刀婚宴會館（Saber Room）」的三角紙卡裡面，但警察的確找到了一些大麻。因為這是貝比的房間，吉姆沒有被逮捕，但他被換到旅館背面的房間，面對停車場。

　　莎莉·史蒂文森（Salli Stevenson）是《馬戲團》雜誌的記者，當她問到邁阿密演唱會時，吉姆終於願意鬆口談談：「我只是覺得，大家為我量身打造的那個形象讓我疲乏了。雖然大部分的時候不需刻意配合，但有時候我都真的得有意識地去滿足這個形象。這對我來說真的是難以承受之重，所以在一個很愉快的

夜晚,我親手終結了它。我猜事情傳到最後,大家只會聚焦在我對觀眾說的那句『他們都是一群白痴才會來當觀眾。』可是,他們到底是來幹嘛的?最主要的訊息其實是讓你們明白自己來現場另有所圖,不是只為了聽一群優秀音樂人表演的一些歌曲。為什麼不老實承認,然後有所行動呢?」

他說他把訪談當成「一個愈發重要的藝術形式,就像以前的人坐在懺悔室裡,進行辯證跟盤問」,他還擔心洛杉磯警察是群「觀念論信徒……對自己動機正確性的信念,簡直到了瘋狂的地步。他們的暴行後面是有一整套哲學的」。

整場訪談相當鏗鏘有力且深思熟慮。吉姆或許是第一次公開暗示自己可能活不久了:「不可否認,我過去三四年的日子相當愉快,遇見了許多有意思的人、看到了許多事,都是在很短的時間內發生的,我可能再活二十年也沒有辦法再有這麼多因緣際會。我無法說我後悔成為現在的我。」但他又補充:「如果我可以重來……我覺得我會選擇比較寧靜、能表現自己情感,以一個藝術家的身分,在自己的花園裡兢兢業業的那種旅程。」如果他必須得坐牢,會發生什麼事呢?他希望其他三個人能「持續創造自己純音樂的風格,不需要依賴歌詞,因為歌詞對於音樂來說,其實也沒有那麼必要。」

十月三十日吉姆飛往邁阿密,前去面對古德曼法官,在宣判刑期前,法官說了一段話:「聲稱你的行為能夠為社群準則接受,完全不是事實。承認這個國家的社群準則,接納你不得體的裸露及口出穢言,就等於承認一小群言語猥褻、無視法律與秩序、且對我國公序良俗及文化傳統嗤之以鼻的人,能夠決定我們全部人的社群準則。」

吉姆覺得這段話作為競選語言還不錯，應該能替法官下個月的選舉贏得不少票。刑期跟他預料的一致，全部都處最重量刑。褻瀆性語言的部分，他必須得在戴德郡監獄做六十天的苦役；暴露的部分則判處六個月，在同一監獄服刑。之後有兩年四個月的緩刑期，他還得繳納五百美元的罰金。

　　十一月的第一週，派翠西亞進到紐約一間醫院裡，吉姆的孩子在懷孕第二十週時拿掉了，他沒有到場也沒有打電話過來。

　　在判刑十四天以內，芬克就針對定罪的部分，向美國地方法院提出了上訴，而厄勒克特拉則發行了第一張門樂團的精選專輯，這張專輯叫做《13》，名稱來自收錄曲目數，皆出自樂團前五張專輯中。

　　樂團跟厄勒克特拉的關係很脆弱，賈克完全不想讓自己的公司跟鬧上法庭的邁阿密事件扯上關係，他要求厄勒克特拉的員工盡量避免這個話題。雖然溝通仍然熱絡，但當厄勒克特拉詢問門樂團辦公室，請求批准發行一張全紀錄精選專輯時，樂團也了解這個請求只是照程序走而已。考慮到專輯發行時的種種狀況，以及缺乏熱門單曲抬轎，《莫里森旅館》賣得很好；但隔幾個月發行，花了許多成本的《絕對現場演出》，賣得就很差了，數字為二十二萬五千張（只有《莫里森旅館》的一半）。厄勒克特拉希望準備一張給消費者在聖誕季節購買的專輯，所以門樂團儘管心不甘情不願，也只能給精選專輯《13》祝福。吉姆甚至同意剃鬍，以便進行拍攝，充當這張專輯的封底。

　　吉姆很討厭《絕對現場演出》的封面，本來該是一張讓人印象深刻的團體照，帶有紋路質感、色調偏藍，是他們在水瓶

劇院台上表演時從背後拍攝的，專輯裡收錄的〈蜥蜴的慶典〉也是在該場次錄製。厄勒克特拉的美編認為這張照片不夠搶眼，因此在原有的封面上，直接疊加了一張吉姆一年多以前在好萊塢圓形劇場演唱會的照片。在樂團辦公室這邊得知任何訊息前，唱片就已經出貨了，簡直把吉姆氣得要死。

他應當也很不喜歡《13》的封面，上頭的吉姆・莫里森看起來年輕一些，版面比其他成員大得多。厄勒克特拉很明顯想以「漂漂亮亮」的吉姆・莫里森作為賣點，但令人訝異的是，他只跟少數密友透露過自己的不滿。雖然雷、羅比、約翰早就習慣焦點直接集中在主唱身上，吉姆還是覺得很不開心。

《13》發行之後的一個禮拜，吉姆在洛杉磯分校的老友菲利克斯・韋納保，因為胃癌病逝了。

新專輯的排練開始進行，儘管他心中的創傷還在，吉姆的行程也再度恢復了生產力。由於很多收錄到專輯中的材料，都是很久以前就寫好的，這張專輯成形的速度比預想得還要快。聽起來不祥的〈車在我的窗邊嘶叫〉（Cars Hiss by My Window）（歌詞是這樣的：窗戶隨著音爆開始顫動／冷血的女孩會在變暗的房間裡殺死你）是威尼斯時期倖存的筆記本裡翻出來的；《白人新教徒後裔（德州電台與強烈節拍）》（The Wasp ［Texas Radio & The Big Beat］）原本是在樂團周邊刊物中第一次發表的詩作，在一九六八年時便已經問世，同年吉姆還寫了另一首歌的歌詞，也就是〈換取的孩子〉（The Changeling）。而〈拉美利加〉（L'America）則是安東尼奧尼（Michelangelo Antonioni）的電影《無限春光在險峰》（Zabriskie Point）棄用的配樂。

新的歌曲有兩首，時長皆將近七八分鐘，兩首歌裡的自傳成分毫不掩飾而且相當詩意，詞曲俱佳。第一首名叫〈洛杉磯女郎〉（L.A. Woman），是吉姆對洛杉磯絕望的致敬，這座城市現在在他眼中，相當病態且疏離。「妳是光之城裡一位幸運的年輕女士嗎？／還是另一個迷路天使──這夜之城啊」，洛杉磯對吉姆來說是「夜之城」（這句歌詞是從約翰·雷奇（John Rechy）的小說裡引來的），而另一段歌詞裡他這麼敘述：「沿著你的公路開下去／午夜巷弄在漫遊／車裡的警察，上空酒吧／從沒看過任何女人──／很孤獨，很孤獨……」，在這段之後他的想法愈顯黑暗：「汽車旅館金錢謀殺瘋狂／何不把歡欣的心情轉為悲傷？」而在接下來的歌詞段落中，他變換自己名字的字母順序來稱呼「吉姆·莫里森」：「昇魔先生（Mr. Mojo Risin'）／繼續升起／得要繼續上升／升高啊，升高……」

　　〈暴風雨騎士〉（Riders on the Storm）沒有文字遊戲，節奏較為緩慢，爵士風味更多，也比〈洛杉磯女郎〉更具旋律性。通常大家也認為這首歌自傳性質更為濃厚：「暴風雨騎士／來到我們出生的房子／被丟進這世界的我們／像是沒有骨頭的狗／被出借的演員／暴風雨騎士」，而另一段歌詞中，熟悉的題材又再度出現，是對愛情與潘蜜拉的呼告：「世界仰賴著你／我們的人生永不終結／女孩你該愛屬於你的男人」，「路上有個殺手」的形象在這首歌裡呈現，是電影《HWY》給的靈感。

　　門樂團把歌拿給羅士朵德。他們跟羅士朵德的關係從一月錄完《莫里森旅館》後就一路惡化。羅士朵德總是堅持完美，錄製前幾張專輯的過程中，重來過無數次，還必須多錄很多場

演唱會，對此約翰表示：「我們開始覺得煩了。」更糟的是，羅士采德不喜歡新的歌曲材料，直到今日他甚至都還認為：「全部都太糟糕了。材料不好、態度不好、演出也不好。我聽了三天之後用對講機說：『就這樣吧！』然後把當天的錄音取消了。我們一起去吃飯，我跟他們連續談了三個小時，我說：『聽好，我覺得你們這次很爛，我不覺得這個世界想聽到這種音樂，我這輩子第一次在錄音室裡這麼無聊，想直接去睡覺。你們之間的緊張關係顯而易見。』我還跟吉姆說：『既然這是你自己的唱片、是你想做的唱片，那你應該要努力讓它像個樣子。為什麼你們不自己來啊？我要閃人不幹了。』」

批評很傷人，特別是羅士采德把〈暴風雨騎士〉批評成「雞尾酒配樂」。樂團承認他們的表演不盡人意，或許他們還沒準備好要錄音，可是他們對詞曲本身還沒有放棄希望。吃完晚餐後，他們跟音效工程師布魯斯・博特尼克回到錄音室，同意跟他一起攜手完成專輯製作。

潘蜜拉還待在歐洲，而吉姆則開始尋覓一個女孩，照比爾的話來說，對他要「毫無保留」。比爾說：「吉姆總是一不做二不休，只要付諸行動，一定一股腦地幹到底，特別是喝醉的時候，不論結果會帶他到地獄般的困境，還是天堂。那也是人們跟他混在一起的原因之一，因為他們都感受到了。我老婆謝莉跟他說過，總有一天他會想要跟一個可以跟他一樣暴走的女人在一起，她能夠帶領他到達他引導別人去過的境界。」

吉姆可能以為英格麗・湯普森（Ingrid Thompson）就是他在尋找的女人，高大豐滿，長得像朱莉・紐瑪（Julie Newmar），來自斯堪地那維亞。十一月十九日她的先生前往葡萄牙出差時，

吉姆搬進了馬爾蒙莊園酒店（Chateau Marmont），同樣位在日落大道上，兩人開始約會。

英格麗把前門打開一道縫，吉姆便把腳伸進去，他正喝醉，鬍子又再次留長了，穿著破破爛爛的軍裝工作外套，看起來好像是迷迷糊糊的山中探險家。英格麗把門開得更大些，吉姆跟她說：「妳知道我一直愛著妳。」

接下來的幾週，吉姆每週大概都會去英格麗家過二到四晚，而且常常跟其他女孩一起前來。吉姆會甜言蜜語請她們帶他回家，在進門之前在台階上跟她們卿卿我我。英格麗很不喜歡這樣，跟吉姆實話實說，可是吉姆只聳了聳肩，說已經盡了最大的努力來滿足英格麗。那個月底，他跟英格麗說他想要她替他生孩子，還動作誇張地把她的避孕藥丟進壁爐的火焰之中。

英格麗說：「我們真的很投緣，我們兩個之前都沒有預料到這件事。他相當熱愛生活，我也是。唯一糟糕的是古柯鹼的戲分太重了，把我們搞得神智不清。他覺得我比他還瘋狂，想看我能豁出去到什麼程度。」

吉姆已經吸古柯鹼超過一年了，第一次對這種藥物上癮，是因為他跟麥克盧爾從米高梅那拿到一千美元「研究費」來撰寫劇本；另一次則是錄製《莫里森旅館》時，羅士朵德也迷上了古柯鹼。有一次吉姆跟米高梅一位主管一起買了一盎司古柯鹼，吉姆說：「你把這些收到保險箱，不管我怎麼說，每次給我一點點就好，可以嗎？」有次他還跟派翠西亞說：「如果我家後院有座古柯鹼山，我會全部吸掉，因為不吸白不吸嘛。」

有一天晚上他去找英格麗，買了香檳跟比平常用量還多的古柯鹼，裝在一三五底片的空罐裡。隨著雀躍的心情雙手高舉，

他進到房子裡，坐在茶几前面。他讚美了英格麗的才智、美貌、還有歐式魅力以後，一口乾掉杯中的酒，然後扭開底片罐，把一坨古柯鹼倒在玻璃茶几上。他無聲無息地緩緩將粉末用他的美國銀行卡分成幾排五公分的小條，接著拿出皺巴巴的百元美鈔，緊緊地捲起來。他倆一條接一條地吸食粉末，大概每次吸掉五十美金。

藥效幾乎立刻就來，他們的心跳加速，體溫略微上升，瞳孔放大，臉色潮紅。幾分鐘之後他們開始克制不住嘮叨，覺得煩躁又興奮，感受到自信以及超脫了生命。他們又吸了一口五十美元分量的古柯鹼。

古柯鹼的快感短暫卻美妙，如果吸食者承受得了，就會繼續下去。吉姆最近吸了很大量的古柯鹼，除了跟史蒂芬‧斯蒂爾斯（Stephen Stills）外也有跟別人吸，現在他跟英格麗做的事情如出一轍。三小時之後，底片罐幾乎空空如也，他們則已經脫光衣服在月光中跳舞。他們跳上床舖，英格麗談起她的家鄉，還有她在那邊奇怪的朋友們。她說她有的時候還會喝血。

「屁啦！」吉姆說。

「真的，是真的。」英格麗發誓，真誠地點著頭。「我會喝，有時候……」

吉姆微笑著回她：「好啊。那我跟妳現在喝一些吧。」他看起來是認真的。

英格麗想要把這件事情轉成開玩笑，她彈了彈手指說：「我忘了——捐血那個人今天沒來。」

吉姆重複：「我們現在來喝點血吧。」

吉姆想起了結婚典禮上，派翠西亞從他手腕跟前臂弄出來

313

的血，這個行為可能導致了他的昏厥。他對尖銳物品超乎尋常地害怕。

「妳有沒有刮鬍刀片？」他問。

英格麗聽他問話的方式就知道，她得要獻出鮮血了。她跑進浴室尋找，不久拿著刀片出來，有一角幾乎快碰到左手拇指連著手掌那塊很多肉的地方了。她緊張兮兮地扎了自己一下，眼睛閉著。當她睜開眼時，並沒有血流出來，她又閉上眼再刺了一次。

割第五次時血到處亂噴，吉姆歡呼起來，拿了一個香檳杯把血裝起來。他們做愛之後又跳了好些舞，把身體抹得紅通通的。

隔天一早他在血凝成一塊一塊的床單上醒來，英格麗的血在他的身上一塊塊乾掉，全身上下都留下了棕色的紋路，吉姆非常害怕，偏執妄想更加重了。

從十一月底直到十二月第一週，賴瑞·馬庫斯（Larry Marcus）跟另一位名叫塞勒斯·莫提爾（Syrus Mottel）的編劇朋友，幾乎日日光臨吉姆在馬爾蒙莊園酒店的獨棟別墅，一開始他們「偷偷敲門」，讓吉姆從二樓窗戶探頭張望，最後他們終於被帶進吉姆的聖殿，裡頭的牆壁擺滿了書籍，有很多都是詩集。雖然冰箱裡裝滿了啤酒，卻一點吃的都沒有。

他們討論的電影構想跟身分有關，他們決定（是吉姆的點子）講一個洛杉磯年輕電影剪接師的故事，有一天他離開了工作崗位、老婆、還有孩子，躲進墨西哥的叢林中，在裡頭如吉姆所言「發狂尋找絕對的虛無」。透過麥克斯的幫忙，吉姆和賴瑞達成協議。吉姆身為共同編劇及共同製作人，再加上參與演

出的部分，賴瑞個人付給他兩萬五千美元的訂金。

晚上他們有時候會去日落大道區的雞同牛講（Cock 'n Bull）餐廳用餐，有次跟弗蘭克外出時，吉姆自己開始調侃整個劇本的點子，幾乎批評得體無完膚，粉碎了馬庫斯的希望，也殘酷地摧毀了自己的期待。還有一次，只有馬庫斯跟莫提爾在場，吉姆邊吃飯邊乾了三罐蘇格蘭威士忌，吃完之後衝到日落大道的車陣中，用外套指揮著交通，好像潘普洛納的奔牛正在轟然經過似的。

還有一次，吉姆到哥倫比亞的製片廠接馬庫斯，他最近租了很多輛很醜的車，這台是最新的一台。他不發一語地在洛杉磯轉了半天，甚至沒有打開收音機，馬庫斯安靜地坐著，被困在車裡。

第**11**章

　　十二月六日，吉姆打了通電話給負責打造厄勒克特拉錄音室的工程師，號碼是賈克給他的。吉姆跟他說：「後天就是我的生日，我很想錄一些詩下來。」八號他們前往村莊錄音室（Village Recorders），離他在洛杉磯分校大學時期常常光顧的酒吧幸運U，只有兩個街區的距離。他跟弗蘭克、凱西、羅內、還有一位瑞典女孩一起喝了一杯，才去錄音室。過去之後，錄音師給了他一罐七五〇毫升的愛爾蘭威士忌，吉姆開始邊讀邊喝。

　　跟《美利堅禱文》一樣，當晚吉姆朗誦的很多詩作，形式都像禱告詞。連續四小時，吉姆一路唸著厚厚一疊且乾乾淨淨繕打好的稿子，越來越醉。

　　吉姆對於自己的朗誦興高采烈，同意重新試著公開演出，十二月十一號的地點在達拉斯，隔晚則在紐奧良表演。達拉斯的表演是場重大勝利，那一晚，整個門樂團還有吉姆不僅向自己證明、也向不看好自己的唱衰者證明，他們仍然是強而有力的樂團勁旅，不容小覷。兩場演唱會的門票皆告售罄，在可容納六千名觀眾的禮堂中進行，每場表演結束後還重新安可了兩次。吉姆的心情狀態良好，樂手們則上緊發條，表現亮眼，他們向沉醉於表演的觀眾搶先披露了〈暴風雨騎士〉。第二場表演完後，他們四個人在後台舉杯互相敬酒，慶祝這次合體大成功。

但紐奧良之旅就是一場悲劇了，如果達拉斯是好的一面、邁阿密是醜陋的一面，那紐奧良就是一切走向終點的信號。那晚雷看到吉姆的靈魂好像飄走了一樣：「每個在場的人都看到了，唱到一半他所有的能量已經消耗殆盡，他想巴著麥克風，但麥克風從手中滑掉。你真的能看到那個東西從他身上消失，他被榨乾了。」好像是為了挑戰自己的弱點，吉姆撿起了麥克風架，反覆朝舞台上撞去，一遍又一遍，直到木頭碎裂的聲音傳來。他把架子朝受驚的觀眾扔過去，轉頭撲倒在鼓的支撐基座上，然後一動也不動地坐了下來。

　　門樂團再也沒有以四人組的形式在公開場合現身過。

　　回到洛杉磯，吉姆的人生因為從法國回來的潘蜜拉重新找到了活力。當她知道自己不在的時候，吉姆近乎要陷入瘋狂，她覺得十分欣慰。但她也跟朋友承認，自己這邊事態發展也不盡如人意，所以照她自己的話來說，她也很高興能回到諾頓大道，就算吉姆還是待在莊園酒店也沒關係。他說他跟人碰面談生意需要空間，但潘蜜拉深知吉姆很快就會上岸結束漂泊，回到她的枕邊。

　　聖誕節前幾天，吉姆跌跌撞撞走進樂團辦公室時，弗蘭克的太太也是樂團祕書凱西跟他說他的桌上有張字條。桌上的確留下一個訊息，寫著：「我在附近，打給我吧。派翠西亞。」字條是用小刀釘在桌上的。

　　從邁阿密回來之後，吉姆就沒找過派翠西亞，也沒有在她墮胎時陪伴她。她留的電話號碼，是吉姆之前公關黛安的。吉姆一下就認出來這支電話，因為之前潘蜜拉住在黛安樓上，自

己沒裝電話，便跟黛安借用，所以派翠西亞是待在黛安家。

　　吉姆半小時之後打了過去，樂團決定在排練室裡錄製專輯，剛好在辦公室樓下。吉姆邀請派翠西亞在他錄完一首歌的時候過來一趟，但她拒絕了，說錄音過程讓她覺得很無聊……為何吉姆不過去她那裡一趟呢？吉姆說他會過去，但最後也食言了。

　　四天之後就是聖誕節，派翠西亞接起黛安的電話，有人打過來找潘蜜拉。派翠西亞決定上樓叫她下來，她已經逃避見面夠久了，上次是在紐約希爾頓飯店的派對上短暫碰面，潘蜜拉電話講完之後兩人開始聊天。潘蜜拉已經吃鎮定劑吃到精神恍惚，派翠西亞從善如流，也跟著抽了至少能讓半打人陷入幻覺的大麻。她們一邊喝酒、一邊聊了三個多小時，沒有不痛快，對彼此也沒有敵意。潘蜜拉跟派翠西亞說，她跟吉姆其實根本不算結婚，她很少承認這件事，只有跟密友提起過，打電話到樂團辦公室時甚至會自稱莫里森太太。派翠西亞則跟潘蜜拉提到墮胎的事，但沒有說起威卡結婚儀式。

　　潘蜜拉的反應是：「哦，哇，太美了。」她頓了一下：「可是如果妳夠愛他，到能把小孩生下來的話，這一切會更美麗。」

　　派翠西亞不悅地打斷她：「我覺得我夠愛吉姆、夠愛我自己、也夠愛這個沒出生的小孩，才選擇不生下來。」

　　「對啦，但妳如果生下來的話，也可以到鄉下住。當然吉姆不會寄錢給妳就是了，這是他的作風……」

　　潘蜜拉的狗薩吉叫了一聲，吉姆走了上樓，派翠西亞緊張起來，潘蜜拉臉色蒼白，衝出去攔下吉姆，一口氣說了一大串話：「吉姆，吉姆，不要過去。不要過去，只有黛安而已……」

吉姆一邊爬樓梯往潘蜜拉家走來，一邊大笑。潘蜜拉回到黛安家，慌慌張張地問派翠西亞：「怎麼辦？吉姆會殺了我的，他知道我在裡面跟妳講話，他知道是妳。」然後她也跟著吉姆上樓去。

　　吉姆獨自下樓，優雅且有魅力地接待了派翠西亞，不斷斟滿她的酒杯，真誠地跟她對話，當她說他讓她感覺自己只是邁阿密隨便一個女歌迷時，還滿懷歉意地點了點頭。他跟她說一切都是因為時機不對的關係，包含官司還有很多層面的因素。他說：「但妳比起其他人應該更能理解，因為妳在場。」

　　潘蜜拉再下樓過來的時候，房間裡已經是滿滿的人，黛安回家時順便帶了一群訪客，已經喝醉的吉姆跟派翠西亞則盤腿坐在地上，鬧哄哄地玩著卡牌遊戲戰爭（War），吉姆叫潘蜜拉也過來玩，之後連贏兩個女生二十場。

　　過了一會，潘蜜拉想叫吉姆跟她一起上樓，他說他不要，想待在原地不動。兩人意見相左，吵得大家都有些尷尬，最後黛安好心地給潘蜜拉聞了一些亞硝酸戊酯，帶她上樓，好像她既是朋友、又是受監護的青少女。

　　全部的人都就寢了，吉姆這時問派翠西亞要不要跟他回莊園酒店。可是馬上改變心意，說他實在醉得沒辦法開車，又跟她說了一次他愛她之後，提議兩個人一起睡地板。派翠西亞聳了聳肩，不置可否，他們找到了一床沒有人用的被子，然後就在房間正中央睡著了。

　　早上十點鐘潘蜜拉下樓敲黛安的門，黛安從臥室出來，把門打開一個小縫，跟潘蜜拉說：「我不否認他在這裡。」潘蜜拉大搖大擺地走了進來，站在吉姆跟派翠西亞旁邊，兩人沒穿衣

服，還在黛安的被子底下一起縮成一團。好像一齣法式的滑稽劇，既荒唐又可怕，可是又很好笑，全部混在一起，讓人不知道該笑該哭，或者是大鬧一場。

潘蜜拉不疾不徐地說：「我只有一件事想跟你說，而且我要在所有人的面前講給你聽：吉姆，操他媽的你毀了我的聖誕節。每年都給我來這套，已經是連續第四年這樣子了，我再也受不了了！」

吉姆嘻嘻笑了起來，派翠西亞馬上就發現這是她人生的高潮之一，正咬著嘴唇忍住不笑，還想裝好人賣乖：「潘蜜拉，事情真的不是妳看起來的樣子，我跟妳保證……」

黛安這時插嘴：「潘蜜拉，妳現在需要的是一些維他命還有柳橙汁。跟我到廚房吧。」潘蜜拉恭敬不如從命，跟著她往廚房去，吉姆則開始穿褲子。

他咕噥著：「我的老天哦，她絕對會跟我沒完沒了……」

派翠西亞說：「放過我吧。」但她也跟他笑了起來：「是你自己想要這件事發生的耶，留在這邊到底是誰的主意啊？」

「好啦好啦，妳說的都對，跟平常一樣。」

潘蜜拉跟黛安帶著酒回來之後，他們全部又重新盤著腿互相對望起來。「別擔心。」吉姆最後才開口跟潘蜜拉說，用手摟住她的腰：「都是自家人。」

潘蜜拉的忠誠跟耐心最終擄獲了他，一九七一年的一、二月大部分的夜裡，他回到了科爾森的床上陪著她。看來他終於得以享受一陣子的家庭穩定。

那年冬天他工作上同時進行了四個大型的計畫，分別隸屬

於吸引他的四大藝術領域：詩歌、電影、音樂以及劇場。在這些計畫中，吉姆不僅是創作者，也是表演者。芬克跟厄勒克特拉協商一筆預支款，來製作一張詩歌專輯。跟馬庫斯的會面也重新啟動，這位劇作家現在希望他前往義大利拍攝電影。他也重新跟他的好友「愛樂佛瑞德」米羅見面，一起討論一齣舞台劇，由吉姆在劇中飾演越戰戰犯。

最讓人滿意的計畫則是門樂團的新專輯，目前正在他們的辦公室還有排練室錄製，這個地方被稱作「門樂團工作室」。他們自己挑起製作大梁，他們長期以來的音效工程師博特尼克則跨刀幫忙。

吉姆跟大家說：「我終於做了一張藍調專輯。」

他說的是真的，粗野又亢奮的門樂團回來了，有布萊希特的影子在，也有樂團早期「威士忌」歲月的夢魘嘉年華式活力。

反毒組織「現在就做基金會」（Do It Now Foundation）把所有精力都投注在抑制、甚至是消滅美國甲基安非他命（也就是冰毒）濫用的情況。為了達成這個目標，他們已經跟許多年輕的領袖人物接洽過，請他們協助錄製一段「冰毒有害」的電台訊息。弗蘭克・扎帕已經同意了，其他很多名號響亮的搖滾藝人也紛紛響應，吉姆好幾個月來都沒理過基金會的要求，但有一天在樂團辦公室接起電話時，卻發現自己同意當天下午錄製反毒廣告。在場的人聽到吉姆同意都很驚訝，但他說：「幹，有什麼不行的？冰毒讓你的耳朵裡好像有蟲在爬一樣，我知道一個女的，以為自己可以不發聲就能跟人講話。我才不想要我的歌迷聽我的歌時，腦子已經被毒害得一片空白。」

可是，大家一直以為吉姆決不容許自己被當成用來影響追隨者的工具，不論任何方式、任何時間、任何理由。為什麼突然有了一百八十度的大轉變呢？丹尼問：「我記得你說過，你希望歌迷自己決定，不是嗎，吉姆？」丹尼仍然在處理吉姆的粉絲來信，可以說已經成為辦公室的固定班底。吉姆先前跟丹尼教育過，容易上癮的烈性毒品有多危險。

　　「是啦，可是靠，他們用那種東西之後，腦子根本不聽使喚，這才是他媽的重點。還有，誰派你來管我的東西啊？」吉姆玩笑歸玩笑，倒也有幾分認真在。冰毒是很糟糕的東西，他很清楚。

　　當「現在就做」的專員終於帶著錄音機過來，準備製作六十秒的廣播片段時，吉姆找了張椅子坐下，還客氣地從他轉角辦公桌的另一邊，拿了一張椅子給那位專員。他看起來極力想要討好吉姆。

　　專員緊張地說：「好的，我們希望您說的是：『我是門樂團的吉姆・莫里森。』接著呢，呃，就請您自由發揮，告訴觀眾冰毒的危害性。」

　　吉姆想了一會，最後決定照他們說的來。

　　「都可以嗎？有在錄嗎？測試，測試……你最好重放一次，看看有沒有錄到，我們應該不想折騰完了，才發現錯過了唯一一次機會，那就太遲啦。」

　　帶子倒回來之後播放了一下，檢查過後再轉回到開頭。

　　「準備好了嗎，吉姆？」

　　「準備好了。」

「好的，開始吧。」

吉姆想了片刻，然後開始說話：「嗨，你們這些聽電台不寫作業的小混蛋，我是門樂團的吉姆‧莫里森……」

現在就做的專員按下錄音機停止鍵。

吉姆對丹尼使了個眼色，問說：「幹什麼啊？我還沒講完欸！」

「拜託，吉姆，如果你好好講，我們一分鐘內就可以把這整件事搞定。請記住，這是公益廣告。」

吉姆認真地聽完然後點頭：「我想我懂啦，再來一次可以嗎？」

錄音機轉回帶子開頭進行錄音：「哈囉，你們好嗎？我是你們的老朋友吉姆‧莫里森，我在一個叫門的樂團裡唱歌，你們可能聽說過。我們做過一些歌，但我沒有一首歌是吸安非他命做的。喝酒才爽，耶……」

專員看起來有些惱怒，跟吉姆說：「拜託，請您瞭解我們的需求。弗蘭克‧扎帕玩得很開心，您也可以玩得很開心，但您必須要認真以對。」

吉姆看起來理解了：「好啦，懂。把這破玩意打開，我們這次絕對會錄好，我保證。」

「各位好，我是門樂團的吉姆‧莫里森。只想跟你們說，注射安非他命不好，麻煩你們用吸的。」錄音機被關掉，而專員坐著一動也不動。整個房間裡寂靜無聲。

「發生什麼事？還行嗎？」

專員搖了搖頭，吉姆站起身，手搭到他的肩膀上：「嘿先生，不好意思啊，拜託，把帶子轉回開頭吧。真的很對不起，

我這次會順順地錄完給你。認真不騙。」

專員望向吉姆：「你保證嗎？」吉姆一臉嚴肅：「我保證。」

帶子調整好了，開始轉動起來。

「哈囉，我是吉姆‧莫里森，不要注射安非他命。天啊，你們這些人，去吸大麻。」

專員抬頭看了看：「我想我們快成功了，吉姆，只要你修改一下最後幾個字。」

「我知道你的意思。」吉姆跟他掛保證：「再一次，按下開始吧。」

這次吉姆說了一段正式的開場白，警告聽眾施打安非他命「不是很聰明，鵝注射安非他命會致死，但如果你給一隻鵝打了很多安非他命的話，它會永遠在水裡轉圈圈。」

專員看起來已經失去耐性，幾乎快哭出來了。吉姆跟他哀求：「拜託啦，先生，對不起。我只是在玩，你懂嗎，我們這次會錄好的，我保證。」

「我不知道，吉姆，我不能在這邊耗一整天。」專員搖了搖頭說。

吉姆堅持：「最後一次。」

「好的，但如果你這次錄不出來，那就算了。」

「對不起，這次會一次過，你知道一次過的意思吧？」

吉姆握著手持麥克風，小心翼翼地靠在嘴邊，他頓了一下然後開始：「哈囉，我是門樂團的吉姆‧莫里森，我只有一件事想說。」吉姆對著專員微笑，對方也滿懷希望地回以微笑：「不要注射安非他命，安命他命有嚴重的危害。請不要注射冰毒，可以試試鎮定劑，對，鎮定劑、巴比妥、止痛藥、安眠藥，比

較不那麼貴而且⋯⋯」

錄音機還在跑，但專員已經喪失了所有希望，他站起身穿上外套，然後拿起錄音機，氣呼呼地走出辦公室。整個房間裡的人都笑成一團，吉姆講話的方式根本不可能剪輯成正常的版本。

「他是怎樣啊？」吉姆問道：「我聽艾利斯‧庫柏說，他如果抓到誰在用安非他命，會衝去他們家勒死他們的狗。我沒講那種東西哦。」

現在就做基金會最後並未獲得吉姆‧莫里森版的公益廣告。

吉姆已經一陣子沒有跟地方媒體打交道了，如果是獨家專訪的話，那就是更久遠以前的事了。他喜歡洛杉磯自由新聞社的反建制立場，由於他感覺這是「每個人生活的一部分」，他給了這份報紙的音樂記者鮑伯‧丘魯許（Bob Chorush）足夠的時間進行一場優秀的訪談，再次展現他富有想法的一面。當他被問到早期演唱會上常有的暴動時，吉姆說搖滾演唱會本就是「人們群聚在一起，交流人口過剩的不適感」的一種形式，跟昆蟲或某些特定動物品種聚集在一起相當類似。他誠懇地說：「我還沒有完全梳理好我的想法，但我覺得還有其他可以探討的地方。」有些回答則像格言警句：「我覺得在藝術中，特別是電影裡，人們在試著確認自身的存在。」他也對殺人魔查理‧曼森發表看法：案件審判是「社會消化這可怕事件的方式」。

飲酒的話題是無意提起的，吉姆談到這兩年他錯過了很多好音樂，因為他跟貝比被吟遊詩人酒吧列為拒絕往來戶。訪問人問了一個問題，吉姆頓了一下，歪著頭用指尖捻著一圈落腮鬍，才終於說出口：「我呢，有一段時間喝酒喝得很凶，有很多

很多壓力壓在身上，我沒辦法解決。」

　　吉姆又暫停了一下：「我覺得，喝酒是活在擁擠環境裡的一種應對方式，也是無聊催生出來的產品。我知道很多人喝酒是因為無聊，但我很享受喝酒。喝酒能讓人放鬆，有時候還能促進對話。我不知道怎麼說，有點像賭博吧，你懂這種感覺嗎？出門想要暢飲整夜時，總沒辦法預知明天早上會在何方。結果可能會很好，也有可能是場災難，就好像擲骰子一樣。每個人都呼麻，我猜你已經不把它當成毒品了吧。對照三年前那一場迷幻藥的風潮，我不覺得任何人有精力，讓自己永遠身處在那些幻覺旅程中。所以你會接著愛上麻醉藥，酒也算一種。你想去除一直冒出來的想法，而不是思考得更多，這時用的就會是酒、海洛因、還有鎮定劑。這些東西應該稱作止痛藥，我想這才是人們現在上癮的東西。」

　　吉姆以七〇年代初期美國社會觀察家的角度發言，但他的話用在自己跟潘蜜拉身上也一定適用。她目前為止仍然向他隱瞞自己偶爾施用海洛因的祕密，但他的確已經知道她是個「鎮定劑狂魔」，而他自己也是個不折不扣的酒鬼。雖然吉姆跟《自由新聞》表示狂飲的日子已經過去了，他身邊的人還是對他的酒精消耗量感到震驚。

　　吉姆談喝酒的結尾，比話題開始時更隨性，他說：「我喜歡酒，因為酒很傳統，而且我不喜歡毒品交易的過程。你懂嗎？我不喜歡跟人買毒品的時候，附帶的那種低級性暗示，所以我從來不做那種事。那就是我喜歡酒的原因，你去找轉角的商店，就可以直接買到。」

吉姆的計畫全部都進行得相當順利，因此他的確不需要再繼續喝酒來逃避無聊。他年少時完全就是因為無聊才喝酒，所以一定要喝到醉。

他一進到潘蜜拉的服裝店，便大聲唱起〈後門情夫〉，身邊有兩個最近認識的酒友陪著。他看了看丹尼，現在正在店裡幫潘蜜拉的姐姐茱蒂忙。

他隨口說了句：「賣給這些先生一點衣服吧。」他轉頭問他們：「你們喜歡哪種衣服？我們衣服有很不錯的材質，還有些精品服裝，是我們在瑞士自有的小矮子工廠設計的。他們靈巧的手跟精準的眼光，不用懷疑，製作絕對是最高水準。」

他突然倒在一張椅子上，頭低垂在胸口打起盹來，漸漸發出打呼聲。吉姆醒過來時，朋友已經離開了，丹尼的姐姐人在店裡。丹尼跟吉姆介紹她。吉姆問：「這是你姐嗎？你怎沒跟我說你有長這樣的姐姐。哦—哇—嗚！看看那奶子！」

就在此時，一位年約五十，身材保養得宜的太太進到店裡。她以為吉姆是在說她，拿起提袋要揍吉姆，繞著珠寶櫃追著他打，打到兩三下之後才離開。

「靠。」這個小插曲結束之後，吉姆嘆著。

「從我爸拿著球棒在廚房裡追我之後，從來沒有這樣運動過。」

還有一次吉姆突然衝進服裝店，轉身撞倒了襯衫架，跌在衣服上。潘蜜拉這次在店裡，勃然大怒：「哦，天啊，天殺的操！他喝醉了。去死吧你，吉姆‧莫里森，婊子養的臭東西！」

吉姆慢慢爬起身，一臉無辜地微笑說：「喝醉？沒有的事，女士。我跌倒啦，都是場意外。」貝比隨後進到店裡，帶吉姆去

棕櫚泉喝酒。當晚在馬爾蒙莊園酒店，吉姆學泰山做了一件事，他爬到屋頂上，想拉著雨水溝槽盪進他的房間窗戶，貝比說：「他沒有死的唯一理由，是因為他爬的其實是連在房子後面的遮雨棚，真是不可思議。」

吉姆完全不管自己喝的是哪種酒，第一天喝琴酒史汀格，隔天先來點威士忌，之後再喝些啤酒下肚，第三天喝黑色俄羅斯，第四天純飲龍舌蘭，餓的時候來杯新加坡司令，或是任何帶水果的「熱帶風情」調酒。只有結果恆久不變：喝得爛醉。

他的健康狀況不好，以前偶爾在演唱會上跟別人要支香菸，現在已經進化到一天得抽掉三包萬寶路。他的咳嗽聲相當粗，有次還跟羅比說他咳出血來。他的歌聲還是有不修邊幅的沙啞性感，但是已經開始產生不可逆的損壞。賈克聽到第一版的《洛杉磯女郎》時心想：「這應該是吉姆最後一張能唱的專輯了。」

他的身體也鬆垮垮的，現在重達八十公斤，比剛出道拍攝宣傳照時刻意強調的結實身軀，胖了快二十公斤。他吃的東西不怎樣，大部分的熱量都是從酒精來的，有著酒鬼才有的浮腫身形。

麥克盧爾十二月時開始戒酒，他寫信給吉姆，建議他也試一下，但吉姆不為所動，沒有回信。他跟麥克盧爾還有他們的經紀人席爾瓦・羅曼諾（Sylva Romano）見面用午餐時，羅曼諾玩起了一個遊戲。

她說：「我覺得我們都同意，不管我們隨著時間變得有多老，在內心深處，我們都還是覺得自己停在一個特定的年紀，而且相信人們應必須以那種方式看待我們。」

麥克盧爾說自己一直停留在十一歲。

羅曼諾則說她一直把自己偷偷當成十九歲的女孩。

吉姆才剛過二十七歲生日幾個禮拜而已，幽幽地說他覺得自己好像已經四十七歲了。

一九七一年一月的第一週，吉姆坐在辦公桌邊，讀著《滾石》。他非常驚訝雜誌某位一線的評論家喜歡他們上一張專輯《13》。其他成員在樓下進行錄音，貓王的貝斯手傑瑞·謝夫（Jerry Scheff），還有彈節奏吉他的馬克·本諾（Marc Benno）都在場跨刀。吉姆在殺時間，等大家都準備好傳話來，他才下樓唱歌，這次他要把樓下小間的廁所當成錄音間使用。吉姆跟其他人一起「現場同步」錄製大部分歌曲，一切都很順利。十個工作天裡，他們已經錄好所有要用的帶子，九首歌裡（第十首是〈拉美利加〉，好幾個月前為了電影《無限春光在險峰》已經錄製好了），只有兩首需要額外把吉姆的聲音加到帶子上。

收集到的材料很優秀且多樣化，樂團裡每個成員都有同等的機會可以大展身手：吉姆唱了一首約翰·李·胡克（John Lee Hooker）的藍調歌曲，是樂團早期收歌時留下來的遺珠之作，叫〈爬動的王蛇〉（Crawling King Snake）。原創的藍調作品〈車在我的窗邊嘶叫〉裡，羅比加入了一段吉米·里德（Jimmy Reed）式的吉他演奏，吉姆則模仿黑人藍調音樂的唱腔，並在這首歌的結尾來了段表現精采的藍調吉他擬聲模仿秀。雷愛挖苦的幽默感在〈風信子之屋〉（Hyacinth House）的中段展露無遺，在吉姆演唱完一句突兀的歌詞「我看到浴室乾乾淨淨」之後，他接上了一段流行歌〈直到時間盡頭〉（Till the End of Time）採用的一

段蕭邦旋律。〈暴風雨騎士〉的效果非常剔透，有爵士的韻味，雖然神祕卻又有希望之感。而〈瘋狂愛她〉（Love Her Madly）由羅比寫成，將會是他們一年以來發行的首支單曲，聽起來既活力充沛又像是一場狂歡，讓人想起比較早期時節奏還很強勁、更為自然，但也相當商業的門樂團。

吉姆的歌詞再次創造難以攀越的高峰，特別是在較長的歌曲中，例如〈洛杉磯女郎〉、〈暴風雨騎士〉還有醞釀很久的〈白人新教徒後裔〉：

黑人在森林中
歡快地裝上羽毛
而他們說著：
「忘記黑夜
跟我們在林中生活
一片蔚藍。在此地
那一頭的邊緣地帶
沒有星光；在
此地的我們被扔擲石頭
無暇無垢。」

(Texas Radio and the Big Beat)

同一首歌接著唱著：「我要跟你說，永恆的回報不會饒恕虛度晨光的我們。」

這三首歌都透露出吉姆日漸想要逃亡的線索，吉姆在〈洛杉磯女郎〉中自稱自己是「昇魔先生」，並不單純只是重組字母

的文字遊戲，而是他「溜到非洲」之後，用以跟辦公室聯絡的名字，只不過沒有人認真看待而已。

〈低落太久〉（Been Down So Long）不斷重複標題，疊唱著：「低落那麼該死地久／在我眼中簡直成了高亢」，借用了理查·法里尼亞相似的書名，歌曲裡的男性沙文主義相當直白：

我說寶貝，寶貝，寶貝
你是否會跪下來
來吧親愛的小乖
過來給我你的愛

男性至上的態度在約翰·李·胡克的歌曲中也有蹤影：

來吧，爬吧
來吧，爬吧
開始手腳並用爬上來吧，寶貝
在我的身上游移

在那個女性解放開始贏得關注的年代，這樣的訊息絕對不會無人注意。

在丹尼的堅持下，吉姆親手用他大又童趣的字跡，寫了一段專輯的文案給《克里姆》雜誌的戴夫·馬許，這段文字無意間變成了他自傳性的回顧。他自述這張專輯對他來說，是對洛杉磯作為整個美國縮影的印象。他跟戴夫說自己本來是到洛杉磯來做電影的，誤打誤撞才走上了音樂的道路，還補充說明了

接下來的諸多計畫，包含一長篇談邁阿密大審的記事。信件結尾他是這麼寫的：

我不瘋狂。
我感興趣的事，是自由。

祝順心
J. 莫里森

　　形單影隻，體態發福的那個人穿著皺巴巴的軍裝外套，有著大大的頭跟滿臉的毛髮，沿著好萊塢的街道徐徐走著。日復一日吉姆行走於此，看著都市的水泥樂園，彷彿即將永別於此，最後回到諾頓大道的公寓中。整個一月跟二月上半不論晝夜，他幾乎都跟潘蜜拉待在家，吉姆讀著書，潘蜜拉則替泰美斯設計服裝。有時候吉姆會趴到地上跟狗狗玩，口中哼著歌曲。
　　「麼……啊，哼……」
　　薩吉應著吉姆，完美的配合演出：「麼……」
　　吉姆會再來一次，而薩吉則發出高一個音階的聲音。
　　潘蜜拉會過來加入，吉姆則抱怨潘蜜拉搞砸了一切。有的時候他們會下樓找黛安，跟她聊聊去法國的事。他們決定好了，實際上也正在付諸行動，將要自我流放到巴黎，住個半年甚至更久。潘蜜拉看起來相當著迷於這個主意，就連吉姆也因此輕鬆了不少。
　　吉姆離開洛杉磯已經成為必然，或許前往巴黎也是。門樂團最後一張專輯幾乎快完成了，他也不欠團員或唱片公司什麼

了。他並非有什麼不滿，只是極為渴望轉換跑道，也開始相信在加州待了這麼久，這裡長期以來讓他舒服自在的人與事，依然會是影響人生最重要的一股力量。他沒有真正的敵人，只是需要逃離自己的朋友而已。

巴黎自然而然成了選擇，亞倫·羅內時不時就提起這座城市，每年都會造訪一次。佛瑞德·米羅曾經在那住過，也跟吉姆灌輸了很多浪漫的軼事。吉姆一直以來對韓波、賽林還有波特萊爾的愛好也是其中一個因素，巴黎一直都是美國作家跟情人們的傳統選擇。記者莎莉·史蒂文森在吉姆動身之前和他碰過面，她說：「他對巴黎有種嚮往，非常不可思議，她覺得那裡是一個可以自在做自己的地方，不會被別人追殺，把生活搞成一齣鬧劇，硬在他頭上扣上不屬於他的帽子。」

沒有任何一個工作計畫牽絆著他，《HWY》現在的問題是找不找得到發行商，他在不在洛杉磯不影響進度，弗蘭克可以負責。決定他詩集的平裝版封面，可以透過郵件完成。馬庫斯知道吉姆叫他停工半年時，幾乎可說是如釋重負，他被交付的任務是替亞瑟·佩恩寫劇本。詩朗誦專輯可以往後延，或者由其他成員在他缺席的時候完成，反正先前其他專輯也不一定都需要他全程在場就能完成。

吉姆想要在巴黎實行更有生產力的寫作排程，起了這個念頭後，他打給自己的出版經紀人，看他們是否覺得會有人對一本自我隨性的印象主義自傳有興趣。他鼓勵吉姆把想到的東西寫下來，至少要以信的形式展示給出版商看。

吉姆跟潘蜜拉說，她可以盡快動身前往巴黎找房子了。

「拜託，吉姆，你不可以跟臉看起來跟山之老人（Old Man

of the Mountain）那塊岩壁一樣，就跑去巴黎。」黛安指著吉姆濃密叢生的鬍子，她跟潘蜜拉還有吉姆在自家公寓裡喝酒，潘蜜拉也同意吉姆不要留這麼多毛髮會比較好看。

「不要，唉，我不想要剃，我這樣心情比較好。」吉姆說，他跌坐在自己的椅子上。

黛安說：「可是潘蜜拉不這麼想啊，你如果不信任她的意見，還信得過誰呢？」

黛安現在回想起當時的情景，是這樣的：「然後他就跳到我的餐桌上，潘蜜拉親手把他的鬍子剃掉，嘴邊下巴都刮得乾乾淨淨，刮完看起來真的很讚。」

潘蜜拉離開前的最後幾天，他們一起去她的出生地威德走了一遭，跟薩吉坐在賓士車裡，往北開了接近一千三百公里，然後去橙鎮拜訪潘蜜拉的父母，並把薩吉留在那裡。二月十四號吉姆開車帶潘蜜拉去機場，隔天她在寒冷又下雨的巴黎，入住喬治五世飯店，吉姆跟她說這間飯店看起來像「紅色絨布裝潢的妓院」。

「妳現在可以過來了，她走了。」黛安在電話裡說。

黛安通話的對象正是派翠西亞，兩週前她才剛到洛杉磯，跟吉姆短暫碰頭。她現在待在朋友家，黛安跟她說吉姆只是在等潘蜜拉離開，之後會打電話給她，為什麼她不過來給他一個驚喜呢？派翠西亞抵達之後，黛安拿出一罐酒說：「我們親愛的朋友格蕾絲・斯里克說，妳得面對不只一個人，把吉姆想成薩德筆下瑞絲汀娜的男性版吧。」

過了一會吉姆人到了，爬樓梯上來潘蜜拉家，所有家具已

經收了起來，除了一張床墊、裝滿書的書櫃、一台電視、一張小玻璃桌還有吉姆巨大的紫色閱讀椅。派翠西亞沒等幾分鐘便上樓敲門，當吉姆開門時，她說：「我這瓶酒打不開，我在想你有沒⋯⋯」他一把把她抱進懷裡，她在那裡待了一整週。

派翠西亞回想起最後一天的情況是這樣的：「完全是一團亂，我們四點在某間男女混合的全裸酒吧開喝，喝了超級多龍舌蘭之後還多點了啤酒，最後酒保直接讓我們買二送一，送第三杯來時不收錢。我最後的印象是喝了十四杯，然後我們去吉姆錄音的工作現場，還有這次我來洛杉磯時借宿的朋友也在場，她不斷想搭訕吉姆。我超級火大，跟她說：『我不管我回家之後妳想幹嘛，但起碼等到我人走了再說，不要吃相這麼難看。』」

吉姆完完全全崇尚多伴侶的生活方式，而派翠西亞的朋友姿態撩人，他很快就被勾引走了。他們在罌粟錄音室（Poppy Studios）製作新專輯的混音，這位朋友先離開去廁所，五分鐘之後吉姆也跟了出去。再五分鐘後，派翠西亞發現他們倆倒在外頭的草地上摟摟抱抱。

「給我起來！」派翠西亞站在他們旁邊大發雷霆。

吉姆一臉昏昏欲睡，抬頭看著她微笑。

「快點！起來！你們兩個！都給我起來！」

這位朋友起身把派翠西亞拉倒，有一瞬間三個軀體好像沒了外殼，變幻了一番，汲取了彼此身體的肉與骨。派翠西亞重新回復冷靜，態度堅定地說：「讓我跟吉姆單獨談談。」

朋友迴避後，吉姆對派翠西亞說：「親愛的，妳知道我今晚實在喝得太醉了，就讓我跟她共度一晚吧。」

「聽好，這是我在洛杉磯的最後一晚，我明天就要回家了，

可能再也不會看到你。」

吉姆對那占有慾嗤之以鼻，不屑地說：「反正我也不會再跟妳度過任何一晚。」

「沒差，但你最好他媽的不要選擇跟她度過這一晚。」

回到公寓中，吉姆開始翻找櫥櫃跟廚房抽屜裡的東西，兩個女生問他為什麼。

吉姆說：「喔，我在找刀子跟剪刀，這樣你們就能把我閹了，你們一個人拿走我的屌，另一個人拿走我的身體。」

「吉姆，那誰得到你的靈魂呢？」

「哦，我要自己留著，如果你們不介意的話。」

兩個女孩看著吉姆整理所有尖銳物品，然後把他們放在客廳沙發底下，接著倒頭就睡。

「他看起來像是蠟做的，全身僵硬──可怕極了。」派翠西亞回憶道：「他看起來真的像死了一樣，躺著的他被沙發環繞，像是在棺材裡，我那時明白，再也不會看到活著的他了。」

隔天派翠西亞回到紐約，在倫敦待了八個月的湯姆則回到美國。兩個人沒有見面的時間，大概就跟湯姆出國的時間差不多長，但他們馬上就打來打去，像是好兄弟一樣。那一天結束的時候，吉姆喝得很醉，行為相當惹人厭，兩個人一起被聖塔莫尼卡大道上的俱樂部趕了出來。

因為潘蜜拉在巴黎，吉姆得以扮演一個無憂無慮的單身漢，他回到這個他稱為「洛杉磯女郎」的浪女懷抱裡，跟許許多多的人道別，他開始在布列維茲的新俱樂部露臉，還在棕櫚泉跟電話亭酒吧出遊，通常跟湯姆、貝比、弗蘭克同行。

步調開始加快，吉姆先是看到以前的女伴墮胎（他請她把

小孩生下來，但她拒絕了），跟另外四個人一夜情，然後在回到辦公室整理座位時，打電話給所有他找到的號碼。

三月三日厄勒克特拉公司舉辦了一場派對，慶祝擴大後的洛杉磯辦公室開幕，吉姆露面意思意思之後（「這個地方花的錢我有份，我也想看看長怎樣」），動身前往佛瑞德·米羅的家，他們一起喝酒聊天，不斷提及兩人的表演點子。

「我們想要化為具體或捕捉的東西是，我們在六〇年代末、七〇年代初的洛杉磯強烈感受到的劇變時刻。赫胥黎會說：『在萬年青與車庫之間，有什麼東西在蠢蠢欲動。』這個環境很詭異，不論洛杉磯他媽的代表什麼，我們想在這場秀上探索。一個戰俘的腦中，由於距離遙遠，已經把洛杉磯這個地方遺忘得差不多了，但由於成長背景，又有相當的熟悉感。這齣戲處理這座非城市的城市，那些公開的跟隱藏的，明顯可見跟不那麼明顯的特質。那是整場表演的基調：你如何在絕處逢生之後，於久別重逢之際，看待一個你瞭若指掌的地方？」

他們草草寫下整場表演的大綱，填滿了四頁紙，吉姆不斷說他得去巴黎。佛瑞德再度逼他留下來，過了一會吉姆終於說：「明天我不是去巴黎，就是去卡塔利娜。」

吉姆那週跟貝比已經坐過門樂團的船出遊過一次，沿著海岸到帕洛斯維第斯一日遊。三月四號他們跟兩個女伴到卡塔利娜島，貝比在日記裡寫道：「非常狂野的一段旅程，吸了一堆古柯鹼，喝了一堆酒。隔天早上很美、天氣很好、房間俯瞰著艾芙隆海灣，我們去大麥克牛排館，早餐活力滿滿，有炒蛋、香腸、火腿、沙丁魚、橄欖、馬鈴薯、紅番椒、肉冷盤、吐司，

還有啤酒！啤酒！啤酒！」

　　吉姆接下來幾天跟貝比形影不離，在撞球室裡阻止了一場
爭執，跑去看了場穆罕默德‧阿里（Muhammed Ali）和喬‧弗雷
澤（Joe Frazier）的拳賽，然後在威尼斯海灘散步。在海灘的時
候，他們跑去聖塔莫尼卡碼頭吃午餐，貝比是這樣寫的：「在長
廊商場鬼混了一陣，然後回到市中心。」
　　吉姆隔天就去巴黎了。

第12章

依據潘蜜拉後來的故事版本，他們在巴黎短暫的自我放逐相當無憂無慮。所有導致墮落的的壓力來源都消失無蹤，吉姆幾乎不喝酒了，他寫出了許多活力充沛又鼓舞人心的新詩作，還有一本關於邁阿密審判的書（或是一本自傳，因為她的故事並不完全一致），有次他們觀賞完一部歌劇後，甚至寫出了交響曲。吉姆跟潘蜜拉像是新婚夫婦一樣，從沒有如此契合過。

那都只是潘蜜拉的幻想而已。

她特別喜歡說一個故事，跟他們的摩洛哥旅行有關：「我有天早上起床，看到飯店游泳池旁邊有個英俊的男人，跟兩個年輕的美國女孩正在講話。我馬上就為他傾倒，然後才發現他就是吉姆，我沒有認出他來。他早早起床，把鬍子都刮了，減掉很多體重後，身形很結實，整個人煥然一新。能夠再愛一次，跟這個我已經深愛的男人重新墜入愛河，感覺真好。」

巴黎的「家」有的時候是在喬治五世飯店，但更常在右岸的三樓公寓中，起初這裡一片祥和。他們大部分的時間都待在偌大且晴朗的瑪黑區公寓裡，這裡是著名的住宅區，靠近巴士底廣場，他們以每月三千法郎分租到這個空間。屋主是年輕的法國封面女郎伊莉莎白「佐佐」拉里維埃（Elizabeth Larivière）還有她當時的男友，但他們已經計劃好不久就要離開。男友要回到美國自己原有家庭的懷抱，而她則要到法國南部拍攝電影。

所以他們給潘蜜拉一個空房間，跟她說等他們啟程以後，她跟吉姆至少能在這住上兩個月。

直到四月十號的兩個星期裡，佐佐親眼見證了這對奇怪的情侶如何適應巴黎，還有如何重新適應彼此。對佐佐來說，他們倆的這段關係真的相當獨特，每當她跟潘蜜拉對上話，她口中永遠都只有吉姆以及他有多好：「全部都在講吉—姆、吉—姆、吉—姆。」但之後當潘蜜拉徹夜未歸，跟透過有錢伯爵認識的朋友出門時，早上她又會打電話求佐佐替她說謊：「『哦，請跟吉姆說我在妳朋友家作客整晚，十二點會回來。』我得幫她跟吉姆傳話。」

吉姆會默不作聲地替自己跟佐佐弄早餐，端給還在床上的她，然後坐下跟她邊吃邊聊。早上有時候他會跑去房子三個房間中最小的那間，把佐佐的書桌搬進去，坐下來寫作，或者是仔細翻找一大箱紙、筆記本、錄音帶、剪報、粉絲來信、還有手稿，這些都是他帶來巴黎的。他在自己過往的雜物及記錄中搜索，想好好確定到底累積了多少。稍晚的時候，當面對庭院那扇窗照進來的光線改變了，他有時候會帶著筆記本坐到餐桌旁。其他沒有特別做事的早晨，他會孤身散步很長一段路。

他會在巴黎的街上走上好幾個小時，從一個區跨到另外一個區，就像他在好萊塢時做的一樣。他住的那條博特雷伊街（Rue Beautreillis）狹窄又沒有樹蔭，他沿著街道往北走去，穿過一排公寓建築、一個報攤、一間書店，三間小餐館、一個柔道俱樂部、一個男士理髮廳。接著往西沿聖安托萬街走，穿過露天的肉市，裡頭掛著兔肉，還有成堆的紅櫻桃以及魚蝦滿到要溢出來的托盤，以及大小堪比籃球的花椰菜。他的步伐緩緩地

穿越了這座城市數以千計的旅遊熱門景點,來到他特別鍾愛的羅浮宮,是他青春期熱愛藝術的遺緒。

其他許多的早晨,他往博特雷伊街的南方走去,僅僅五個街區外就是聖路易島,這裡後來變成他在巴黎最喜歡的區域之一。他到安茹堤岸上造訪了洛桑別墅(Hôtel de Lauzun),這裡曾經是波特萊爾跟哥提耶鍾愛的哈希大麻俱樂部據點。

「這裡真美。」他回到公寓時會跟佐佐還有潘蜜拉這麼說:「他們把這座城市建好之後,就把設計圖扔到一邊去了。」

可是不同於潘蜜拉的幻想,吉姆仍然有嚴重的酗酒習慣,他找到法國兩種最傳統的酒吧時滿心歡喜,分別是餐酒館還有路邊咖啡廳。巴黎仍然有種好萊塢／海明威／費茲傑羅的感覺,雖然陌生卻無比熟悉。在小餐館或咖啡廳駐足,不僅僅是自然而然的習慣,還得算是某種必要,不舉杯致上讚美的敬酒是褻瀆不敬的。

吉姆有天差點就要做出不敬之舉,那是四月的第一週,他來到聖日耳曼大道上的小型俱樂部「星空咖啡」(L'Astroquet),名字是從法文的troquet(咖啡廳)還有美國人意指外太空的astro一字所組成的。室內的裝潢就像巴克·羅傑斯(Buck Rogers)卡通的畫面一樣。

正在喝酒的吉姆,注意力突然被幾名提著吉他袋走進店裡的年輕人吸引過去,過了一會他走過去問道:「你們是美國人嗎?」

「對啊,你是哪裡來的呢?」沒有人認出他來。

「加州。」

「我也是,你在哪邊讀書的?」

「呃……洛杉磯分校。」

「哇,我也是!你是什麼時候在那邊唸的?」

吉姆思索了一下,回答是一九六四及六五年。年輕的美國人又追問:「哇,我也是。你是哪個學院的?」

「呃,電影。」

年輕的美國人頓了一下,這到底是在玩二十道問題,還是你做哪行的猜名人遊戲?「哦……哦……你唱歌嗎?跟一個樂團?」

吉姆承認他的確有。

「哦哇,天啊,我好丟臉,都沒有……」

吉姆請他們喝酒,純威士忌之後再接著上啤酒,也就是他自己最常點的飲品。年輕男子自我介紹道:「菲爾・崔納(Phil Trainer),這些傢伙是我的朋友,我們組了一個團叫『診所』(Clinic),我們全是美國人,我父親在美國大使館工作。」

接下來直到黎明前那翻攪的幾個小時,大夥拿出吉他,吉姆唱起了〈爬動的王蛇〉,他跟新朋友說,他在新專輯中有收錄這首歌,當週就會在美國上市。他不斷吸菸,聲音聽起來沉重又粗啞。在歌曲之間的段落,他們聊起音樂及巨星之路。吉姆跟他們說,自己已經得到所有他弄得到手的東西了。他們聽到吉姆嗑藥嗑了已經兩百五十次時嘖嘖稱奇,後來他提到自己破壞錄音室那晚,又讓他們驚歎不已。他說他深愛其他的樂團成員,還說他覺得羅比沒有得到應有的重視。

清晨曙光到來,只剩吉姆跟菲爾兩人未歸,吉姆菸癮大發,菸吸得太深,必須使勁催著喉嚨咳嗽。菲爾也是一個歌手,他

342

說：「我覺得吉姆正在破壞他的胸腔跟喉嚨，他香菸吸得好大口，真的。如果要我描述當時我對他的印象，那就是吸——著一根香菸，然後咳—咳—咳。」

兩個人喝得爛醉，當他們跌跌撞撞地走出俱樂部迎接清晨時，吉姆解開褲子拉鍊，撒了泡尿，吉姆唱著：「跳那放克雞舞、跳那放克雞舞。」接著把拉鍊拉好，他提議叫輛車去找潘蜜拉：「跳那放克雞舞。」

他們發現潘蜜拉還沒回到瑪黑區的住所，可是吉姆知道該往哪去，到拉丁區一個女攝影師的住所就對了。他大搖大擺地走進去（他知道鑰匙收在哪），一看潘蜜拉跟攝影師睡著，就打起了裡頭烈酒的主意，先喝伏特加、再來萊姆酒，然後看到什麼喝什麼，對準瓶口直接喝起來，不換酒休息、不混酒。一個小時之後，他叫菲爾去把潘蜜拉叫起來。

在附近的咖啡館吃早餐的時候，潘蜜拉替吉姆點了義大利麵還有一杯牛奶，來保護胃黏膜。「你不會再喝了吧，可以嗎，吉姆？」潘蜜拉開始懇求他：「吉姆？」

吉姆安靜地坐著，朝著車水馬龍的大道上望著，最後終於開口：「跳那放克雞舞。」

幾天之後他們租了輛車，往西南邊開去，經過了法國產酒的勝地，穿越奧爾良、土爾、利摩日還有圖盧茲，從安道爾跨入西班牙，拜訪馬德里的普拉多博物館，在那裡吉姆找到了波希的《人間樂園》(The Garden of Earthly Delights) 這幅畫裡有張神祕的臉，被認為是畫家本人的肖像。他們從馬德里一路往南，抵達格拉那達，吉姆印象最深刻的是阿爾罕布拉宮，一座摩爾

人建造的宮殿，公認為現存最美麗的西方伊斯蘭建築，堡壘中有陽光普照的拱廊還有精緻的藍色磁磚。

　　吉姆跟潘蜜拉相處得相當不錯，幾乎跟她後來誇耀的一樣好。長時間在車裡還有窄小旅館房間共度，激起了小爭吵，但讓雙方分神的事物太多、太美好了。就連有個講英文的阿拉伯人，謊稱可以提供一大坨哈希大麻，最後騙走了一百美金，都沒讓兩人掛在心上。

　　到了摩洛哥的丹吉爾後，他們往南沿著大西洋的海岸線前往卡薩布蘭加，接著向內陸抵達馬拉喀什，他們吃得很好、喝著當地出產的酒品，用離開巴黎前買的超八攝影機拍下所有眼前景物。當他們歸還車子，在五月第一週飛回巴黎時，他們已經出遊三週左右了。

　　幾天之內他們暫時不能回到公寓，所以他們入住左岸的高級旅館L飯店（L'Hôtel），那裡總共有二十五間裝潢豪奢的客房，由於奧斯卡・王爾德曾經旅居於此，前來巴黎的搖滾明星越來越常指定入住。不久，有關吉姆的傳言再次不脛而走，這次甚至狂飲到從酒店的二樓窗戶摔下來，直接掉到汽車車頂上彈飛出去，但他起身之後拍拍衣袖，好像沒事發生一樣，又走上街找酒喝。

　　住在左岸的聖日耳曼區，讓吉姆某種程度上好像重回聖塔莫尼卡大道，因為坐落在於此的酒吧皆頗負盛名。花神（The Café de Flore）還有雙叟咖啡館（Deux-Magots）都是卡謬跟沙特曾經喝上一杯的地點，而圓頂餐廳（La Coupole）裡則有畢卡索、克利、莫迪里安尼以及其他諸多畫家的作品掛在梁柱上：這裡是裝飾藝術流派（Art Deco）的天堂，賽爾妲跟費茲傑羅曾在這裡被書迷包圍。（吉姆說這裡看起來像是紐約下東城的拉特納

〔Ratner's〕熟食店）。對熟門熟路的法國人來說，最嬉皮的「地下」夜店是剛開幕的「泡泡」（La Bulle）還有吉姆最喜歡的地下洞穴俱樂部「搖滾馬戲團」（Rock 'n' Roll Circus）。

六到八個月前，馬戲團還是巴黎最具代表性的俱樂部，可以跟洛杉磯的威士忌搖擺比擬，優秀的樂團跟良好的音響設備帶來響亮的樂聲，價格高昂，以酒為攬客賣點，幾乎集結了娛樂圈的黑暗面，但又如此有派頭。齊柏林飛船（Led Zeppelin）[1]、瑞奇・海文斯（Richie Havens）[2]還有強尼・溫特（Johnny Winter）[3]都曾齊聚切磋即興演奏，部分海灘男孩的成員也曾蒞臨。然而，一九七一年春天，這個俱樂部已經變成海洛因的交易場所，許多底層社會謀生者頻繁光顧，像是妓女、小偷還有皮條客。年初在這個俱樂部放歌，後來轉到泡泡那邊的DJ卡麥隆・沃森（Cameron Watson），也是一位出走美國的浪人，他說馬戲團的場面就像「把戒斷的狀態搬上舞池」，但吉姆當然很熱愛這種狀態，從虛假的劣行變成真實的醜態，對吉姆來說不一定是向下沉淪。

五月第一週的尾聲，七號週五，吉姆在馬戲團喝醉，整個人相當乖戾，最後演變成暴力行為，亂扔枕頭、踩踏家具。很明顯沒人認出他來，制止他以後把他趕出店外。一名年輕的法國學生吉爾・耶普米安（Gilles Yepremian）發現吉姆跟俱樂部的保安正在互相對吼。

1　齊柏林飛船：一九六八成軍。受到藍調搖滾以及迷幻搖滾影響，齊柏林飛船的音樂融合了失真吉他、Robert Plant 高亢的歌聲、詭譎的意象、還有形式類似民歌的唱段，在英美取得了巨大的成功。硬搖滾經由齊柏林飛船的改良，變得更具有主流感染力，也更強調了吉他重複段帶來的聽覺刺激，因此討論重金屬音樂時，他們通常也會與深紫色樂團以及黑色安息日樂團一併討論。他們在七〇年代幾乎是地表最暢銷的樂團，每次發行作品都是媒體焦點，由於當時簽約的條件相當有利樂團，他們保有了極高的自由度，以穩定的速度發行作品，直到鼓手意外窒息身亡，他們決定將樂團永遠留在歷史為止。

2　瑞奇・海文斯：知名吉他樂手，融合民謠及靈魂樂，以翻唱見長，曾擔任伍茲塔克音樂節開場。

3　強尼・溫特：滾石雜誌史上最佳吉他手第六十三名，與 Muddy Waters 的合作最為知名。

345

「黑鬼……」

吉姆喊累了，就跳上一輛計程車，但駕駛拒載他。他又跳上第二輛車，但還是被趕下車。他又開始大吼大叫，吉爾幾乎不懂英文，以為他在叫：「我要吃肉！我要吃肉！」

吉爾認出吉姆來，找了第三位計程車司機，說服他載吉姆一程，但是車子剛跨過塞納河，吉姆就堅持要下車，因為他想去游個泳。兩個法國警察在日出前的霧中散步剛好經過，斗篷還有藥盒帽投下一道熟悉的陰影。

「該死的警察豬！」吉姆吐了一口痰，尖叫道：「警察豬去死！」

警察們繼續用他們熟悉的輕鬆步伐散步，吉爾則催吉姆趕快上另一輛計程車，帶他去朋友埃爾維‧穆勒（Hervé Muller）位在第十七區的家，那裡鄰近戴高樂廣場。計程車司機抱怨小費的數字後，吉姆直接向他丟了一把鈔票，他們爬樓梯上五樓時，吉姆說：「噓……我們得安靜。」

伊芳‧傅卡（Yvonne Fuka）身材矮小、個性友善，是捷克斯洛伐克流亡過來的移民，她過來應門：「請問什麼事？」

「我在搖滾馬戲團門口看到了一個人，帶他過來給妳看看。」吉爾說。

伊芳盯著吉爾旁邊那個邋遢的人，正吊在樓梯欄杆上。她當時是法國一本最重要搖滾雜誌《優選》（Best）的藝術總監。她跟男友埃爾維同享這個寬敞的一房公寓還有裡頭的廚房和浴室，他也是雜誌的撰稿人。她認出吉姆後，請吉爾帶他進來。

吉姆跟跟蹌蹌地走進門，頭無精打采地左右擺動，專心觀察了所有事物後，找到了一張床。他搖搖晃晃地走向床，一股

腦跌了上去，一睡就睡到中午，大家才一起互相自我介紹。

冰箱裡面沒有什麼東西，所以吉姆提議由他作東，請大家到一間他去過的餐廳用餐。亞歷山大（The Alexander）餐廳位在喬治五世飯店附近，所以菜單配合了附近周遭的生活環境。雖然吉姆被視為熟客，況且也是個出手大方、小費沒少給的客人，但餐廳還是告知他這裡不供應早餐，他們或許想直接吃午餐就好了。

吉姆的午餐開頭是兩杯血腥瑪麗，然後他點了一罐皇家芝華士的威士忌，一個小時之後他喝得醉醺醺，言語攻擊了一旁幾乎整桌的法國商人，幸好他說的語言對方並不懂：「你看起來很蠢……老實跟我說，你們是什麼狗娘養的東西？你們是什麼混帳東西？」

埃爾維難過地說：「他喝酒的量足足是別人的兩倍，吃完飯的時候服務生拿了兩瓶干邑過來，問他說他想喝哪瓶。他抓了一罐把瓶蓋扯開，舉起瓶子對著嘴巴直接喝了起來。他開始問伊芳：『能不能幫我找個馬子？』過了一會他拿出信用卡買單，我們總共有五個人，帳單大概有七百法郎。」

他們起身朝車子走去，吉姆沉甸甸地靠著伊芳以站穩腳步。「妳必須把我弄走。」他跟她急切地說：「妳必須把我從這裡帶走。」才走了五十公尺他就說他走不動了，必須要休息。他們讓他在長椅上休息，埃爾維則去把車開過來。

埃爾維回來的時候，吉姆的舉動又粗暴了起來，大家必須跟他扭打，才有辦法把他送進車子裡，以及帶他爬五層樓樓梯回到埃爾維家。抬到一半，他癱在地上，拒絕別人再帶他往上爬，他說：「走開！」然後坐在樓梯間的平台上。

接著他嚎叫起來：「你們這些操他媽的臭黑鬼！」

最後伊芳跟埃爾維想方設法才把他弄進家裡，扶他上床，他一下就躺著睡著了，當時是週六下午三點。

埃爾維跟伊芳後來又見了吉姆一面，這次他跟潘蜜拉一起到埃爾維跟伊芳的家吃晚飯，談論詩跟電影。吉姆說他帶了幾捲《友之盛宴》還有《HWY》來到法國，還給了埃爾維一片《美利堅禱文》的錄音，埃爾維問他是否能夠把它翻成法文，伊芳也說想要畫些插畫，吉姆對於合作的可能性相當感興趣。

當晚稍晚喝了一些酒後，吉姆或許是一時不小心說溜嘴，跟伊芳說了他來到巴黎的原因：「我對所有事情都好厭煩，人們不斷用搖滾明星的形象看待我，我不想要跟這個身分有瓜葛，我再也忍受不了了。如果人們都不認識我的話，我會很高興……他們到底以為吉姆·莫里森是誰啊？」

隔週吉姆跟潘蜜拉啟程去科西嘉島，他們飛往馬賽，吉姆在當地弄丟了駕照、護照還有錢包，必須回到巴黎的美國大使館辦理補發。他們再次飛往馬賽，最後終於來到科西嘉島上的主要港口，首府阿雅克肖，這裡也是拿破崙的出生地。科西嘉還以很多事情聞名，例如提供給巴黎警察隊多得不正常的招募名額、高聳的紅色岩層、山腳下古色古香的村莊，景觀不輸洛磯山脈或法國本土阿爾卑斯山的任何一角、以及科西嘉島特有植物那辛辣且到處瀰漫的味道，牛群食用這些草料之後，肉類、起司、及牛奶中都會出現一樣的味道。吉姆跟潘蜜拉在島上巡旅了十天，其中只有一天沒有下雨，潘蜜拉說這趟旅行盡享了田園風光。

門終於正式脫離了厄勒克特拉唱片公司，結束了四年十個月前開始持續至今的合作關係。同一個星期，吉姆的最後一張專輯《洛杉磯女郎》還有倒數第二支單曲〈瘋狂愛她〉發行了，兩張作品都快速在排行榜上升。《洛杉磯女郎》的封面照片是團體照，每個成員在照片上都分到了相同的大小。其實吉姆還刻意把自己往下擺了一些，好讓自己看起來比其他成員還小！此外，因為沒人能成功說服吉姆刮鬍子，這是他第一次在專輯封面上留著完整的大鬍子，還帶著邪惡又狡猾的壞笑。吉姆算是替《13》還有《絕對現場演出》的封面報了一箭之仇。

　　評論家對《洛杉磯女郎》的讚揚相當一致，隨著《莫里森旅館》開始的反彈，在這張專輯持續走揚。懷疑還有唱衰的人都閉上了嘴，門樂團算是回復了應有的地位。這張專輯最後會來到排行榜第五名，而單曲則來到第七名[4]，唱片業界風聲不斷，指稱門樂團正在跟大西洋唱片還有哥倫比亞唱片協商，簽約金將會史無前例的高，約翰、雷還有羅比偶爾會聚在一起，在排練錄音室裡即興演出，由雷負責演唱，為即將歸來的吉姆預備材料。

　　大約是在這個時候，對於最近捷報知之甚微的吉姆打電話到辦公室，跟比爾說，他開始讓音樂回到腦中，可是他還想休息更長一段時間。當週稍晚，他一大清早便打電話給約翰，問他們想到多少新東西了，當約翰跟吉姆透露專輯單曲賣得多好、媒體多喜歡這次的唱片時，吉姆很驚訝，跟約翰是這麼說的：「如果他們喜歡這張作品的話，等著聽我現在在腦海裡構思的下張專輯吧。」

4　此處作者一律採用名次較高的 Cashbox 排行榜，其一度能與告示牌雜誌競爭，後來停刊。專輯在告示牌上是第九名、單曲則是第十一名，雖然名次看起來不甚理想，卻是樂團前三暢銷的原創專輯。

吉姆看起來比平常還健康一些，臉上的鬍子刮得乾乾淨淨，也減掉了一些體重，衣著的改變也很明顯。趁他不注意時，潘蜜拉把他穿舊的牛仔褲跟軍裝外套全扔了，鼓勵他回到大學生時代的穿著打扮。現在吉姆穿著正式的襯衫、卡其色長褲、還有 V 領套頭毛衣。弗萊牌的靴子雖然破破爛爛的，倒是留下來了。

　　從科西嘉島回來的時候，他聘了私人祕書。高䠷纖瘦的羅蘋・威特（Robin Wertle）看起來像個金髮模特兒，來自加拿大的她能說流利的法語。羅蘋一直以來都負責處理文件相關的工作，替時尚攝影師做經紀人及造型師。她回憶起她們見面的時候，合作的攝影師將離開巴黎數個月，「所以我有空，便答應接下這個工作。吉姆跟潘蜜拉都不會說法文，所以他們比較難自由到處走走」。

　　工作內容演變成包含「處理住所的大小事，包含叫打掃阿姨過來、繕打信件、撥電話到美國、購買家具、租賃打字機，還得想辦法替吉姆安排放映電影的相關事宜。」

　　吉姆看來正在有意識地踏出步伐，想處理長期以來在心中傾軋的惡魔、明星光環還有自己的個性。但是這些步驟非常緩慢又費神，他如果有辦法，都會盡量不去想這些事情。

　　埃爾維跟伊芳六月十一號過來跟吉姆還有潘蜜拉一起觀賞《聾人的目光》（Le Regard du Sourd），這齣舞台劇幾乎沒有對話，大部分的角色都默不作聲。當埃爾維跟伊芳到達博特雷伊街的公寓時，吉姆說潘蜜拉沒有要來，他帶來的伴是美國來的要好朋友，也就是最近過來借住的亞倫・羅內。

　　潘蜜拉那晚跟一群公子哥出去，他們穿著雌雄莫辨，是一

群年輕的法國紈褲子弟，戴著太陽眼鏡、穿著白色帆布褲，不怎麼說英文，即使說了也看不起這個語言。潘蜜拉很喜歡他們，但吉姆討厭透了，跟潘蜜拉說不喜歡她跟這些人混在一起。

時間流逝，他跟老友安妮・華達（Agnès Varda）還有雅克・德米（Jacques Demy）見了好多次面。一九六八年時，德米曾經試著突破門樂團的障礙，想請吉姆替他第一部美國電影《模特兒商店》（Model Shop）配樂。當時他因為得獎電影《瑟堡的雨傘》（The Umbrellas of Cherbourg）成為享負盛名的電影人；他的太太安妮稱自己是新浪潮運動的祖師婆，亦曾一度想請吉姆參與自己的印象主義紀錄片作品《獅之愛》（Lions Love）

三個人變成要好的朋友，這幾年來吉姆對安妮產生了真摯的好感，她個頭嬌小只有一五二公分，但是相當聰慧，聲音嘶啞而個性豪爽。她對藍領階級有著強烈的認同感，刻意開便宜的車，公開對年輕的基進份子表達欣賞之意，因為他們拒絕中產階級的價值觀。

吉姆還巧遇了羅莉・弗林（Rory Flynn），她是影星艾羅爾・弗林（Errol Flynn）讓人印象深刻的女兒，身材高䠷的她是門一九六六年在威士忌搖擺表演時頭幾個入坑的歌迷。羅莉現在是一名模特兒，他們共享了不喝酒的午餐。潘蜜拉的一個朋友前來拜訪，跟潘蜜拉在花神咖啡館見面，其後回到瑪黑的公寓裡，吉姆和這位朋友說他拿到了電影版《抓住我的靈魂》（Catch My Soul）的主角，這個音樂劇改編自《奧賽羅》，在洛杉磯公演時由傑瑞・李・路易斯飾演伊阿古（Iago）。他說電影還會請到蒂娜・透納、喬・佛雷澤以及梅蘭妮（Melanie）。此外他還說，

諾曼・梅勒（Norman Mailer）關於阿拉斯加獵熊的寓言小說《為何我們在越南？》（*Why Are We in Vietnam?*）也要改編成電影了，他將會與勞勃・米契（Robert Mitchum）共演。

吉姆說：「我想把劇本退掉，而且我不覺得我會演那部電影，因為會占用太多寫作的時間。」他們在圓頂餐廳吃晚餐，回家的時候路過聖米歇爾區（St.-Michel）的學生暴動。扔擲磚塊的暴動每個週末都在發生，是一九六八年全國罷工跟學生暴動的延續。吉姆跟潘蜜拉幾週前也碰到一起暴動，他們都覺得暴動對他們有種病態的吸引力，但決定不停下來關注。

潘蜜拉的朋友替《克勞達迪》雜誌寫了一段話：

> 吉姆看起來比前一陣子狀態好很多，精神肯定比邁阿密審判那段期間改善不少。他聲稱自己已經戒酒了，減掉了相當可觀的體重，但是法國的美食阻礙了進度，他還不算重新回到皮褲裡的兩條腿有如細甘草糖的狀態。那時的他，陰影枯乾憔悴，在洛杉磯逡巡，人稱蜥蜴之王。

七月的第一天來到，巴黎豔陽高照、相當熱。吉姆深陷意志消沉的泥淖，令他極度不安又害怕。他一直以來都喝酒喝得很凶現在想要一次戒掉。他嘗試進行寫作，想要把沮喪的心情壓下來，將其化作創作的靈感來源，但是沒有什麼具體的成果。他寫下來那一丁點東西並沒有達到自己的標準，他自己很清楚。他會站在鏡子前面，一次就花上好幾分鐘，盯著自己的雙眼看，想從裡面找到答案。亞倫從來沒有看過他如此意志消沉，而潘蜜拉則相當擔憂害怕，他倆輪流想要轉移吉姆的注意力，試著

想逗他開心，可是各種方法都不管用。最後來到了七月二號週五晚上，亞倫提議三個人一起到離吉姆家不遠的露天咖啡廳吃晚餐。吉姆不想要把自己的狀況強加在朋友身上，吃飯的聲響蓋過了心不在焉的對話，他保持不尋常的沉默。

晚餐後吉姆為了西蒙與舒斯特出版的《諸神與新創造》平裝版封面，向他的編輯喬納森・多爾格（Jonathan Dolger）打電報，或許算是表露了自己的心跡。他希望不要採用喬爾・布羅德斯基拍的「年輕獅子」，而是用埃德蒙・特斯克拍攝，留著大鬍子、看起來比較詩意的照片取而代之。他接著帶潘蜜拉回家，之後自己出門去看亞倫推薦的電影，也就是勞勃・米契主演的《絕處逢生》（Pursued）。

吉姆看完電影後去了哪，或者是他到底有沒有去看電影，眾說紛紜。許多有關當晚的報導都充斥著矛盾，有人說他跑去搖滾馬戲團，整個人在沮喪感中消沉，所以買了一些海洛因，在夜店廁所吸過頭之後，從後門被人帶了出去，丟回他家的浴缸。其他人說他離開亞倫跟潘蜜拉後，直接前往機場，有人看到他正在登機。又或者他可能只是走路走了整晚，也可能是看完電影之後，一回到家就開始抱怨，覺得身體不舒服，要去洗個澡。最後一個版本的故事最廣為採信，但不論週五晚上發生了什麼事，七月五號週一早上，他的死訊已經傳了開來。

英國全國性的報社，週一開始陸續從倫敦去電厄勒克特拉的英國辦公室。那裡沒有人可以證明吉姆還活著，而報紙得到消息，指出他被發現陳屍在巴黎住家中。謠言到底是怎麼開始的，而這次會不會是真的呢？克萊夫・塞爾伍德（Clive Selwood）負責掌管厄勒克特拉的英國辦公室，打電話到公司的法國分處

求證。厄勒克特拉法國分公司甚至根本不知道吉姆人在法國，克萊夫只好打電話去美國大使館跟巴黎警察局，雙方都否認有任何名叫吉姆‧莫里森的美國人身亡。

克萊夫決定置之不理，這可能只是另一次空穴來風，他幾乎都已經快要說服自己了，直到兩大英格蘭的搖滾週刊先後來電，於是他決定打電話給人在洛杉磯的比爾。由於時差的關係，他把比爾吵醒了。

他說：「比爾，我沒有辦法證實，但是我們一直收到吉姆已經去世的消息。」

比爾差點沒笑出來：「拜託，克萊夫。」他說他要回床上繼續睡覺，但發現自己沒有辦法入眠後，決定親自打電話給吉姆。潘蜜拉接了電話，跟比爾說最好過來一趟，好像比爾只要到街角繞一圈就可以抵達巴黎。潘蜜拉跟比爾的關係不是親密戰友，但她知道事情給他處理就對了。比爾打電話給機場訂下班航班的機票，之後他打電話給雷，把他叫起來。

「雷，聽好，吉姆可能掛了。我不知道這次是不是真的，但我剛跟潘通過電話，她聽起來不置可否，想要我飛過去一趟，我現在就要出發了。」

雷咕噥著：「哦，天啊，好吧，你去看看，如果真的發生什麼趕快打給我們。」

比爾跟雷保證他會做到，然後請雷打電話給其他成員，但是他請雷要確實跟他們告知，這次可能也不過是另一次假消息。

「我要去搭下班飛機了。」比爾說。

雷又多補了幾句：「唉，比爾，我不想要觸霉頭，可是一定要請你確定好。」

「確定什麼，雷？」

「我不知道，反正把一切確定好就對了。」

比爾在七月六號週二抵達巴黎，他在公寓見到潘蜜拉，旁邊是已經封棺的棺木，還有簽了名的死亡證明書。葬禮的安排很快祕密地確認完成，七月七號潘蜜拉向美國大使館提交死亡證明，吉姆的大名是詹姆斯·道格拉斯·莫里森，職業是詩人。她說他沒有其他在地的親人，官方的死因注明為心臟病發。

比爾做事很有效率，星期三下午棺木已經埋入拉雪茲神父公墓（Père Lachaise）地底，吉姆近期曾以觀光客的身分拜訪過這裡，尋找愛迪·琵雅芙（Édith Piaf）、王爾德、巴爾札克、比才還有蕭邦的墳墓。有五個人在場替吉姆送葬：分別是潘蜜拉、比爾、亞倫、安妮·華達還有羅蘋·威特。他們在墳頭上留下鮮花，和吉姆道別。

比爾幫潘蜜拉打包他們的物品，週四的時候一起回到洛杉磯，比爾公布了他所知道那一點點的資訊，潘蜜拉據稱驚嚇過度，正在休養。

過了接近整整十年，人們還是在問：吉姆·莫里森真的死了嗎？是怎麼死的？

我們先預設吉姆真的死了，他去世之前，他便是極少數常常傳出死亡謠言的人物之一。當吉姆達到英雄式的高度地位時，幾乎每個週末他都會「死」一次，最常聽到的版本是車禍，因為向朋友炫耀而從旅館陽台摔下也是常聽到的情節，有的時候則是飲酒過量、用藥過量或是性愛過度。

他是怎麼死的呢？這麼多年以來有數不盡的理論，有些是

因為一種莫名其妙的失望感造成的。很多人都覺得他們有充分的理由，認為比爾口中聲稱吉姆的死法太不像他的個性了，也就是在浴缸中心臟病發。

官方版本的故事是這麼說的：房子裡面只有潘跟吉姆兩個人（時間點大概是一九七一年七月三號過了午夜之後一會），吉姆吐了一點點血出來，潘蜜拉表示他以前就有過這樣的狀況，雖然她有點不安，但並不是特別擔憂。吉姆說他覺得自己還好，要去洗個澡，潘蜜拉就又睡著了。五點鐘的時候她醒過來，看到吉姆沒有回到床上，就進去浴室找他，發現他躺在浴缸裡，他們雙臂靠在瓷製的檯子上，頭往後倒，又長又溼的頭髮在水面上揪成一團，臉上掛著孩子氣的微笑，鬍子刮得乾乾淨淨。一開始潘蜜拉覺得他又在開自己死掉的玩笑，但接著馬上打電話叫消防隊的急救小組過來。潘蜜拉說，醫生跟警察也接著趕到現場，但都已經太遲了。

有個因素一開始造成了許多的懷疑，那就是時間點很不對勁。比爾是吉姆死掉之後整整六天，才跟媒體公布整件事，離葬禮結束也已經過了兩天。

「我剛剛從巴黎回來，在那裡參加了吉姆・莫里森的葬禮。」比爾在準備好的聲明稿中說明（由洛杉磯一家公關公司發布）：「吉姆埋葬的儀式相當簡單，只有幾位密友在場。一開始的死亡新聞以及葬禮相關消息都保持低調，因為我們跟他本人熟識、且深愛著他的朋友，希望避免以訛傳訛以及看好戲的氛圍發生。其他搖滾歌手，像是珍妮斯・賈普林或吉米・罕醉克斯去世時，都曾有這樣的狀況。」

「我可以打包票吉姆是在自然的原因下平靜死去的，他自三

月開始就跟他的太太潘在巴黎旅居。他在巴黎曾經因為呼吸問題向一位大夫求診，也在週六去世當天抱怨過自己的身體狀況。」

接下來的幾天，比爾沒有再披露更多資訊，因為他知道的都已經說完了。

另外一個疑點是比爾根本沒有看到屍體，他在吉姆跟潘蜜拉的公寓只看到了封起來的棺材、還有一份由醫生簽名的死亡證明書。沒有警方的報告，沒有醫生在場，也沒有進行驗屍，他唯一有的資訊，就是潘蜜拉說吉姆去世了。

為什麼當時沒有驗屍呢？「因為我們不想用那種方式處理事情，我們想讓吉姆留有自己的空間，他死去的方式很祥和、也很有格調。」

醫師是誰？比爾不知道，潘蜜拉也記不得了，但簽名可以偽造或直接用買的。無論如何，吉姆・莫里森去世始末的官方說法就是這樣，其他流傳的故事版本聽起來更古怪、或許也更可信一些。

巴黎人堅持海洛因就是死因。吉姆是搖滾馬戲團的常客，這個法式夜生活據點，是當地地下海洛因文化的根據地。吉姆一直都喜歡墮落的場所，享受其中極端社群文化。他去過洛杉磯跟紐約的貧民窟區域好幾次，也頻繁造訪過馬戲團俱樂部，那裡的人認識他。可是，吉姆的好奇心比較偏向旁觀者的心態，而非以參與者自居。他在貧民窟喝酒沒錯，可是在馬戲團裡注射毒品的機率不高，原因是他長期以來都很害怕使用針頭皮下注射。如果他當晚在巴黎克服了恐懼，那可是頭一遭，雖然他之前的確可能就有用鼻子吸過海洛因。然而，吉姆的確是在浴缸裡找到的，那裡豈不是用藥過量死者最常被發現並施予急救

的地方嗎？在拉雪茲神父公墓的某些塗鴉，像是「憐憫癮君子」還有「吸吧」，不也支持整起事件的原因是用藥過量，而非心臟病發這個說法？

如果吉姆真的用藥過量，醫生或許會注意到針頭的痕跡，然而如果他是吸食海洛因，那除了驗血之外，沒有其他方法可以進行檢測。因為沒有驗屍，我們永遠沒有機會知道真相，但也不能排除一定的可能性。如果跟酒精混用，吸入海洛因的致死劑量將會大幅降低，兩者會一併作用，停止中樞神經及呼吸系統的運動，造成快速且無痛的死亡。

吉姆的朋友圈子裡還充斥了其他的理論，例如有個版本說，有人用刀挖出了吉姆的雙眼，他因此而亡（「為了解放他的靈魂」，故事是這麼說的）；另一個版本則說他拋棄的情婦透過巫術作法，從紐約遠端殺死了他；還有一些理論認為吉姆是政治陰謀的受害者，為了要打擊並削除嬉皮、新左派還有反文化的生活方式，因而對他痛下殺手（實際上整個陰謀論牽連甚廣，這個理論只是一小部分，還跟肯特及傑克遜州立大學槍擊事件、伊斯拉維斯塔暴動、地下氣象組織（Weather Underground）所策劃的爆炸案、提摩西‧李瑞還有芝加哥八人案苛刻的刑責、查理‧曼森凶殺案相互呼應──罕醉克斯、賈普林、以及二十多位黑豹黨成員之死更不用說）。吉姆的確足夠受歡迎，而且聰明到能夠對當權者造成威脅，給他們充分的理由去採取某些行動，來預防他的破壞性影響。政府單位的確對他相當提防，具體事實就是邁阿密事件逮捕之後，FBI 對他的過去進行的深度調查。

其他理論則跟陰謀比較沒有關係，只是認為吉姆服用了

過量的古柯鹼，他相當喜愛這種藥物，但是完全不比海洛因致命，就算吸了很大的量也是。還有些人說吉姆可能真的是因為「自然原因」去世的，只是潘蜜拉在他死亡的當下不在現場。或許她那個週末去找伯爵，一直到週一才回家，發現已經去世的吉姆，這也能解釋延遲宣布死訊的部分。有些人只聳了聳肩表示，除非真相真的是謀殺案件，他到底怎麼死的，已經不重要了——無論他是死於用藥過量、心臟病、還是把自己喝酒喝死的（很多人一開始就這麼懷疑）。實際上他死亡的真正原因，必須得說是「自殺」，因為某種程度上來說，他是因為自我虐待的陋習而死的。去追究他到底是怎麼死的，只決定了他對準自己腦門那把想像中的槍，用的是哪種口徑的子彈。

真相是沒有人可以肯定吉姆到底是怎麼死的，如果真的有個人已經做足準備、有能力且有意願想死，那一定是吉姆了。他的身體已然衰老，他的靈魂如此疲累。

但是也有人不買帳上述任何的說法，他們覺得莫里森沒有死。雖然聽起來牽強，但其實也不能說是無憑無據。如果有個人已經做足準備、有能力且有意願消失地無影無蹤，那也一定會是吉姆。把籌劃演出自己的死訊，當成是逃避公眾生活的方法，跟他難以捉摸的個性完美吻合。身為一個詩人他尋求真正的肯定，但卻看到自己的努力與企圖，被身為文化英雄的魅力所掩蓋。他享受歌唱且真心熱愛門樂團的才華，但也絕望地想要擺脫巨星身分帶來的壓力。或許他在七月三號及四號那個週末，僅僅脫離了大眾的目光，去了一個能夠平靜寫作，默默無聞，享有自由的地方。

這樣惡作劇的種子，真要說來埋得很深：一九六七年初門

樂團在舊金山費爾摩會堂現身時，他們還沒有任何暢銷作品，他就已經提議要用死亡的噱頭來讓樂團博得全國的關注。他也說過自己「一去非洲不回頭」以後，要用「昇魔先生」這個名字跟辦公室聯絡。此外，他跟本書兩位作者前前後後說過好幾次，他能夠預想自己一百八十度改變事業方向，以穿西裝打領帶的生意人形象重新出現的樣子。買克的助理哈里斯清楚記得布萊恩‧瓊斯死後，吉姆問他如果自己突然死了，會發生什麼事。吉姆想知道商業層面會受到什麼影響。媒體會怎麼說？誰會相信？

　　他人生甚至在更早之前就已經埋下這個種子，當他研究韓波的一生跟詩作時，讀到韓波十九歲之前寫下了一生所有的詩句，此後在北非消失，成為一個軍火走私商還有奴隸販子，為此深深受到吸引。吉姆與瑪莉‧法蘭西斯‧魏伯樂談話談了很久，探討門徒們究竟如何從地下墓窖中竊取耶穌的軀體，對「復活節強盜事件」這個說法開起玩笑，但對待整個話題的態度則頗為認真嚴謹。

　　所有吉姆的密友都同意（有些人則是堅持），這不僅正好是吉姆會做的惡作劇類型……在忠實的潘蜜拉幫助之下，的確有可能不可思議地騙過大家。

　　安妮跟亞倫沒有發表看法，羅蘋跟埃爾維發誓他們不知道其他細節，而比爾除了眼前看到的一切，都是透過潘蜜拉傳話輾轉得知消息。潘蜜拉帶著祕密的真相死去，在吉姆去世的三年以後撒手人寰。已經過了十年，昇魔先生依然杳無音訊。

尾聲

　　吉姆死訊的謎團固然造就了其後的一切，西方世界心不甘
情不願地送走了他們的英雄。當吉姆可能沒死的謠言四起，他
也隨即加入了神壇上的一小群英雄人物中（通常這些人也讓人
聞風喪膽）。這些人物的仰慕者（當然還有詆毀他們最力的仇家）
則偏好相信這些人仍然活著。因此希特勒沒死，詹姆斯·狄恩
跟甘迺迪總統也還活著，幾年之後還到處都有人說他們看到手
上拿著培根起司漢堡的貓王。自那之後，這種現象鮮有改變。
隨著時間流逝，有些吉姆跟潘蜜拉的朋友開始談及他們所知道
的真相，雖然他們所言毫無爭議地指向吉姆已死的事實，那些
仍然堅持的人，永遠都無法相信吉姆已死、不願讓他好好安息。
　　拉雪茲神父公墓完全反映出這個現實，很快公墓裡的墓碑
便被噴漆畫出一個個箭頭，指向一個沒有塗鴉的墳墓，只有一
個手作標誌、一圈貝殼圍繞在那塊墓地四周，還有永遠都在的
粉絲，拿著鮮花焚香還有詩集，日日夜夜冥思或是飲酒嗑藥。
　　潘蜜拉在葬禮之後回到加州索薩利托（Sausalito），搬進那
裡的小房子，與她的老友、也是吉姆從前的公關人員黛安·加
德納同住，黛安那時正替傑佛遜飛船工作。黛安很後來才和我
說，潘蜜拉「病得很重，整個人心力交瘁」。的確，潘蜜拉的悲
傷已經超越淚水與痛苦，整個人受到嚴重的打擊，她作為吉姆
的「宇宙伴侶」，實話實說，從來沒有從愛人的死走出，因此她
在鴉片類還有止痛藥中尋找慰藉跟舒緩也就不足為奇了，海洛

因是其中最猛的一種。

與此同時，潘蜜拉也在勇敢打一場爭取吉姆合法妻子地位的仗。她一開始覺得過程會很輕鬆簡單，吉姆一九六九年就曾經叫他的律師芬克起草遺囑，指定她為唯一繼承人（她如果去世，吉姆的財產指定由吉姆的姊弟均分，對於他的父母則隻字未提）。一九七一年十一月，她提交了一份「針對寡婦生活費請求支付的訴狀」，要求每個月以支票自遺產中提領這筆費用，當時遺產還在進行遺囑認證的程序。在陳述中，她表示自己跟吉姆於一九六七年鬥樂團造訪科羅拉多州時，已經達成了當地承認民事婚姻的要件。她聲明自那時開始，吉姆支付了她所有的開銷，他們如同夫妻一般共同生活。

結果事情並沒有那麼簡單，在要求支付生活費的一個月之後，芬克跟吉姆的另一位律師向吉姆的遺產提出了權利主張，尋求他們付出的時間與服務應換取的財務報酬。心煩意亂又沒耐心的潘蜜拉已經一貧如洗，接二連三換了好幾個律師，每位律師又再向遺產提出另外的權利主張，來支付積欠的帳單。所以遺產至少被凍結了兩年，潘蜜拉得靠不同的朋友接濟，搬回西好萊塢，找到了一間簡單但舒適的單房公寓居住。

一九七四年協議終於達成，但遺產的最終結算才剛剛完成，潘蜜拉就因為海洛因服用過量而死，離正式宣布她被承認為自己聲稱的繼承人，只有幾天之差。潘蜜拉沒有留下任何遺囑，所以她的、也就是吉姆的遺產，輪到了潘蜜拉之後的順位，也就是她的父母，他們迅速向法院告知了自己的法定權利。吉姆的父母當時住得離潘蜜拉在橘郡的住處不遠，對於兒子把財產留給自己最深愛的女人一向保持尊重，但他們現在則採取行

動，對自己的分內應得提出了要求。遺產處理因此重新回到了法庭上，直到一九七九年雙方才同意彼此平分吉姆賺取的所得。至此，死去的吉姆已經比活著的時候還更受歡迎。

一九七七年三位門樂團的成員重聚在一起，替吉姆在二十七歲生日時錄製的詩歌配樂，誕生了這張叫《美利堅禱文》的專輯，完全是一張愛的結晶。雷·曼薩雷克、羅比·克雷格還有約翰·丹斯摩爾給了吉姆活著的時候沒能完成的作品——詩詞專輯。這張專輯也入圍了葛萊美獎最佳口白專輯。

一九七九年，樂團的神話終於開始綻放，法蘭西斯·柯波拉在《現代啟示錄》使用了〈盡頭〉作為開場配樂，他也是吉姆跟雷在洛杉磯分校大一、兩屆的學長。厄勒克特拉唱片終於發行了大家引頸期盼的《門樂團極精選》(The Doors Greatest Hits)，很快就成為了樂團目前為止銷售速度最快、賣得最好的專輯。本書在一年之後出版之際，飛昇到紐約時報暢銷書榜第一名，並蟬聯了九個月之久。沒有任何一本搖滾樂傳記，有過如此的成功以及持續的書店曝光度，就連披頭四唯一官方授權給亨特·戴維斯 (Hunter Davies) 撰寫的傳記都難以望其項背。《沒有人活著離開》的成功讓搖滾傳記成為出版業的新書種，不久書籍的電影改編版權也收到了源源不絕的出價邀約。

這本書之後接著推出了長一小時的紀錄片，在有線電視上至今仍然經常播出。過了一陣子，跟我合寫本書的丹尼·蘇格曼整理了一本畫冊尺寸大小的「剪貼簿」，是一本全部由他一手編排的門樂團私房紀錄，內附有上百張從未公開的照片，出版《門的影像歲月》(The Doors Illustrated Story)。剩下的門樂團團員以三人組的方式錄了兩張專輯，接著雷離開了樂團，錄製了

他自己的第一張個人專輯《黃金聖甲蟲》(The Golden Scarab)。
羅比跟約翰商量好一起組團，門樂團的音樂作品集開始發揮展
現自己的能量，作為表演團體，則從舞台上正式謝幕。整個組
合決定讓這些過往的作品集自己詮釋自己。它辦到了，強大的
存在感持續被世人聽見。

　　與此同時，搖滾樂也在電影院開始證明了自己的價值，
《週末夜狂熱》(Saturday Night Fever)、《火爆浪子》(Grease)、
《巴迪霍利傳》(Buddy Holly Story)、《歌聲淚痕》(The Rose)(以
珍妮斯‧賈普林的人生為靈感)以及《福祿雙霸天》(The Blues
Brothers)接連發行。因此現在有無數的製片、導演、演員、編
劇，都在爭取翻拍吉姆人生的版權。

　　七〇年代跟八〇年代，好萊塢不斷敲響門樂團的門，尋
求樂團音樂的授權，認為他們對於電影製作不可或缺。柯波
拉、馬丁‧史柯西斯、《火爆浪子》的製片人艾倫‧卡爾 (Allan
Carr)、威廉‧弗萊德金 (William Friedkin)(《大法師》跟《霹
靂神探》的導演)、馬丁‧辛 (Martin Sheen)、布萊恩‧狄帕瑪
(Brian De Palma)、保羅‧許瑞德 (Paul Schrader)等不計其數的
人都想要製作或執導這部傳記電影。至於莫里森由誰扮演，又
是一輪娛樂圈點將錄，可能人選包含約翰‧屈伏塔、基努‧李
維、蒂莫西‧博頓斯 (Timothy Bottoms)、哈里‧漢姆林 (Harry
Hamlin)、麥可‧安特金 (Michael Ontkean)、INXS 樂團主唱麥可‧
赫金斯 (Michael Kelland John Hutchence)、傑森‧派屈克 (Jason
Patric)、李察‧吉爾還有湯姆‧克魯斯都被點名。門樂團盡責
地與所有表達興趣的人接洽，直到三度獲得奧斯卡獎的導演奧
立佛‧史東 (Oliver Stone)出現才拍板定案。據蘇格曼的《仙境

大道》（*Wonderland Avenue*）一書中所述，史東在以《前進高棉》（Platoon）大紅大紫之前就已經取得了本書的翻拍權。

史東最後以酗酒、自私的混蛋形象描繪吉姆，他固然擁有如此的個性，但他仍有聰明、敏感、慷慨、富有魅力、孩子氣、愛挖苦人等等其他的面向。他有自嘲的能力，而且不論他有多麼惹人討厭，從來不會自視甚高。儘管跟他共事非常麻煩，帶來的回報往往遠遠超過付出的犧牲。

奧利佛上一部電影《七月四日誕生》（Born on the Fourth of July）發行之後，有人批評他把事實更改得面目全非，讓越南老兵轉而反戰這個故事主軸變質了。現在，奧利佛又對吉姆以及門樂團的故事動了一樣的手腳，把角色合併在一起，事情的先後順序也被棄之不顧，電影中最激烈的幾個場面則是虛構的。舉例說明，奧利佛把雷、羅比還有約翰，敘述成把〈點燃我的火〉賣給別克汽車的人，但其實這樣的事根本沒有發生。事實上，今日可以在電視還有電台廣告上不斷聽到六〇年代的歌曲穿插其中，但門樂團每年仍然推掉數百萬的合作邀約，堅持不讓歌曲在廣告主題曲中出現。

科爾森家的人在法庭上要求取得吉姆詩作的管理權，最後分產的判決結果中，他們得到了這部分的權利。在他們的許可以及協助參與之下，弗蘭克‧利斯安德羅編輯整理出兩本吉姆的詩集遺作選，並正在籌畫第三本的事宜。儘管如此，這個遺產分配允許的計畫，仍然花了十五年，才從吉姆的日記及筆記本中走到書架上面世。為什麼吉姆一向都想以詩人的身分受到認可，這件公認的事實卻拖了這麼久呢？得說到一九八六年那場火熱的競標，拍賣物是新發現的吉姆手稿，科爾森家族馬上

主張自己才是手稿的正當所有人,立刻把一向由家族所有的筆記本拿出來,搜刮其中的作品材料上市。

一九九〇秋季,電影終於上映,媒體圈都沉浸在逐漸增長的狂熱中,吉姆的臉孔榮登許多雜誌的封面,讓前所未有的廣泛聽眾接觸到門樂團的音樂。數百萬從沒聽過門的人,懷抱興奮的心情發現了這個樂團。

巴黎從沒有發生過這樣的事,尤其是墓園裡的任何一個人,都已經因為許多名人長眠於此,對任何場景感覺疲乏。讓巴黎人震驚的是,前來吉姆墓前致意的粉絲人數,居然讓拉雪茲神父公墓成為僅次於艾菲爾鐵塔以及羅浮宮的巴黎第三熱門景點。一九九一年七月三號,吉姆去世二十週年當天,數以千計的民眾踏上朝聖之旅,醞釀完全的暴動因此一觸即發。

在此之後,墓園管理小組派了一名保全駐守,並決定這個惹來麻煩的歌手必須按照法律,盡快遷葬。這裡的墓地不是賣斷的,拉雪茲神父公墓出租墓地,吉姆去世時潘蜜拉只簽了三十年的合約,將會在二〇〇一年截止。雖然吉姆的父母在鄰近墓地死者的家屬向他們提起訴訟後,負起了清理周遭塗鴉的責任,他們還是收到了通知,要求他們在二〇〇一年七月六號,也就是這位詩人入土後的第三十年,將他遷葬到別處——不管哪裡都好。

關於吉姆的死,更多的爭議甚囂塵上。電影上映前的準備階段,一直到上映後幾個月,開始有新的資訊面世。首先,巴黎警察的官方文件曝了光,雖然沒有不為人知的新資訊,但補足了整個故事官方說法的細節,也就是吉姆在浴缸中因為心臟病發而死。但接著亞倫・羅內跟安妮・華達,也就是葬禮上在

場五人的其中兩位，打破了二十年以來的沉默，接受了《巴黎競賽》（*Paris-Match*）畫報的專訪，表示潘蜜拉在吉姆身亡後打電話給他們。他們趕往莫里森家的公寓，發現消防隊跟警察已經來到現場。

他們被告知心肺復甦術失敗，吉姆的身體已經從浴室移到床上。一位內科醫生抵達現場，潘蜜拉跟現場的警察說吉姆並沒有使用藥物，由於長期的咳嗽，造成呼吸問題，與後來的說法一致。她說他有氣喘病史，抽菸抽得很凶，醫生檢查後，找不到任何謀殺或犯罪的跡象，例如靜脈注射毒品的針痕，並表示死亡是自然原因造成的，可能是「心肌梗塞」或是心臟病發。當時的狀況不需要驗屍，潘蜜拉得以如計畫進行葬禮。

現在已經過了二十年，羅內跟華達向《巴黎競賽》透露，吉姆跟潘蜜拉共用了一些海洛因，吉姆在酒吧喝了一整晚後，可能是人生第一次使用這種藥物。吉姆用音響放了門第一張專輯的卡帶，然後兩人就昏昏沉沉睡著了。潘蜜拉說她後來被吉姆的咳嗽聲吵醒，吉姆說想洗個澡，她便跑回去睡。過了一會起床到浴室，就發現吉姆在浴缸裡，抱怨自己大概要生病了。潘蜜拉從廚房拿煮飯鍋過來接了他的嘔吐物三次，在旁邊的水槽清理。潘蜜拉跟華達還有羅內說，吉姆看起來狀態好轉後，就叫她回去床上睡覺。他說自己稍後就去加入她，潘蜜拉再起身時，就已經是報警的時候了。

依此猜想，吉姆應是死於不慎的藥物過量，海洛因與酒精發生交互作用，兩種成癮物質混在一起增加了彼此的效力，換句話說就是一加一等於三的狀況。一九八〇年《沒有人活著離開》出版時，結尾模稜兩可，如同此書上一章結尾所看到的一

樣，並沒有最後的定論。除了死因開放討論外，甚至暗示美國詩人詹姆斯‧道格拉斯‧莫里森還活著的可能性，丹尼跟我會這麼做有幾個原因：首先，我們並不清楚吉姆究竟是怎麼死的，丹尼跟潘蜜拉聊過，他說她看起來深陷於罪惡感（黛安也有同感），談論吉姆時總是前後矛盾，一會斷言「這不是我的錯」，一會又說「如果他還活著，會打電話過來」。

我們還相信這個故事版本合情合理，吉姆來巴黎是為了逃避正反面的名氣，死亡是合理的下一步，就算是沒有經過查證的事實亦然。我們也感覺吉姆會喜愛自己的故事有一個未完的結局，如同最後一章闡述，吉姆相當尊敬法國詩人韓波，他也安排了自己的假死騙局，吉姆談過很多次這種消失的方式。

沒有人有辦法知道當晚到底發生了什麼事，只有潘蜜拉在場，而她也不一定清醒或意識足夠清楚，就算她知道什麼，也已經帶進了墳墓裡，留下一堆互相矛盾的故事。

然而，這些不足以解釋吉姆以及門樂團長久不衰的人氣，一定還有什麼，讓杜克大學的教授，也就是文學批評家華萊士‧佛利（Wallace Fowlie）寫下一本名為《韓波與吉姆莫里森：反叛者詩人》（Rimbaud and Jim Morrison: The Rebal as a Poet）的書，讓其他的大學以及學校把吉姆的詩加入課程教材；這一切也無法清楚解釋為何吉姆第一本詩集《諸神與新創造》在一九九五年已經再版到三十一刷。本書一九八○年初版的時候，這本詩集甚至還是絕版、難以取得的狀態。事實上，所有東岸的大型出版社都退了本書一九七六年的原始初稿，斷言吉姆的時代來過，但已經遠去。當本書獲得如此巨大且出乎意料的成功時，出版商才緊急重印《諸神與新創造》。（接下來的詩集賣得更是好，

後來出版的《荒野》(Wilderness) 一出版就登上紐約時報暢銷排行榜，對於美國詩人來說是相當罕見的創舉)。這些謎團也不足以解釋歌迷朋友的組成，現在門樂團吸引到了全球的聽眾，他們甚至在門樂團錄製暢銷歌曲時，都還沒有出生。門樂團是少數能夠同時吸引年輕MTV觀眾以及老派VH1觀眾的樂團，不論是大學電台、「經典」搖滾、另類電台還有專輯取向的搖滾音樂，他們的音樂都有一席之地。

吉姆很顯然已經不是一個會生會死的凡人，他已經成了英雄角色，追隨者們否認他的凡人屬性，把他看作一個具有生命力的象徵，代表了反叛精神、疏離感還有追尋，這些題材具有普世性及永恆性，特別是對年輕人來說。吉姆對我而言，是唯一一個完全真誠的「世代差距」代表人物，這群人拒絕父母輩的價值觀（這個題材也不因時間地點改變）。但吉姆不僅拒絕了父母的主張跟價值觀，甚至還否定了他們的存在，堅稱他們已經死了。

他也拒絕物質主義，許多當時的搖滾明星嘴上說要簡單生活、貼近普羅大眾，可是大部分的人只要唱片版稅以及演唱會酬勞入帳，能夠負擔得起都買大車大房，嗑藥嗑得比誰都凶。不計樂團前任會計幫忙選擇的可疑投資標地的話，就我所知吉姆只有一處房產，那一小間房子是買給潘蜜拉的。他買了幾部車，永遠都是美國製造，但一般他都走路或叫計程車。門樂團的辦公室、厄勒克特拉的錄音室、他去喝酒的酒吧、還有他住的那些十元一晚的旅館房間，都位在四條街的方圓裡，通常他手邊所有擁有的東西，只有足夠穿一個禮拜的衣服、四五箱平裝書、還有一手啤酒而已。

讓吉姆永垂不朽的，肯定是他的音樂，比形象、生活習慣之類的事都更為重要。

當其他歌手唱的是在頭上戴上鮮花、在朋友的幫忙之下陷入幻覺時，他口中的歌詞是「盡頭」、蛇還有溺死的馬。他慫恿自己的歌迷去挑戰自我界線，「突破拘束到另一頭去」。他本人就活在那個邊緣上，乘載真正的酒神與存在主義傳統，「今天早晨醒來／給自己弄了罐啤酒／因為未來還不確定／而結束總近在眼前」。他跟一整個渴求愛的世代說：「音樂是你唯一的朋友」，又向寂寞的苦楚直接挑明：「哈囉，我愛你，你會不會和我說你的名字？」唱道：「當你不為人所知，沒有人會記得你的名字……人們和你疏離，因為你是個陌生人／當你自己孤身一人，臉看起來如此醜陋」。他捕捉到了整個世代的不耐，已經倦了、怒了，不滿事情運作的方式：「我們要擁有這個世界，現在就要！」

約翰·丹斯摩爾所著的《暴風雨騎士》中，他因為受到一九八一年《滾石》那篇標題為〈他火辣，他性感，他死了〉（He's Hot, He's Sexy, He's Dead）的文章驅使，回憶起自己對吉姆的感覺。這篇文章是一名年輕女性寫的，當門樂團事業來到最高峰時，她還在幼稚園上學。她說吉姆的人氣之所以歷久不衰，最重要的環節在於所有年紀的孩子都需要「一個並非純潔無瑕的偶像」。約翰認為，這能夠讓所有人得到「派對的許可。就這樣，戴奧尼索斯那般。」他說。

人們不僅讀或聽吉姆的詩，他們還依此而活，不只是在六〇年代，而是之後的每個時代。吉姆去世的兩年後，我跟潘蜜拉吃午餐，她問我為什麼我要寫這本書，我說很簡單，因為

吉姆的死對我的影響，遠超過我們的交情深度，我想知道為什麼。他跟我不是好友，只是「認識且有好感的人」，我跟潘蜜拉說，我同樣相信吉姆活著的時候，在媒體上沒有得到公平對待，而門樂團很少得到他們應得的掌聲。

我必須多補充一點，當我剛寫完這本書的初稿時，已經不像我剛開始寫的時候那麼喜歡吉姆‧莫里森。這可能是因為我訪問的那麼多人裡，包括他的朋友、所謂的朋友、認識的人還有情人，都選擇強調比較負面、比較煽情的故事。這樣產生出來的形象常常都不會太討喜，我自己覺得吉姆在我身旁的時候，相當有禮貌。但畢竟我是媒體人，替《滾石》雜誌工作。

我之前一直不懂為什麼吉姆的死訊會影響我這麼深，但其實答案大概跟其他很多人一樣。

因為音樂感動了我。

——傑瑞‧霍普金斯

後記

————

　　詩人布雷克曾說：「放肆無度之路指向智慧之殿」吉姆懂這句話，並且身體力行。詩人能夠抵達智慧的宮殿，是因為他們本來就是詩人的料；永遠不能抵達的人則是神聖的愚者，這本就是一體兩面的同一件事。

　　布雷克的《天堂與地獄的婚姻》還有另句耳熟能詳的話：「審慎是無能頻獻殷勤的一位富有老醜處女」，吉姆不是一個審慎的人，因此他很少有無能的狀況發生。吉姆是個隱喻的英雄，用他的能量跟果敢震撼了我們所有人，他用感官感知，再用酒精（對戲劇與酒醉的神戴奧尼索斯來說是神聖的）、迷幻藥、以及他自己內在奔放與生氣勃勃的萬靈丹變幻這些感受。吉姆是我所知道最光明的靈魂之一，也是最複雜的其中之一，畢竟我們這些用肉及神經造成的哺乳類生物本就生來複雜。

　　吉姆對於自己的感官經驗非常著迷，對自己神經系統裡的變化總是相當欣喜。當他不做一個包著皮衣鎧甲的歌手／門樂團的性感符號時，他變成一個美麗又無力的失敗者，再綻放成一個厚實又有藍調感覺的歌手。

　　我喜歡這本傳記的一點是，這本書告訴我們吉姆認定自己是個詩人，這是我跟他的友誼還有兄弟情誼的基石。此外，作者們也同意吉姆並非一個物質主義者，不像很多搖滾歌手一樣追求金錢。吉姆最愛的那種感覺是由體驗跟行動帶來的，他希

望物質的本性能夠變異超脫，成為渴求喜樂的寶藏。

吉姆跟我在倫敦聚首，討論了如何把我的劇本《鬍鬚》改編成電影。吉姆和我在機場見面，我跟他講了想像浪漫主義詩人坐在飛機上飛過夜空的事，還給他看了一篇關於比利小子的新詩，然後他同時在我的筆記本上，寫下了一首關於珍·哈露（Jean Harlow）的詩。

我們在城市裡來了場詩人行，穿過了蘇活區的脫衣酒吧再到泰特美術館，接著一起和另一位詩人克里斯托弗·洛格（Christopher Logue）乘著月光開到布雷克舊居參觀，那裡已經變成一間醫院。我們那一小段時間是音樂俱樂部常客，到釘子袋（The Bag of Nails）或是阿瑞圖薩（Aretheusa's），會在那邊看到克莉絲汀·基勒（Christine Keeler）、電影明星，然後喝幾杯拿破崙干邑，跟電影導演們來場哲學談話。

我是在倫敦的時候第一次看到吉姆的詩。宿醉時照來一陣明亮的光，好像是服用麥司卡林的幻覺，我在他貝爾格拉維亞的公寓咖啡桌上找到了《新創造》的手稿，讀到的東西讓我興奮萬分。

我在吉姆那個世代找不到比他更好的詩人了，很少詩人可以成為一名公眾人物、或是藝人（俄羅斯的馬雅可夫斯基二十、三十幾歲時，可能可以算進去），但完全沒有人的生涯這麼短、或這麼強大。

每個人都聽過門樂團的音樂，知道大眾口中的傳說，可是吉姆非常敏感，擔心自己的詩只因為自己是搖滾明星而被閱讀。他把自己的詩看管地相當思慮周全、小心翼翼，偷偷地進行創作。當我在倫敦看到《新創造》的手稿時，我建議他做一個私

人出版的版本給自己的朋友，想要的話再給商業出版社也可以，事情就這麼發生了。吉姆這個人的體內住了兩位藝術家，一位是激情熱烈的歌手（我看過吉姆唱太久，最後觀眾只好躺在地上聽）；另一位則是安靜、有才華的年輕詩人，在紙上展露無遺。他是昇魔先生，也是詹姆斯·道格拉斯·莫里森，一個流著蘇格蘭裔美國人血液的詩人。

我曾和吉姆一起讀詩，看到吉姆的緊張，以及他希望自己以如此水準被聽見的決心。我也在吉姆死後聽過他的錄音帶，當時我人正在東非的狩獵小屋中，那裡曾是德國的要塞。無論是哪一次，我耳中聽到的都是貨真價實的藝術創作。

我讀吉姆寫的東西時，總能感受到這位我思念的朋友。我感覺吉姆好像就在身邊，而我正在跟一個兄弟講話。

如同喬治·麥克唐納（George MacDonald）所寫：

只有死亡能免於死亡
愛即是死亡，勇氣亦然
愛能填滿最深的墓穴
愛在浪花之下存續

吉姆的存在以及才能創造了蓬勃的浪花，而在燈光以及擴音器之下，他是一座閃閃發光、唱著歌的雕像。但他的詩歌則繼續用精湛的創作水準，向我們證明：「只有死亡能免於死亡」。

——麥可·邁克盧爾筆於一九七九年八月

雙囍藝術 02

《沒有人活著離開：吉姆・莫里森傳》
NO ONE HERE GETS OUT ALIVE

作者　　　傑瑞・霍普金斯（Jerry Hopkins）
　　　　　丹尼・蘇格曼（Danny Sugerman）

譯者　　　雷讓萌
責編　　　廖祿存
企劃　　　許凱棣｜曾羽彤
裝幀設計　朱疋

總編輯　　簡欣彥
社長　　　郭重興
發行人兼
出版總監　曾大福
出版　　　遠足文化事業股份有限公司 雙囍出版
地址　　　231 新北市新店區民權路 108-2 號 9 樓
電話　　　02-22181417
傳真　　　02-22188057
Email　　service@bookrep.com.tw
郵撥帳號　19504465
客服專線　0800-221-029
網址　　　http://www.bookrep.com.tw
法律顧問　華洋法律事務所　蘇文生律師
印製　　　韋懋實業有限公司
初版 1 刷　2022 年 2 月
定價　　　新臺幣 550 元
ISBN　　　978-626-95496-4-1

國家圖書館出版品預行編目 (CIP) 資料

沒有人活著離開：吉姆.莫里森傳 / 傑
里.霍普金斯 (Jerry Hopkins), 丹尼.蘇
格曼 (Danny Sugerman) 作. -- 初版. --
新北市：遠足文化事業股份有限公司雙囍
出版, 2022.02 面； 公分. --〔雙囍藝術
; 2〕譯自：No one here gets out alive
ISBN 978-626-95496-4-1〔平裝〕
1.CST: 莫里森 (Morrison, Jim, 1943-
1971) 2.CST: 歌星 3.CST: 搖滾樂
4.CST:樂團 5.CST:傳記 6.CST: 美國
785.28   110022128